古典文獻研究輯刊

十九編

潘美月・杜潔祥 主編

第 **8** 冊

群書校補（續）
——小學類著作疏證・三餘讀書雜記（第八冊）

蕭 旭 著

國家圖書館出版品預行編目資料

群書校補（續）——敦小學類著作疏證・三餘讀書雜記（第八冊）
／蕭旭 著 – 初版 – 新北市：花木蘭文化出版社，2014〔民103〕
目 4+250 面；19×26 公分
（古典文獻研究輯刊 十九編；第 8 冊）
ISBN 978-986-322-868-4（精裝）
1.古籍 2.研究考訂
011.08　　　　　　　　　　　　　　　　103013714

古典文獻研究輯刊
十九編　第八冊　　　　　　　ISBN：978-986-322-868-4

群書校補（續）—小學類著作疏證・三餘讀書雜記（第八冊）

作　　者　蕭旭
主　　編　潘美月　杜潔祥
總 編 輯　杜潔祥
副總編輯　楊嘉樂
編　　輯　許郁翎
企劃出版　北京大學文化資源研究中心
出　　版　花木蘭文化出版社
社　　長　高小娟
聯絡地址　235 新北市中和區中安街七二號十三樓
　　　　　電話：02-2923-1455 ／傳眞：02-2923-1452
網　　址　http://www.huamulan.tw 信箱 hml 810518@gmail.com
印　　刷　普羅文化出版廣告事業
初　　版　2014 年 9 月
定　　價　十九編 18 冊（精裝）新台幣 32,000 元　　版權所有・請勿翻印

群書校補（續）
——小學類著作疏證·三餘讀書雜記（第八冊）

蕭　旭　著

目次

小學類著作疏證

《爾雅》「猰貐」名義考

1. 獸名「猰貐」，字亦作「猰貐」、「猰㺄」、「窫窳」、「猰㺄」、「猰㺄」，早期古籍有以下記載：

（1）《爾雅・釋獸》：「猰貐，類貙，虎爪，食人，迅走。」郭璞注：「迅，疾。」《釋文》：「猰，字亦作猰，或作窫。貐，字或作窳。」《漢書・揚雄傳》應劭注：「窫窳，類貙，虎爪，食人。」

（2）《山海經・北山經》：「少咸之山……有獸焉，其狀如牛，而赤身、人面、馬足，名曰窫窳，其音如嬰兒，食人。」郭璞注引《爾雅》作「窫窳」，云：「軋、愈二音。」

（3）《山海經・海內經》：「有窫窳，龍首，是食人。」

（4）《山海經・海內西經》：「貳負之臣曰危，危與貳負殺窫窳。」《文選・吳都賦》劉淵林註引作「猰貐」，《文選・七命》李善注引作「猰㺄」。

（5）《山海經・海內西經》：「窫窳者，蛇身人面，貳負臣所殺也。」《說文繫傳》引作「猰貐」。

（6）《山海經・海內南經》：「窫窳……其狀如龍首，食人。」

（7）《淮南子・本經篇》：「猰貐、鑿齒、九嬰、大風、封豨、修蛇，皆為民害……堯乃使羿……上射十日，而下殺猰貐。」《說文繫傳》引作「窫（窫）窳」，《漢書・揚雄傳》應劭注、《文選・辯命論》李善註、《古文苑》卷 2《大言賦》章樵註、《御覽》卷 80、《路史》卷 20、23、《海錄碎事》卷 10 引作「窫窳」。高誘注：「猰貐，獸名，狀若龍首。或曰似貍，善走，而食人，在西方也。」《淮南子・俶眞篇》高誘注：「是堯時羿也，謂能射十日，繳大風，殺窫窳，斬九嬰，射河伯之知巧也。」

（8）《說文》：「貙，獌貙，似貍，虎爪，食人，迅走。」《廣韻》「貙」字條引「獌」作「獌」。《說文新附》：「獌，獌貙，獸名。」

上舉《爾雅》、《海內經》、《海內西經》、《淮南子》四例，《御覽》卷 908 引並作「獌㺹」。《玉篇》：「獌，獌貙，獸名。」《廣韻》：「獌，獌貙，獸名，食人，迅走。獌，上同。」《述異記》卷上：「獌貙，獸中最大者，龍頭，馬尾，虎爪，長四百尺〔註1〕，善走，以人爲食。遇有道君即隱藏，無道君即出食人。」《物類相感志》引孫炎說同。朱珔、朱起鳳並謂「㺹」爲「貙」之叚借〔註2〕。

2. 《爾雅》「獌貙」之名義，諸家說云：

（1）陸佃曰：虎無指爲貍，貌雖貍，其伏藏乃虎也。有見爾契，無見爾離。有見爾俞，無見爾咈。不爲爾食者鮮矣。

（2）尹桐陽曰：獌從契，絕也。貙從俞，空也。躍至絕空，豹之屬也。

（3）嚴元照曰：獌當從人作偰，高辛之子名偰。

（4）董瑞椿曰：《說文》許所見本正同。《淮南·本經》「獌貙」字亦未見有異。自高誘注《淮南》，誤合《山海經》「窫窳」爲一獸，《爾雅》遂有作「窫窳」之一本……物異名同者，舉《爾雅》例之，已指不勝屈。況「獌貙」、「窫窳」音雖近，而字尚不壹。安得據不可信之《山海經》，以捆亂至可信之《爾雅》？

（5）黃侃曰：《說文》無「獌」字，以「狾犬」即「瘈犬」例，字當作「狾」，狂犬也。

（6）黃侃曰：蝸牛名蠗蝓，與「獌貙」聲近，以其有角也。《說文》：「委虒，虎之有角者。」此文孫注云「龍首」，然則「獌貙」亦以有角名，「獌貙」、「委虒」，又下文「威夷」，皆聲近〔註3〕。

（7）黃侃曰：「獌貙」語由「曳臾」來，又與「委虒」聲變。《說文》無獌字，當作虒。又《走部》有趨，云「超特也」，義亦近迅走。「委虒」之變

〔註1〕「百」字衍文。《物類相感志》無「百」字。

〔註2〕朱珔《說文假借義證》，黃山書社1997年版，第542頁。朱起鳳《辭通》，上海古籍出版社1982年版，第1281頁。

〔註3〕以上所引，陸佃《爾雅新義》，尹桐陽《爾雅義證》，嚴元照《爾雅匡名》，董瑞椿《讀〈爾雅〉日記》，黃侃《〈爾雅正名〉評》，黃侃《爾雅音訓》，皆轉引自朱祖延主編《爾雅詁林》，湖北教育出版社1996年版，第4420～4422頁。

爲「獥貐」，猶「委輸」連言〔註4〕。

（8）黃侃曰：「獥」即「委虒」之虒。「獥貐」正作「虒貐」，與蟲之「虒蝓」同名，皆以有角也〔註5〕。

（9）黃侃曰：獥，虒之後出字，或爲趫之別。黃焯案云：《說文》：『虒，委虒，虎之有角者也。』《爾雅》云云，《物類相感志》引孫炎云云。據孫注云「龍頭」，是「獥貐」以有角名，「獥貐」之語由「曳臾」來，與「委虒」聲近，猶「委輸」連言，故知獥爲虒之後出。又蝸牛名蜬蝓，與「獥貐」聲亦近，蓋亦以有角名，此又可證獥之名由虒來也。趫，《說文》訓超特，其義亦同迅走，是「獥」之名亦可由「趫」來〔註6〕。

3. 其獸各書所記形狀不同，所傳亦異，要非一物，然其得名之由，必當相同〔註7〕。《爾雅》、《說文》言其「迅走」〔註8〕，高誘、《述異記》言其「善走」，「獥貐」當取義於「趫踰」，以善跳名之也。諸說惟黃侃謂「獥爲趫之別」得之，其餘諸說皆非。董瑞椿拘於「獥貐」、「窫窳」字形不壹，未達「求之以音」之指。陸佃「契俞」之說，尹桐陽「絕空」之說，皆望文生訓。

（1）《說文》：「趫，超特也。」「超特」乃「超騰」音轉〔註9〕。考《說文》：「超，跳也。」故「趫」字本義當爲跳躍。桂馥曰：「超特者，超遠特異也。」王筠曰：「『特』似當作『踰』。」〔註10〕馬敘倫曰：「此『超特也』當作『超也特也』，『特』借爲『趫』。」〔註11〕張舜徽曰：「趫字從走而訓超特，當指跨步之廣闊言。」〔註12〕皆未得。字亦作踓，《廣雅》：「超、越、踰、踓、抗、絕、騰、過、跨、涉，渡也。」諸字同義，是「踓」亦超踰、騰跳之誼

〔註4〕 黃侃《字通》，收入《說文箋識》，中華書局 2006 年版，第 142 頁。
〔註5〕 黃侃《說文外編箋識》，收入《說文箋識》，中華書局 2006 年版，第 483 頁。
〔註6〕 黃侃《說文新附考原》，收入《說文箋識》，中華書局 2006 年版，第 286 頁。黃焯案語，實亦襲自乃叔耳。
〔註7〕 王國維曰：「蓋其流期於有別，而其源不妨相通，爲文字變化之通例矣。」此言最爲會通，得名物訓詁之眞諦矣。王國維《〈爾雅〉草木蟲魚鳥獸名釋例下》，收入《觀堂集林》卷 5，河北教育出版社 2001 年版，第 133 頁。
〔註8〕 馬敘倫曰：「『迅走』蓋上文『豸』字說解中字，傳寫譌入。『走』爲『足』誤也。」其說非也。馬敘倫《說文解字六書疏證》卷 18，上海書店 1985 年版，第 92 頁。
〔註9〕 「螣」、「騰」或作「蜚」，是其比。
〔註10〕 桂馥《說文解字義證》，王筠《說文解字句讀》，並收入丁福保《說文解字詁林》，中華書局 1988 年版，第 2349 頁。
〔註11〕 馬敘倫《說文解字六書疏證》卷 3，上海書店 1985 年版，第 131 頁。
〔註12〕 張舜徽《說文解字約注》，華中師範大學出版社 2009 年版，第 368 頁。

也。《集韻》：「趌、踂，《說文》：『超特也。』或從足。」亦音轉作趌、跲、結〔註13〕，《玉篇》：「跲，行也。」謂跳行。《玄應音義》卷15引《纂文》：「趌趭，凶豎也，亦跳起也。」蔣斧印本《唐韻殘卷》：「趌，趌〔趭〕，跳〔兒〕。」〔註14〕《可洪音義》卷15：「結厥：走跳也，正作趌趭也。」又卷23：「跲蹶，走跳之兒也，正作趌趭也，《僧祇律》作結厥字也。」《摩訶僧祇律》卷6：「趌趭性輕躁，成事彼能壞。」《經律異相》卷29引作「跲厥」，宋、元本作「跲蹶」。可洪謂「正作趌趭」，「趌」為「趌」誤書。《集韻》：「蛣，蛣蟩，井中小蟲。」亦取跳義為名。字又省作趌、跔，《集韻》：「趌、跔：跳兒，或從足。」柳建鈺曰：「依音義求之，『趌』當為『趌』換聲異體。」〔註15〕其說尚未探本。字亦作越，《玉篇》：「越，渡也，超特也。趌，同上。」《龍龕手鏡》：「趌、趌：二或作。趌，今。跳也，踰也。」字亦作跰、迸，《玉篇》：「跰，超踰也。」又「迸，超踰也。」《廣韻》：「跰，跳也，踰也。趌，上同。」字亦作跡、趯，《方言》卷1：「蹻，跳也，楚曰跡。」郭璞注：「亦中州語。」《玉篇》：「跡，踰也。」《廣韻》：「跡，躍兒。」《集韻》：「趯，一足行也。」一足行即是雀行，亦即是跳。王念孫曰：「趌、迸、跰、絬並與跡同。」〔註16〕字亦作逝、遾〔註17〕，《說文》：「逝，往也。」又「遾，去也。」《玉篇》：「逝，去也。」又「遾，往也，去也。」《集韻》：「逝，往也，或作遾。」訓往、去者，即跳行之引申義。《淮南子‧覽冥篇》：「還至其曾逝萬仞之上，翱翔四海。」高誘注：「曾，猶高也。逝，猶飛也，一曰回也。」「曾逝」猶言高跳。《御覽》卷916引作「曾遊」，以義改之也。《史記‧項羽本紀》：「力拔山兮氣蓋世，時不利兮騅不逝。」「騅不逝」謂騅不跳躍。又《賈生傳》《弔屈原賦》：「鳳漂漂其高遾兮，夫固自縮而遠去。」《索隱》：「遾，音逝。」《漢書》、《文選》作「逝」。「高遾」亦即「遠去」，同義對舉。字亦作趰、蹹，《玄應音義》卷3：「趰，郭訓《古文奇字》以為古文逝字。」《初學記》卷6引《春秋運

〔註13〕《禮記‧曲禮上》《釋文》：「挈，本又作契，又作絜，同，音結。」《莊子‧天運》「桔槔」即「挈橰」。《集韻》「鍥」、「鑯」、「鎝」或作「鎝」，是其證。
〔註14〕缺字據《廣韻》補。
〔註15〕柳建鈺《〈類篇〉新收字考辨與研究》，遼寧大學出版社2011年版，第96頁。
〔註16〕王念孫《廣雅疏證》，收入徐復主編《廣雅詁林》，江蘇古籍出版社1992年版，第168頁。
〔註17〕古從折從帶通用，參見張儒、劉毓慶《漢字通用聲素研究》，山西古籍出版社2002年版，第606頁。

斗樞》：「（舜）與三公諸侯臨觀，黃龍五采負圖，出置舜前，瞖入水而前去。」又引宋均注：「瞖，去也。」〔註18〕《集韻》：「趨、瞖：一足行也，或從帶。」又「蹛，過也。」《類篇》：「瞖，一足行也。」字亦作趨、跇、迣〔註19〕，《玉篇》：「趨，踰也。」敦煌寫卷 P.2011 王仁昫《刊謬補缺切韻》：「跇，跳，亦作跡。」《集韻》：「趨，超踰也，或作跇、跩、迣，通作迣。」《龍龕手鏡》：「踙、跇、跩：丑例反，踙踰，跳躍也。又音曳。」《初學記》卷 22、《御覽》卷 358 引後漢・李尤《鞍銘》：「驅驚馳逐，騰躍覆跇。」〔註20〕《文選・赭白馬賦》李善注引「跇」作「踐」，形近而誤〔註21〕。字亦省作曳，《文選・弔屈原賦》：「賢聖逆曳兮，方正倒植。」李善注引胡廣曰：「逆曳，不得順道而行也。」逆曳，猶言倒跳、倒躍，故不得順道而行也。字亦音轉作蹩、蹀〔註22〕，《說文》：「蹩，蹩足也。」《繫傳》：「足蹩蹩然連躄也。顏延之《赭白馬賦》曰：『望朔雲而蹩足。』今俗作蹀。」《列子・黃帝》：「惠盎見宋康王，康王蹀足謦欬，疾言曰。」《淮南子・俶眞篇》：「足蹀陽阿之舞。而手會綠水之趨。」《文選・南都賦》李善注引許愼《淮南子》注：「蹀，蹈也。」蹩、蹈，皆言小跳貌。《文選・江賦》：「驊馬騰波以噓蹀，水兕雷咆乎陽侯。」呂延濟注：「噓，噴水也。蹀，行也。」驊之言踔，乃「蹳」之音轉。《方言》卷 1：「蹳，跳也。」故取為馬名。言驊馬騰波，既噴水，又跳踏也。

（2）上引《廣雅》，「踰」有騰跳義。《左傳・襄公二十五年》：「公踰牆，又射之，中股，反隊，遂弑之。」《賈子・匈奴》：「倒挈、面者更進，舞者、踰者時作。」盧文弨校本改「踰」作「蹈」，盧氏曰：「倒挈，即今所謂筋斗

〔註18〕 《白氏六帖事類集》卷 2、《御覽》卷 61、《事類賦注》卷 6、《路史》卷 44 亦引。

〔註19〕 古從世從曳多通，參見張儒、劉毓慶《漢字通用聲素研究》，山西古籍出版社 2002 年版，第 614 頁。《吳越春秋・勾踐入臣外傳》越大夫「曳庸」，《漢書・董仲舒傳》作「泄庸」，《國語・吳語》作「舌庸」，並音之轉耳。從曳從朝亦通，《易・睽》：「見輿曳。」馬王堆帛書本「曳」作「恝」，阜陽漢簡本作「渫」。廖名春《馬王堆帛書周易經傳釋文》，收入《續修四庫全書》第 1 冊，上海古籍出版社 2002 年版，第 12 頁。

〔註20〕 《初學記》據宋刻配抄補本。四庫本、《古香齋》本誤作「覆被」，中華書局 1962 年據《古香齋》本排印本第 538 頁亦誤，失校；《東漢文紀》卷 14、《漢魏六朝百三家集》卷 15 誤同。蓋明人不得其義而妄改。

〔註21〕 胡克家《文選考異》失校，嘉慶十四年刊本。

〔註22〕 「蹀」字承龐光華博士指示，謹致謝忱。

也。潭本蹈作踰。」〔註23〕方向東從之，曰：「按：吉府本、王謨本同〔作踰〕，皆訛。」〔註24〕各本作「踰」，是其舊文，非訛字。賈子「挈」讀爲趯，與「踰」對舉。「倒挈」蓋即李尤《鞍銘》之「覆踐」，指馬上倒躍的動作。「踰者」蓋謂前跳。字或作趰，《玉篇》：「趰，馬跳也。」敦煌寫卷 P.2011 王仁昫《刊謬補缺切韻》：「趰，馬跳趰。」《文選·舞賦》：「超趰鳥集，縱弛殟歿。」李善注：「言舞執超逾，如鳥疾速飛集也。《字林》曰：『鳥趰跳也。』」「踰」古讀遙（搖）音〔註25〕，故音轉爲「踃」，《方言》卷1：「踃，跳也，陳、鄭之閒曰踃。」《說文》：「踃，跳也。」《廣雅》、《玉篇》同。《廣韻》：「踃，跳踃，行步皃。」胡吉宣曰：「踃與踰一聲之轉，故趰爲馬跳。」〔註26〕字或作趭，《廣雅》：「趭趭，行也。」謂跳行。王念孫曰：「《方言》：『遙，疾行也，南楚之外曰遙。』遙與趭同，重言之則曰趭趭。趭趭猶躍躍耳。」〔註27〕字亦作邎，《玉篇》：「邎，以周切，疾行也，又音遙。」亦借「搖」、「遙」爲之，王念孫曰：「《楚辭·九章》云：『願搖起而橫奔兮。』王延壽《夢賦》云：『群行而奮搖，忽來到吾前。』《方言》：『遙，疾行也。』踃、遙、搖義並相近。」〔註28〕亦音轉爲「蹈」〔註29〕，《淮南子·原道篇》：「蹈騰崑崙。」楊樹達曰：「蹈、騰義當相近。蹈當讀爲踔。踔，遠騰貌也，跳也。」〔註30〕楊氏得其義，其說讀爲踔，亦音之轉耳。《左傳·哀公二十一年》：「因歌之曰：『魯人之皋，數年不覺，使我高蹈。』」高蹈即高跳。杜預注：「高蹈，猶遠行也。」《呂氏春秋·知化》：「夫差不聽子胥，兩袪高蹶而出於廷。」高誘注：「蹶，

〔註23〕《賈誼新書》（盧文弨校本），收入《諸子百家叢書》，上海古籍出版 1989 年版，第 31 頁。

〔註24〕方向東《賈誼集匯校集解》，河海大學出版社 2000 年版，第 173 頁。

〔註25〕《周禮·天官·冢宰》、《禮記·雜記上》、《喪大記》陸氏《釋文》並云：「揄音遙。」《禮記·玉藻》《釋文》：「揄音搖。」《詩·何彼襛矣》、《君子偕老》陸氏《釋文》並云：「褕音遙。」《漢書·趙充國傳》顏師古注：「鄭氏曰：『隃，遙也，三輔言也。』隃讀作遙。」方以智《通雅》卷7：「隃度即遙度，隃謂即遙謂，踰言即遙言。」收入《方以智全書》第 1 冊，上海古籍出版社 1988 年版，第 309 頁。

〔註26〕胡吉宣《玉篇校釋》，上海古籍出版社 1989 年版，第 1382 頁。

〔註27〕王念孫《廣雅疏證》，收入徐復主編《廣雅詁林》，江蘇古籍出版社 1992 年版，第 467 頁。

〔註28〕王念孫《廣雅疏證》，收入徐復主編《廣雅詁林》，江蘇古籍出版社 1992 年版，第 167～168 頁。

〔註29〕《詩·生民》：「或舂或揄。」《釋文》：「揄，音由，又以求反，《說文》作舀，弋紹反。」

〔註30〕楊樹達《淮南子證聞》，上海古籍出版社 2006 年版，第 4 頁。

蹈也。《傳》曰：『魯人之皋，使我高蹈。』瞋怒貌。」惠棟採高說〔註31〕。王引之曰：「《說文》：『蹳，跳也。』蹈亦騰躍之名。故高注訓蹳爲蹈。《淮南子》蹈、騰連文，而其義相近。凡人喜甚則高躍，怒甚亦高躍，故曰：『高蹈，瞋怒貌也。』杜失之。」〔註32〕「蹢」又音轉爲超、跳〔註33〕，字亦作趒、踔、趠、遆、掉〔註34〕，又音轉爲躍。今語「跳躍」連文者，本一字之衍音，「做作」、「等待」是其比〔註35〕。

4.「趫蹢」亦作「踡蹢」，見上引《龍龕手鏡》，同義連文，是先秦二漢人成語。「趫（踡）」字罕見，文獻中未見用例，多用其異體或借字。字或作「跐蹢」，《文選・吳都賦》：「跐蹢竹柏。」李善注引如淳曰：「跐，超蹢也。」字又作「絏蹢」、「絏陶」，《文選・羽獵賦》：「宣觀夫剽禽之絏蹢，犀兕之抵觸。」李善注：「絏與跐同，超蹢也。」《漢書・揚雄傳》作「絏陶」，顏師古曰：「絏與跐同。絏，度也。陶與蹢同。」倒言則作「蹢跐」，《文選・七發》：「發怒庢沓，清升蹢跐。」李善注引如淳曰：「跐，超蹢也。」李周翰註：「蹢跐，遠跳也。」倒言又作「蹢蹀」，《說文繫傳》：「《漢書》天馬歌曰：『超蹢蹀。』趫猶蹀也。」音轉又作「蹢曳」，《文選・洞簫賦》：「超騰蹢曳。」四字同義連文。李善注：「曳亦蹢也，或爲跐。鄭德曰：『跐，度也。』」王念孫曰：「曳與踮亦聲近義同。」〔註36〕朱駿聲曰：「曳，叚借爲跐。」〔註37〕「曳」即「跩（遆）」省。朱起鳳曰：「唐人避太宗諱，從世之字多有改從曳者。」〔註38〕朱起鳳說未得其實。王仁昫《刊謬補缺切韻》已收「跩」字，其書雖成於唐中宗神龍二年（公元706年），已經避唐諱，然當本於隋代陸法言《切韻》，本非避太宗諱而改。音轉又作「跳蹀」，《玄應音義》卷12：「跳蹀：跳，踊也。蹀，蟄也。《聲類》：『蹀，躡也。』」此爲《普曜經》卷6《音義》，檢經文作「綺言作姿三十有二：……十四在前跳蹀」。

〔註31〕 惠棟《春秋左傳補註》卷6，收入《叢書集成新編》第109冊，新文豐出版公司1985年版，第330頁。

〔註32〕 王引之《經義述聞》卷19，江蘇古籍出版社1985年版，第476頁。

〔註33〕 此承龐光華博士指示，謹致謝忱。

〔註34〕 參見蕭旭《〈孟子〉「挾太山以超北海」義疏》。

〔註35〕 例詳蕭旭《「嬰兒」語源考》。

〔註36〕 王念孫《廣雅疏證》，收入徐復主編《廣雅詁林》，江蘇古籍出版社1992年版，第168頁。

〔註37〕 朱駿聲《說文通訓定聲》，武漢市古籍書店1983年版，第565頁。

〔註38〕 朱起鳳《辭通》，上海古籍出版社1982年版，第1860頁。

5.《廣韻》：「㺄，㺄㺄，國名。」其爲國名未聞。果眞有國名爲「㺄㺄」者，或以其地多㺄㺄之獸，或以其人善走，或以其人性如㺄㺄之貪殘，其義必當如此也。

6. 在上文考證的基礎上，這裏考證「觭」、「掎」、「斱」三字的語源。

（1）《說文》：「觭，一角仰也。《易》曰：『其牛觭。』」《易‧睽》：「見輿曳，其牛掣。」掣，《集解》引虞翻本作「觢」，上博楚簡本（三）作「攲」〔註39〕，馬王堆帛書本作「𧤒」〔註40〕，阜陽漢簡本作「絜」〔註41〕。《釋文》：「掣，鄭作觢，云：『牛角皆踊曰觢。』《說文》作觭，云：『角一俯一仰。』〔註42〕子夏作契。《傳》曰：『一角仰也。』」《爾雅》：「角一俯一仰，觭；皆踊，觢。」郭璞注：「觭，牛角低卬。觢，今豎角牛。」《釋文》：「觢，字或作觭。」鄭樵注：「踊，豎也，謂角豎起。」鄭樵《通志》卷76：「踊，騰也，謂角騰起。」《玉篇》：「觭，一角仰也，或作觢。觢，同上。」敦煌寫卷P.2011王仁昫《刊謬補缺切韻》、P.3696V《箋注本切韻》並云：「觭，牛角豎也。」〔註43〕《集韻》：「觭、掎：《說文》：『一角仰也。』引《易》：『其牛觭。』或從手，通作掣。」又「觭、掣、掎：一角仰也，一曰牛角立謂之觭。或作掎、掣。」「觭」從角契省聲，故子夏作「契」字。「觭」的語源當是「趨」，取上踊、騰起爲義，言牛角上豎，故《爾雅》訓踊，《說文》訓仰。字作「觭」、「掎」者，皆牛角上踊的專字。《篆隸萬象名義》卷23：「掎，牛角皆躍。」得其誼矣。字亦作觻，《玉篇》：「觻，角也。」又「觓，觻也。」《廣雅》：「觻謂之觓。」觓之言又，俗字作釓，言二角上舉也。用爲名詞，頭上如二角上舉之物謂之觻，亦謂之觓（釓）。字作「契」、「掎」、「絜」者，同音借字。字作「觭」、「掣」、「掎」、「觢」、「攲」、「𧤒」、「觻」者，都是改易聲符的借字〔註44〕。王弼注：「其牛掣者，滯隔所在不獲進也。」則是讀爲牽掣之掣，失之〔註45〕。

〔註39〕《上海博物館藏戰國楚竹書（三）》，上海古籍出版社2003年版，第179頁。

〔註40〕廖名春《馬王堆帛書周易經傳釋文》，收入《續修四庫全書》第1冊，上海古籍出版社2002年版，第12頁。

〔註41〕韓自強《阜陽漢簡〈周易〉研究》，上海古籍出版社2004年版，第65頁。

〔註42〕此釋文蓋誤記「觭」字義。

〔註43〕蔣斧印本《唐韻殘卷》「豎」誤作「耳」。

〔註44〕古從介從制從折與從圭之字多通借，參見張儒、劉毓慶《漢字通用聲素研究》，山西古籍出版社2002年版，第620、631～632頁。《賈子‧耳痹》：「大夫種繫領謝室。」「繫」即「契」，諸家皆未達。

〔註45〕參見惠棟《九經古義》卷1《周易古義》，收入《叢書集成新編》第10冊，新

段玉裁改《說文》釋文作「二角仰也」，是也；「二角仰」即《爾雅》「皆踊」
之義。段氏又云：「觢者，如有掣曳然。」〔註 46〕柳榮宗曰：「觢之言掣也，
一角仰，如有所掣牽然。」〔註 47〕張舜徽曰：「角仰謂之觢，觢之言掣也。本
書《手部》：『掣，縣持也。』角之仰而向上者似之矣。」〔註 48〕胡吉宣曰：「觢
之言丰也，角皆踊豎，如丰艸之上出也。」〔註 49〕皆未得厥誼。

　　（2）《說文》：「狾，狂犬也。《春秋傳》曰：『狾犬入華臣氏之門。』」
所引《春秋傳》，見《左傳・襄公十七年》：「國人逐瘈狗，瘈狗入於華臣氏。」
《釋文》：「瘈，《字林》作狾，狂犬也。」《漢書・五行志》作「狾」，與《說
文》同。《論衡・感類》作「瘈」，與今本《左傳》同。《慧琳音義》卷 84「狾
狗」條、卷 94「獝狗」條並云：「《左傳》從制作獝。」是慧琳所見本《左
傳》作「獝狗」。《左傳・哀公十二年》：「國狗之瘈，無不噬也。」杜注：「瘈，
狂也。」《集韻》：「瘈，病也。」又「瘈，病也，或作瘈。」指狂病。《左傳》
2 例，《白氏六帖事類集》卷 29 引並作「瘈」字。《廣雅》：「狾，狂也。」
王念孫曰：「《說文》引《左傳》『狾犬入華臣氏之門』，今本作瘈。《呂氏春
秋・胥時篇》云：『鄭子陽之難，獝狗潰之。』馬融《廣成頌》云：『獄觢熊，
抾封豨。』《北山經》云：『可以已瘈。』並字異而義同。」字亦作狙，《玉
篇》：「狾，狂犬也。狙，古文。」《玄應音義》卷 20：「狾狗：字書作狾、
狙二形，又作獝，同，狂犬也。」字亦作喇，《慧琳音義》卷 80：「狾狗：
即狂犬也。錄文作擽狗，或作喇狗，一也。」《龍龕手鑑》：「喇，俗，昌制
反。」〔註 50〕字亦作齧，《賈子・道術》：「安柔不苛謂之良，反良為齧。」
齧讀為瘈，狂也。朱駿聲、劉師培謂「齧」借為「契」，徐復謂「齧」謂齧
掣〔註 51〕，皆非也。契訓刻，謂鍥刻，無苛刻義。齧訓齧掣，即讀為掣，

　　　　文豐出版公司 1985 年版，第 166 頁。
〔註 46〕段玉裁《說文解字注》，上海古籍出版社 1981 年版，第 185 頁。
〔註 47〕柳榮宗《說文引經考異》，收入丁福保《說文解字詁林》，中華書局 1988 年版，
　　　　第 4737 頁。
〔註 48〕張舜徽《說文解字約注》，華中師範大學出版社 2009 年版，第 1090 頁。
〔註 49〕胡吉宣《玉篇校釋》「觢」字條，上海古籍出版社 1989 年版，第 5185 頁；又
　　　　第 4515 頁「掣」字條說同。
〔註 50〕「喇」既用為「狾」俗字，又用為「掣」俗字。參見鄭賢章《〈龍龕手鏡〉研
　　　　究》，湖南師範大學出版社 2004 年版，第 256～257 頁。
〔註 51〕朱駿聲《說文通訓定聲》，武漢市古籍書店 1983 年版，第 660 頁。劉師培、徐
　　　　復說轉引自方向東《賈誼集匯校集解》，河海大學出版社 2000 年版，第 328 頁。

與「不苟」義不屬。「猣」的語源亦當是「趡」，取跳走爲義，用爲名詞，故爲狂犬也。字作「瘄」、「獥」者，狂犬之專字，即後起本字。《玉篇》：「獥，雜犬也。」字作「齧」者，借字。字作「猣」、「猁」、「齧」、「瘄」、「喇」、「狛」、「疵（痣）」者，都是改易聲符的借字。段玉裁曰：「按今《左傳》作瘄，非古也，許所見作猣。」王筠、臧琳、郭慶藩、邵瑛、柳榮宗並謂「瘄」俗字，當作「猣」〔註52〕。諸家蓋皆未明其語源，故有此說。張舜徽曰：「猣之言迣也，謂遮迣之也。猣犬噬人，可以致死，故偶或遇見，則男女持械追逐遮迣，必殺之而後已……許書無瘄字，當以猣爲正。」〔註53〕張氏以「迣」的「遮迣」義爲其語源，亦失之。

（3）《方言》卷13：「倄，刻也。」戴震曰：「案：倄，諸刻訛作倄，今從《永樂大典》本，《集韻》於『倄』字云：『《方言》：『刻也，謂相難折。』似兼引注文，今《方言》脫此注。」〔註54〕華學誠引戴說，而字仍作「倄」，曰：「文獻用例未詳。」〔註55〕蓋猶有疑，於戴說未之信也。戴說至確，《五音集韻》同《集韻》。「倄」之言契也，《說文》：「契，刻也。」字亦作契、鍥，《爾雅》：「契，絕也。」郭璞注：「今江東呼刻斷物爲契斷。」《廣韻》引作「契」。《釋名》：「契，刻也。」《呂氏春秋‧察今》：「遽契其舟。」《淮南子‧說林篇》同，《御覽》卷344、769引亦同，《書鈔》卷122、137、《類聚》卷60、《御覽》卷499、《事類賦注》引「契」作「刻」。《後漢書‧張衡傳》《應閒》：「斯契船而求劍，守株而待兔也。」李賢注：「契，猶刻也。」作「契」是《呂氏》舊本，二漢人所見，固作「契」字；作「刻」者，唐宋人以同義改之。字亦作鍥，《集韻》：「契、鍥：《說文》：『刻也。』或從金，通作契。」《戰國策‧宋衛策》：「鍥朝涉之脛。」鮑彪注：「鍥，刻也。」《書‧泰誓下》、《賈子‧春秋》「鍥」作「斬」，《御覽》卷83、375引《帝王世紀》、《後漢紀》卷30作「斬」。《說文》：「斬，斫也。」《廣韻》：「鍥，刻也。」《貞觀政要》卷3「鍥船求劍」注：「鍥音刻。」引《呂氏春秋》作「刻」。

〔註52〕段玉裁《說文解字注》，王筠《說文解字句讀》，臧琳《經義雜記》，郭慶藩《說文經字正誼》，邵瑛《說文解字群經正字》，柳榮宗《說文引經考異》，並收入丁福保《說文解字詁林》，中華書局1988年版，第9801～9803頁。

〔註53〕張舜徽《說文解字約注》，華中師範大學出版社2009年版，第2425～2426頁。

〔註54〕戴震《方言疏證》，收入《戴震全集（5）》，清華大學出版社1997年版，第2463頁。

〔註55〕華學誠《揚雄〈方言〉校釋匯證》，中華書局2006年版，第883頁。

字亦作挈，上所引《爾雅》，《釋文》云：「契，字又作挈。《左傳》云『盡借邑人之車契其軸』是也。」今本《左傳·定公九年》作「鍥」，杜預注：「鍥，刻也。」《詩·文王有聲》鄭玄箋：「稽疑之法，必契灼龜而卜之。」《釋文》：「契，本又作挈。」《漢書·敘傳上》《幽通賦》：「旦算祀於挈龜。」《文選》作「契」。顏師古注：「挈，刻也。」《集韻》：「挈，鑽龜也，通作契。」字亦作楔，《大戴禮記·勸學》「楔而舍之，朽木不折；楔而不舍，金石可鏤。」《荀子·勸學》「楔」作「鍥」。楊倞註：「鍥，刻也。」「折」即「斫」，亦「鍥」之音轉，與「鏤」同義，古人自有此例〔註 56〕。自來治《荀》學者，皆未達厥誼。字亦作剨，《集韻》：「剨，刻也，通作鍥。」《晉書·虞溥傳》：「剨而舍之，朽木不知；剨而不舍，金石可虧。」「知」、「折」一聲之轉。字亦作劂，《說文》：「劂，楚人謂治魚也，讀若鍥。」「劂」是斬魚之專字，亦取鍥刻之義。《廣雅》：「劂，割也。」王念孫謂「劂」與「鍥」、「契」、「挈」同〔註 57〕。

（附記：本文承龐光華博士、趙家棟博士審讀過，謹此致謝！）

〔註 56〕 參見俞樾《《古書疑義舉例》卷 1「上下文異字同義例」，中華書局 1956 年版，第 1～3 頁。
〔註 57〕 王念孫《廣雅疏證》，收入徐復主編《廣雅詁林》，江蘇古籍出版社 1992 年版，第 153 頁。

《方言》「餰」字疏證

1.《方言》卷 13：「餌謂之餻，或謂之餈，或謂之餰，或謂之䭇，或謂之飦。」《音義》：「餰，音鈴。」《玉篇殘卷》引《方言》：「餌或謂之餰也。」《廣雅》、《玉篇》、《廣韻》並云：「餰，餌也。」自來治《方言》、《廣雅》、《玉篇》、《廣韻》者，於「餰」字俱不了〔註1〕，或但引諸書互證〔註2〕。華學誠徑曰：「文獻未詳。」〔註3〕

2.「餰」字舊注音「鈴」，俗音，當音「連」。

（1）《史記・龜策傳》：「龜千歲乃遊蓮葉之上。」《集解》引徐廣曰：「蓮，一作領，聲相近，或假借字也。」《文選・七啟》：「寒芳苓之巢龜。」李善註：「苓，與蓮同。」五臣本作「蓮」，《資暇集》卷上、《類聚》卷 57、《書鈔》卷 142、145 引作「蓮」。又《七發》：「蔓草芳苓。」李善註：「苓，古蓮字也。」古地名「西零」、「先零」、「令居」，「零」、「令」亦音「連」。皆其例。《樂府詩集》卷 46《讀曲歌》：「鹿轉方相頭，丁倒欺人目。」今吳語「顛倒」猶轉作「丁倒」，亦其證〔註4〕。

〔註 1〕 戴震《方言疏證》，收入《戴震全集（5）》，清華大學出版社 1997 年版，第 2484 頁。錢繹《方言箋疏》，上海古籍出版社 1984 年版，第 805 頁。王念孫《廣雅疏證》，錢大昭《廣雅疏義》，並收入徐復主編《廣雅詁林》，江蘇古籍出版社 1992 年版，第 623 頁。

〔註 2〕 胡吉宣《玉篇校釋》，上海古籍出版社 1989 年版，第 1971 頁。趙少咸《廣韻疏證》，巴蜀書社 2010 年版，第 1174 頁。

〔註 3〕 華學誠《揚雄〈方言〉校釋匯證》，中華書局 2006 年版，第 985 頁。

〔註 4〕 參見顧炎武《唐韻正》卷 5，收入《叢書集成三編》第 27 冊，新文豐出版公司 1997 年印行，第 489 頁。這裏有所補充。

（2）「令」聲字又通作「舜」聲字〔註5〕，亦音「連」。《爾雅》：「青驪驎，驒。」郭璞注：「色有深淺斑駁隱粼，今之連錢驄。」《釋名》：「鄰，連也，相接連也。」《莊子‧秋水》《釋文》：「憐，音蓮。」《廣韻》「憐」、「孌」、「瞵」、「嶙」、「嬾」與「連」同音落賢切。《集韻》「憐（怜）」、「孌」與「蓮」同音靈年切。「斑連」同「班（斑）璘」、「班（斑）瞵」、「徧孍」〔註6〕。皆其例。

（3）這裏討論二個訓詁難題：

（a）《易‧蹇》：「往蹇來連。」王弼注：「往來皆難，故曰往蹇來連。」《釋文》：「連，力善反，馬云：『亦難也。』鄭如字，遲久之意。」《集解》引虞翻曰：「連，輦。蹇，難也。」宋‧朱震《漢上易傳》卷4：「連，牽連也。」宋‧張載《易說中》：「連，順也，序也。」明‧來知德《周易集註》卷8：「連者相連也。」李富孫曰：「《說文》：『連，負車也。』負車亦有蹇難意。」〔註7〕高亨曰：「蹇借爲謇。連疑借爲讕。《說文》：『讕，詆讕也。』」〔註8〕按：馬、王訓「連」爲難是也，其餘的說法皆非是。「連」字當讀爲遳，《說文》：「遳，行難也。《易》曰：『以往遳。』」今本《易‧蒙》作「以往吝」，「吝」亦借字。《廣雅》：「遳，難也。」尚秉和曰：「馬云連亦難也，王弼亦訓連爲難。蓋四居上下坎之間，故往來皆難。荀爽謂與至尊相連，朱子謂連於九三者，皆非也。又《屯》：『泣血漣如。』《淮南子》引作『連如』，蓋與此義同。亦連爲難之一證。」〔註9〕尚氏前說皆是，而引「漣（連）如」以證「連」有難義，則未通訓詁也。「漣（連）如」即「漣而」、「漣洏」音轉，淚流不止貌，「漣（連）」取連續不絕之義。《漢書‧敘傳》《幽通賦》：「紛屯邅與蹇連兮，何艱多而知寡。」《漢書‧揚雄傳》《反離騷》：「騁驊騮以曲囏兮，驢騾連蹇而齊足。」又《解嘲》：「孟軻雖連蹇，猶爲萬乘師。」「蹇連」、「連蹇」皆出自《易經》，明顯是並列爲義，是「連」亦難也，此自是漢人舊說。字亦作「踵蹇」，《論衡‧物勢》：「亦或辯口利舌，辭喻橫出〔者〕爲勝；或拙弱綴跲，踵蹇不比者爲負。」「踵」則加旁俗字也。字亦作「連

〔註5〕 從令從舜古多通，參見張儒、劉毓慶《漢字通用聲素研究》，山西古籍出版社2002年版，第552頁。

〔註6〕 參見蕭旭《「褊孍」考》。

〔註7〕 李富孫《易經異文釋》卷3，收入《續修四庫全書》第27冊，上海古籍出版社2002年版，第687頁。

〔註8〕 高亨《周易古經今注》，中華書局1984年版，第273～274頁。

〔註9〕 尚秉和《周易尚氏學》，中華書局1980年版，第186頁。

謇」，《易林・乾之乾》：「道陟石阪，胡言連謇。」此以難行形容難言之貌。字亦作「簡連」《荀子・非十二子》：「其容簡連。」楊倞注：「簡連，傲慢不前之貌。連讀如『往蹇來連』之連。」「簡連」即「蹇連」，難行貌，故引申為傲慢不前之貌。字亦作「遯柬」，《漢書・高惠高后文功臣表》：「厚德掩息，遯柬布章。」章太炎曰：「遯柬疊韻，猶連蹇耳。」〔註10〕朱起鳳曰：「遯、蹆聲之轉。柬與蹇同音通叚。」〔註11〕

　　（b）《莊子・大宗師》：「連乎其似好閉（閑）也。」〔註12〕郭象注：「綿邈深遠，莫見其門。」《釋文》：「李云：『連，綿長貌。』崔云：『蹇連也，音輦。』」成玄英疏：「連，長也。」林希逸注：「連，合也，密也。」馬敘倫曰：「連，借為闌，門遮也。」〔註13〕諸說惟崔譔得其義（音輦則失之），王叔岷從其說。閑，閉距也。「連」亦讀為遯，言其難進，故云似好閑。

　　3.「餂」謂相黏連之食物，寒具，又言饊子，熬麥屑而為之。釋為「餌」者，亦此義。《說文》「餌」作「鬻」字，云：「粉餅也。」《釋名》：「餌，而也，相黏而也。」「而」是「䎩」借音字，段玉裁改「而」為「濡」〔註14〕，非也。《急就篇》卷2顏師古註、《御覽》卷860、《本草綱目》卷25引並作「而」字。《廣雅》、《玉篇》、敦煌寫卷P.2011王仁昫《刊謬補缺切韻》並云：「䎩，黏也。」「䎩」字《說文》作「䵑（黏）」，云：「䵑，黏也。《春秋傳》曰：『不義不䵑。』䵑，黏或從刃。」《方言》卷2：「䵑、䎩，黏也。齊魯青徐自關而東或曰䵑，或曰䎩。」郭璞注：「言黏䵑也。」字亦作「暱」，又音轉作「昵」、「檷」，古音「日」、「泥」同也。今《左傳・隱公元年》作「不義不暱」，吳汝綸《異文考》：「《考工記》注引作昵，金澤本同。」〔註15〕《周禮・考工記・

〔註10〕章太炎《新方言》卷2，收入《章太炎全集（7）》，上海人民出版社1999年版，第46頁。
〔註11〕朱起鳳《辭通》，上海古籍出版社1982年版，第1411頁。
〔註12〕武延緒曰：「閉疑當為閑，姚姬傳本正作閑。王紉秋曰：『閉當作閑。』」王叔岷曰：「錢《纂箋》引姚鼐曰：『閉當作閑。』案『閑』與下文『言』為韻。『閑』亦有閉義。蹇連與閑閑，義正相應。」武延緒《莊子札記》，永年武氏壬申歲刊所好齋札記民國21年刊本，第19頁。王叔岷《莊子校詮》，中華書局2007年版，第218頁，下引同。
〔註13〕馬敘倫《莊子義證》卷6，收入《民國叢書》第5編，（上海）商務印書館1930年版，第5頁。
〔註14〕段說轉引自任繼昉《釋名匯校》，齊魯書社2006年版，第206頁。
〔註15〕吳汝綸《春秋左傳異文考》，《國立北平圖書館館刊》第9卷第1號，民國24

弓人》：「凡昵之類不能方。」鄭玄注：「鄭司農云：『謂膠善戾。』故書昵或作樴。杜子春云：『樴讀爲不義不昵之昵。或作勦，勦黏也。』」《文選・爲幽州牧與彭寵書》李善注引《左傳》亦作「昵」。字又作「瀷」、「膱」、「脂」，《集韻》：「昵，粘也，或作脂、瀷，通作膱。」字又作「胒」，《釋名》：「鸇，肥也，骨肉相搏胒無汁也。」《廣雅》：「豻、豽，黏也。」王念孫曰：「豻、勦、暱、昵並通。豻、黏、豽一聲之轉也。」〔註16〕字又作「黐」，《玉篇》：「黐，黏也。」字又音轉作「黎」，《說文》：「黎，履黏也。」馬王堆帛書《天下至道談》：「九已而黎。」帛書《合陰陽》作「九已而膠」，屬同義替換。《說文》：「膠，昵也。」「黏而」即「黏豽」，《釋名》：「糝，豽也，相黏豽也。」《御覽》卷850引《釋名》：「黍，汝也，相黏汝也。」「汝」爲「豽」同音借字。亦作「黏勦」，《爾雅》：「勦，膠也。」郭璞注：「膠，黏勦。」《釋文》：「勦，字又作豽，同。」《初學記》卷 26 引晉・束皙《餅賦》：「爾乃重羅之麵，塵飛白雪；膠黏筋勦，湅液濡澤。」〔註17〕也倒言作「豽黏」，同義連文。《廣韻》、《龍龕手鏡》並云：「豽，豽黏也。」第二人稱代詞「你」，俗譌作「你」，字亦作「詜」，即「女（汝）」之音轉。古稱「女（汝）」、「而」、「爾」、「乃」、「若」，隋唐以後，俗音轉作「伲（詜、儞、你）」，猶「豽」之音轉爲「昵（胒）」也。《玉篇》：「你，尒也。」又「詜，呼人也。」《廣韻》：「你，秦人呼傍人之稱。」《集韻》：「伲，汝也，或作儞、你。」食物相黏連者謂之餌，涕流相黏連謂之洏，草葉相連謂之蒳，山石相連謂之峏，其義一也。毛髮多謂之髵，言語相連誘人謂之誽（誽），眾多謂之侕，食物爛熟謂之胹，亦皆取相黏連爲義。治《釋名》諸家，於此亦皆不了。《說文繫傳》：「餌之言珥也，欲其堅潔而淨，若玉珥然也。」尤爲望文生訓，陳澔、郝懿行皆從其誤說〔註18〕，而莫能是正。

4.「餤」亦作「毲」，是改易聲符的俗字。《玉篇》：「毲，力堅切，毲毲，

年出版，第 47 頁。

〔註16〕 王念孫《廣雅疏證》，收入徐復主編《廣雅詁林》，江蘇古籍出版社 1992 年版，第 291 頁。

〔註17〕 《御覽》卷860引作「爾乃重羅之麵（注：丘與切），塵飛雪白；膠黏勦筋，胹湅柔澤」。「筋」字似誤倒。

〔註18〕 陳澔《禮記集說》卷 5，收入景印文淵閣《四庫全書》第 121 冊，臺灣商務印書館 1986 年初版，第 834 頁。郝懿行《證俗文》卷 1，收入《續修四庫全書》第 192 冊，上海古籍出版社 2002 年版，第 415 頁。

餅也。」又「蠻，麷麷。」《廣韻》「麷」音落賢切，釋語同《玉篇》。敦煌寫卷 S.617《俗務要名林》：「麷麷：上勒賢反，下郎苟反。」又「糫餅：寒具也，北人〔作之，上音還。〕〔註 19〕則「麷」皆讀「連」音。P.2011 王仁昫《刊謬補缺切韻》、P.3693V《箋注本切韻》並云：「蠻，麷麷，糫餅。」《龍龕手鏡》：「蠻，音怜，麷麷，餅也。」俗音則變讀爲「怜」矣。《北戶錄》卷 2 引《證俗音》：「麷麷，內國呼爲糫餅，亦呼寒具。」〔註 20〕宋・吳坰《五總志》：「干寶《司徒儀》曰：『祭用麷麷。』晉制呼爲擐餅，又曰寒具，今曰饊子。」字或作「鄰」，《龍龕手鏡》：「鄰，俗，呂珍反。飵，音零，餌也。」〔註 21〕《龍龕》已經指出「飵」俗作「鄰」，至確。《重訂直音篇》卷 3：「鄰，音隣。」《音釋五侯鯖字海》卷 12：「鄰，音隣，食也。」《四聲篇海》卷 7：「鄰，音林。」《字海》釋爲「食也」，非是。《玄應音義》卷 18：「漱糗：下丘久反，今江南言林琴，奈熟而粉碎謂之糗。」「林琴」疑即「飵」字緩言；「奈」同「捺」，手按之也。《說文》：「糗，熬米麥也。」字亦作「糫」、「㮚」、「秢」，《集韻》：「糫、㮚：米餌，或從零。」《康熙字典》：「㮚，省作秢。」字亦作「䭪」，《集韻》、《類篇》並云：「䭪，䭪餕，寒具。」〔註 22〕《重訂直音篇》卷 3：「䭪，音連，䭪餕，本『麷麷』，同。」字亦作「麵」，《廣韻》：「麵，大麥新熟，作麵麵也。」《集韻》：「麵，麵麵，屑新麥爲餌。」「麵麵」之言嬋連、蟬連也。桂馥《札樸・鄉言正字》：「燒新麥曰麵麵，音訛爲蹍轉。」〔註 23〕今江淮官話謂之「麷麨」〔註 24〕，吳

〔註 19〕 缺字據 P.2609 補。

〔註 20〕 十萬卷樓叢書本「國」誤作「圓」。據《隋書・經籍志》：「《證俗音字略》六卷，梁顏延之撰。」《舊唐書・經籍志》：「《證俗音略》二卷，顏愍楚撰。」《新唐書・藝文志》：「張推《證俗音》三卷。顏愍楚《證俗音略》一卷。」《慧琳音義》卷 15、42 引顏氏《證俗音》，又卷 37 引顏之推《證俗音》。則「《證俗音》」張推及三顏皆有《證俗音》書。程先甲《廣續方言》卷 2 謂是「顏之推《證俗音》」，不能必也。徐乃昌《續方言又補》卷上引「麷麷」誤作「麷麷」。程先甲《廣續方言》，徐乃昌《續方言又補》，並收入《續修四庫全書》第 194 冊，上海古籍出版社 2002 年版，第 101、128 頁。

〔註 21〕 此據高麗本，四庫本、樂道齋本、早稻田大學藏本同，續古逸叢書本「音零」誤作「賣零」，朝鮮本無「音零」二字。

〔註 22〕 寧波明州述古堂影宋鈔本《集韻》誤作「饋」，其餘各本不誤。新、舊二版《漢語大字典》引《集韻》「䭪」皆從誤本作「饋」，楊寶忠已訂正。崇文書局、四川辭書出版社 2010 年版，第 4759 頁。湖北辭書出版社、四川辭書出版社 1992 年版，（縮印本）第 1858 頁。楊寶忠《疑難字續考》，中華書局 2011 年版，第 354 頁。

〔註 23〕 桂馥《札樸》卷 9，中華書局 1992 年版，第 387 頁。

語音轉作「冷蒸」。「冷」、「鬖」都是「攣」的音變，而又組合作「攣鬖」。「做」是「作」的音變，而又組合作「做作」，是其比也。

　　5.「飴」亦作「䴲」，這個問題有些複雜，故單作一節討論。《賈子·先醒》：「衣苴布，食䴲餕。」《康熙字典》引《字彙補》：「䴲，音未詳。劉子《雜俎》：『食䴲餕。』」姚範曰：「『䴲』音未詳。」〔註25〕盧文弨曰：「『䴲』字無考，劉子《雜俎》用此語，亦無音訓，疑當是豆食之餘屑。」〔註26〕方向東引盧氏說，又曰：「餕，剩飯。」〔註27〕王耕心曰：「丁先生曰：『䴲，宜讀鄰。䴲餕，蓋今之豆滓，榨油所餘者是也，亦名豆餅。南人以糞田飼豕，饑饉時人亦食之。或疑爲今之豆渣，非也。豆渣乃豆腐之餘，秦漢以前有豆油，無豆腐也。』」〔註28〕《漢語大字典》：「䴲餕，一種粗食。」〔註29〕皆是臆測之辭，無有所據。「䴲」所從「豐」，當是「豐」俗字。《玉篇》：「豐，俗作豊。」正字當從「豐」作「䴲」，雙聲符字。明·陳禹謨《駢志》卷20正作「䴲」。從「舜」取聲，字亦作「䴴」，讀「連」音；從「豐」取聲，字亦作「䵍」，音轉又作「逢」、「蓬」。《玉篇》：「䵍，芳充、芳鳳二切，熬麥曰䵍。」惠士奇曰：「《籩人》：『籩實有䵍。』今之麥芽。《釋名》云：『漬麥覆之，使生芽。』《荀子》曰：『午其軍，取其將，若撥䵍。』言其柔脆也。先鄭云：『熬麥曰䵍。』《說文》亦曰：『煮麥，讀若馮。』後鄭云：『今河間以北，煮穜麥賣之，名曰逢。』其音若馮，與《說文》之讀符矣。崔實《四民月令》曰：『臘月祀炙逢，樹瓜田四角，去蟲。』瓜蟲謂之蟲。《集韻》曰：『䴲䵍，寒具。』引干寶《司徒儀》『祭用䴲䵍』，『逢』之類也。蓋今之麥飥。『䵍』一作『䴲』，賈誼《連語》『宋昭公衣苴布，食䴲餕』即此。」又云：「逢，麥芽也。《齊民要術》誤爲『蓮』。」〔註30〕惠說有疏失，需辨正

〔註24〕參見許寶華、宮田一郎《漢語方言大詞典》，中華書局1999年版，第7436頁。

〔註25〕姚範《援鶉堂筆記》卷48，收入《續修四庫全書》第1149冊，上海古籍出版社2002年版，第149頁。

〔註26〕盧文弨《賈誼新書》校本，收入《諸子百家叢書》，上海古籍出版社影印浙江書局本1989年版，第52頁。

〔註27〕方向東《賈誼集匯校集解》，河海大學出版社2000年第2版，第288頁。

〔註28〕王耕心《賈子次詁》卷7，收入《續修四庫全書》第933冊，上海古籍出版社2002年版，第53頁。

〔註29〕《漢語大字典》（第二版），崇文書局、四川辭書出版社2010年版，第3807頁。

〔註30〕惠士奇《禮說》卷2、13，收入《叢書集成三編》第24冊，新文豐出版公司

和補充。

（1）《釋名》作「牙」，不作「芽」。

（2）所引《荀子》見《富國篇》，字作「䰞」，當是「䴷」之誤。楊慎曰：「䴷從豊，義同酒醴之醴。《說文》從豊音豐，恐誤。」沈自南從之〔註31〕，其說俱矣。俞樾謂「䴷」即「豐」，指蒲草〔註32〕。不煩破讀也。程瑤田曰：「《荀卿子》：『午其軍，取其將，若撥䴷。』蓋麥乾煎則質輕，撥去之甚易，故以爲易之況。今南方蒸穄米爲飯，曝乾鬻之，呼爲米蓬，殆逢音之轉與？」〔註33〕《西京雜記》卷3：「九月九日佩茱萸，食蓬餌。」〔註34〕又「正月上辰，出池邊盥濯，食蓬餌，以祓妖邪。」〔註35〕孫詒讓曰：「蓬即䴷也。《周禮·籩人》鄭司農注云：『熬麥曰䴷。』鄭康成云：『今河間以北，煮樘麥賣之，名曰逢。』《齊民要術》引崔寔《四民月令》云：『臘月祀炙逢。』䴷、蓬、逢字竝通。」〔註36〕朱希祖記錄章太炎授課《說文》筆記「䴷」字條曰：「〔蓬〕，我邑音轉爲勃。古無輕唇音，讀如篷，《說文》讀如馮者，馮亦如朋。」〔註37〕

（3）《周禮》鄭玄云「今河間以北，煮樘麥賣之，名曰逢」，《說文繫傳》引「逢」作「䴷」。

（4）《集韻》：「䴷，䴷䴷，寒具。干寶曰：『《司徒儀》：吏死，祭䴷䴷。』」又「䴷，䴷䴷，饊餅也。《司徒儀》：『吏死，祭用䴷䴷三十。』干寶說。」此惠氏所本。

（5）《四民月令》之「逢」，《御覽》卷33引作「蓬」；《齊民要術·種瓜》引作「䔖」，一本作「蓮」，《玉燭寶典》卷12引作「送」，《農桑輯要》

1997年版，第272、444頁。

〔註31〕 楊慎《轉注古音略》卷3，沈自南《藝林彙考·飲食篇》卷5，分別收入景印文淵閣《四庫全書》第239、859冊，臺灣商務印書館1986年初版，第371、225頁。

〔註32〕 俞樾《諸子平議》卷13，上海書店1988年版，第252頁。

〔註33〕 程瑤田《九穀考》卷2「麥」條，收入《皇清經解》第3冊，上海書店1988年版，第798頁。段玉裁《說文解字注》引其說，文字稍異，上海古籍出版社1981年版，第232頁。

〔註34〕 《類聚》卷89引《荊楚記》、《搜神記》卷2同。

〔註35〕 《三輔黃圖》卷4、《搜神記》卷2同。

〔註36〕 孫詒讓《札迻》卷11，中華書局1989年版，第391頁。

〔註37〕 王寧整理《章太炎說文解字授課筆記》，中華書局2010年版，第229頁。「我邑」謂章氏故地，指吳語而言，整理者出注，疑爲「我意」之誤記。眞沒讀懂章氏語也。

卷 5 引作「葦」。又《雜說》作「篷」，注：「篷，一作簾。燒飲，治刺入肉中，及樹瓜田中四角，去蟲虫。」一本作「筵」。當以作「蓬」或「蓮」爲是。「蓮」即「籧」借音字。繆啓愉曰：「炙葦，臘祭時的炙脯，即薰製的臘肉。」〔註 38〕石聲漢曰：「『篷』可能是一個長竹柄，上面並排插上一些小草束，大致形狀像『翣』或『筵』的東西。如依賈注作『簾』，則『祀炙簾』便該是像普通肉店懸掛生肉或熟肉的橫木架。」〔註 39〕二氏說皆非也。

（6）《史記・越王句踐世家》：「大夫逢同。」《越絶書・外傳記范伯》、《德序外傳記》作「馮同」。《莊子・則陽》：「不馮其子。」《博物志》卷 7「馮」作「逢」。《國語・周語上》：「道而得神，是謂逢福。」《說苑・辨物》「逢」作「豐」。此「馮」、「逢」、「豐」相通之證〔註 40〕。

（7）「籧」字又音轉作「糞」，《方言》卷 1：「糞，食也，陳楚之間相謁而食麥饘謂之糞。」錢繹曰：「糞者，《釋言》：『糞、餪，食也。』《說文》：『糞，餪也，陳楚之間相謁食麥飯曰糞。』《說文》：『籧，鬻麥也，讀若馮。』〔註 41〕《周官・籩人》：『朝食之籩，其實籧。』鄭司農云：『熬麥曰籧。』鄭康成云：『今河間以北，煮種麥賣之，名曰逢。』糞、籧、逢聲並相近。」胡吉宣從其說〔註 42〕。

（8）《廣雅》：「孰食謂之餕饗。」《玉篇》：「餕，子殉切，熟食也。」《太玄・劇》：「父母采餕若。」范望注：「餕，熟食也。若，順也。采，取也。美食，父母之順也。」《賈子》「餕」非剩飯之義。

6. 單言曰「飭」、「鱗」、「籧」、「鄰」、「糧」、「粦」、「羚」、「鏈」、「籩」，蟲魚連行爲鈴，五家比次爲鄰（隣），花紋相連爲璘，蔬畦爲疄（疄），水生厓石間爲磷（磷），山崖重深爲嶙，行貌爲蹸，繼承爲鏻，眾車聲爲轔，多聲爲磬，魚甲比次爲鱗（鈴），皆爲同源，其語源都是「連」。複言則曰「籧籧」、「蓮蓮」。《玉篇》：「籧，籧籧，餅也。」又「籧，籧籧。」音轉則爲「縺

〔註 38〕 繆啓愉《齊民要術校釋》，農業出版社 1998 年版，第 163、244 頁。另詳繆啓愉《四民月令輯釋》，農業出版社 1981 年版，第 111～112 頁。
〔註 39〕 石聲漢《四民月令校注》，中華書局 1965 年版，第 78 頁。石聲漢《齊民要術今釋》用前說，科學出版社 1957～1958 年版，第 132 頁。
〔註 40〕 從豐從豐古多通，參見張儒、劉毓慶《漢字通用聲素研究》，山西古籍出版社 2002 年版，第 314～315 頁。
〔註 41〕 《說文》原文作「煮麥也」。「鬻」同「煮」。
〔註 42〕 錢繹《方言箋疏》，上海古籍出版社 1984 年版，第 107 頁。胡吉宣《玉篇校釋》，上海古籍出版社 1989 年版，第 1956 頁。

縷」，《廣韻》：「縺，縺縷，寒具也。」其語源都是「連邅」，是南楚方言。胡吉宣曰：「爂爂雙聲，猶言連縷。」〔註43〕所說甚精。楊寶忠曰：「鏈鏤訓寒具，與『爂爂』義同。『爂』音蓮，或音連……『縺縷』當訓不解，故宮本《王韻》、《廣韻》訓寒具，涉下『爂』字而誤其義也。」〔註44〕楊氏前說是，而謂「縺縷」不得訓寒具，是但據字書、韻書之釋義，而不明「爂爂」之語源義也。《說文》：「邅，連邅也。」《玉篇》同。《繫傳》：「《淮南子》有『連邅』之言，猶參差零瓏、若連若絕之意也。」《廣雅》：「囒哰，譠謱也。」「囒哰」即「譠謱」音轉〔註45〕，今吳語謂連續為「連牢」〔註46〕，即其遺語。王念孫曰：「囒、譠聲相近，哰、謱聲亦相近。《方言》：『囒哰、譠謱，拏也。東齊、周晉之鄙曰囒哰，囒哰，亦通語也。南楚曰譠謱。』《說文》：『邅，連邅也。謱，譠謱也。』《玉篇》：『嗹嘍，多言也。』《廣韻》：『嗹嘍，言語煩絮貌。』〔註47〕《楚辭·九思》云：『媒女詘兮譠謱。』《淮南子·原道訓》：『終身運枯形于連嶁列坿之門。』高誘注云：『連嶁，猶離婁也，委曲之貌。』並字異而義同。劉向《熏鑪銘》云：『彫鏤萬獸，離婁相加。』《說文》：『廔，屋麗廔也。』『離婁』、『麗廔』，聲與『譠謱』皆相近。」〔註48〕《玉篇》：「譠，譠謱，繁拏也。」敦煌寫卷 P.2011 王仁昫《刊謬補缺切韻》：「謱，譠謱，不解。」又「嘍，嗹嘍，煩皃。」《廣韻》：「謱，《說文》云：『譠謱也。』」《類篇》：「邅，《說文》：『連邅也。』謂不絕貌。」又「哰，囒哰、譠謱，言語不解也。」字亦作「縺縷」，《玉篇殘卷》、《玄應音義》卷 4 並引《字書》：「縺縷，不解也。」《集韻》：「縺，縺縷，不解。」字亦作「離樓」，《文選·魯靈光殿賦》：「倔佹雲起，嶔崟離樓。」李善注：「離樓，眾木交加之貌。」張銑注：「離樓，眾木相倚貌。」又《長門賦》：「羅丰茸之遊樹兮，離樓梧而相撐。」李善注：「離樓，攢聚眾木貌。」地名「嬴陵」者，語源亦是「連邅」，當亦取連綿不絕為義。《廣韻》：「嬴，嬴陵縣，在交趾。」《集韻》：「嬴、𡣍：嬴陵，縣名，在交趾。或從連。」《漢

〔註43〕 胡吉宣《玉篇校釋》，上海古籍出版社 1989 年版，第 2903 頁。

〔註44〕 楊寶忠《疑難字續考》，中華書局 2011 年版，第 354～355 頁。

〔註45〕 從連從東古通，從牢從婁古亦通，參見張儒、劉毓慶《漢字通用聲素研究》，山西古籍出版社 2002 年版，第 691、127 頁。

〔註46〕 參見許寶華、宮田一郎《漢語方言大詞典》，中華書局 1999 年版，第 2600 頁。

〔註47〕 「絮」當作「拏」，王氏未訂正。

〔註48〕 王念孫《廣雅疏證》，收入徐復主編《廣雅詁林》，江蘇古籍出版社 1992 年版，第 496 頁。～

書・地理志》蒼梧郡有「贏陵」縣，孟康曰：「贏音蓮。」《後漢書・郡國志》同，《宋書・州郡志》作「贏婁」，《晉書・地理志》作「羸陵」。《晉書音義》卷上：「羸陵，上音蓮。」〔註49〕《四庫全書〈後漢書〉考證》：「贏，應作羸。《前書》孟康曰：『羸音蓮。』則作贏字非也。」〔註50〕「贏」、「羸」一聲之轉，不必以爲誤字。諸字形雖異，所指亦異，而語源義則一也，皆相連不解之義。王國維曰：「蓋其流期於有別，而其源不妨相通，爲文字變化之通例矣。」〔註51〕此言最爲會通，得名物訓詁之眞諦矣。

〔註49〕 何超《晉書音義》卷上，附於《晉書》，中華書局 1974 年版，第 3231 頁。

〔註50〕 《四庫全書考證》，景印文淵閣《四庫全書》第 252 冊，臺灣商務印書館 1986 年初版，第 410 頁。

〔註51〕 王國維《〈爾雅〉草木蟲魚鳥獸名釋例下》，收入《觀堂集林》卷 5，河北教育出版社 2001 年版，第 133 頁。

《說文》「襹」字音義辨正

　　《說文》:「襹,奪衣也,讀若池。」治《說文》諸家皆把「奪」理解為「搶奪」、「彊取」,皆讀「池」為今音直離切,因欲改「池」為「沱」或「扡」。這都有失許氏本意,亟有必要一辨。

　　下面分釋義、讀音二節各作辨正。

(一)釋義辨正

　　1. 關於釋義「奪衣也」,段玉裁曰:「奪當作敓。許訓奪為遺失,訓敓為彊取也。此等恐非許原文,後人以今字改古字耳。《周易·訟》:『上九,或錫之鞶帶,終朝三襹之。』侯果曰:『襹,解也。』鄭玄、荀爽、翟玄皆作『三扡之』。荀、翟訓扡為奪。《淮南書》曰:『秦牛缺遇盜,扡其衣。』高注:『扡,奪也。』扡者,襹之假借字。引伸為凡敓之偁。」惠棟曰:「《訟》:『終朝三襹之。』《說文》云:『襹,奪衣也,讀若池。』鄭康成本作『三扡之』,音徒可反。棟案:《淮南·人間訓》云:『秦牛缺遇盜,扡其衣被。』高誘曰:『扡,奪也。』是扡與襹字異而義同。」桂馥曰:「奪當為敓。」朱駿聲曰:「按:敓衣也。」沈濤曰:「襹本奪衣,故字從衣,而引申之,凡奪物皆謂之襹。」
〔註1〕

　　段氏的意見是:「襹」就是「搶奪」、「彊取」義。所以段氏依《說文》敓訓彊取,改「奪」作「敓」。治《說文》諸家無異說。然段氏所引的《易》侯果注「襹,解也」,《釋文》引王肅說同,明顯不支持他的結論。段說非也。

〔註1〕　段玉裁《說文解字注》,惠棟《九經古義》,桂馥《說文解字義證》,朱駿聲《說文通訓定聲》,沈濤《說文古本考》,並收入丁福保《說文解字詁林》,中華書局 1988 年版,第 8450 頁。

「奪」不是「敓」的借字，而應當是「挩」的假借，讀他臥切（tuò）〔註2〕，經典多借用「脫」字爲之。「脫」、「解」同義。《慧琳音義》卷 55 引《說文》作「裰，謂解衣也」，又卷 98 引《說文》作「脫衣也」，雖皆以義改作，非《說文》舊本，然亦得其正解矣。《廣雅》：「裰，敓也。」《玄應音義》卷 6 引同，云「敓音奪」；又卷 18 引徑作「裰，奪也」。「敓」、「奪」亦並爲「挩」借字。《慧琳音義》卷 81：「裰脫：《蒼頡篇》云：『裰，撤衣也。』」又卷 98：「裰龍：《考聲》：『解衣也。』《蒼頡篇》：『撤衣也。』」所引二書解爲「解衣」、「撤衣」，與侯果、王肅說合，這也是「裰」非「搶奪」、「彊取」義的有力證據。《國語·齊語》：「脫衣就功。」韋昭注：「脫，解也。」「奪衣」即「脫衣」，亦即「解衣」也。今吳語猶謂脫無紐扣之套衣爲 tuò。

2. 這一節考察古書中「奪」與「挩」、「脫」、「蛻」通假的情況。

2.1. 《山海經·中山經》：「其木多檀柘，其草多薤韭，多藥，空奪。」郭注：「空奪，即蛇皮脫也。」郝懿行曰：「案：郭知空奪即蛇皮脫者，《玉篇》、《廣韻》並云：『蛵，蟬脫蛵皮。』蓋空字後人加虫作蛵也。《說文》云：『蛻，蛇蟬所解皮。』《廣韻》云：『蛻，又他臥切。』與奪聲近。奪古字作敓，疑空奪本作空蛻，譌蛻爲敓，又改敓爲奪耳。」〔註3〕郝氏前說謂「空」即「蛵」，是也。空皮爲蛵，土空龕爲控，器物朴爲椌，空心草爲莖，稻稈爲稞，衣袂爲悾（腔），信慤爲悾，鼓聲爲鼜，其義一也，皆取空虛爲義，各加義符以製專字耳。郝氏後說謂「奪」、「敓」爲「蛻」之譌，則失之。「奪」就是「挩」的假借，表示「解皮」義的專字從虫作「蛻」，亦借用「脫」字爲之。

2.2. 《漢書·匈奴傳》：「其親豈不自奪溫厚肥美齎送飲食行者乎？」《史記·匈奴傳》「奪」作「脫」。此例「脫」讀爲「奪」，實爲「敓」。然可證二字古音近也。

2.3. 《後漢書·黨錮傳》：「豈可以漏奪名籍，苟安而已？」劉攽曰：「案：

〔註2〕《漢語大字典》（第二版）音「tuì」，非也。崇文書局、四川辭書出版社 2010 年版，第 592 頁。

〔註3〕郝懿行《山海經箋疏》卷 5，中國書店 1991 年版，第 35 頁。汪紱曰：「空奪即宼脫也。舊以爲蛇蛻，非。」朱起鳳亦以「空奪」即「宼脫」、「活脫」，云：「空、宼一聲之轉。」袁珂從汪說。「宼脫」是草名。汪氏另立新說，茲所不取。汪紱《山海經存》，收入《叢書集成三編》第 79 冊，新文豐出版公司 1997 年版，第 78 頁。朱起鳳《辭通》，上海古籍出版社 1982 年版，第 2408、2424 頁。袁珂《山海經校注》，巴蜀書社 1993 年版，第 190 頁。

文奪當作脫，脫作奪音耳，字不可通。」〔註4〕《白帖》卷 26 引作「漏脫」，《御覽》卷 420 引《續漢書》亦作「漏脫」，《通鑑》卷 56、《通鑑紀事本末》卷 8、《東漢會要》卷 25、《兩漢筆記》卷 12 同。唐、宋人引用，皆易作通用字「脫」耳。「奪」非譌字，錢大昕曰：「奪，本脫失之正字。」宋文民亦指出「奪」爲正字，而未引錢說〔註5〕，或未之見也。惠棟曰：「《續漢書》作『漏脫』，奪與脫古字通，見《山海經》注。」〔註6〕周壽昌曰：「奪，去也，見《廣雅・釋詁三》。奪即敓……奪、脫本通，即作去字訓，亦無庸改作脫也。」〔註7〕劉攽疏於小學，改字每失之，此其一例耳。

2.4. 《文選・雜體詩》：「爕爕涼葉奪，戾戾飆風舉。」呂延濟注：「奪，落。」奪亦讀爲脫、蛻，故訓落。今吳語猶謂葉落爲蛻。《類聚》卷 1 南朝・宋・謝莊《月賦》：「洞庭始波，木葉微脫。」正作「脫」字。

2.5. 《慧琳音義》卷 75：「鳥挩：義與奪字同。《正字辯或》云：『挩，解也，免也。』」「挩」即「脫」正字。慧琳明確指出「奪」、「挩」義同。此條爲《道地經》卷 1《音義》，檢經文作「或時鳥梲，吞足亦蹈。」「梲」即「挩」，木旁才旁易混。

2.6. 《後漢書・劉般傳》：「皆使與奪田同罪。」李賢注：「華嶠《書》奪作脫也。」此例「脫」讀爲「奪」，實爲「敓」。然亦可證二字古音近也。

2.7. 《史記・陳涉世家》：「尉劍挺。」《集解》引徐廣曰：「挺，猶脫也。」《索隱》：「徐廣云：『挺，奪也。』按：奪即脫也。」

2.8. 宋・吳曾《能改齋漫錄》卷 10：「詩有奪胎換骨。」時人之文或作「脫胎換骨」。

3. 這一節考察古書中的同源詞。

3.1. 《說文》：「挩，解挩也。」《玉篇》：「挩，解也。」字或作搋，《玉篇》：「搋，他果切，俗云落。」字或作墮，《淮南子・要略》：「解墮結細（紐）。」

〔註4〕 劉攽《東漢書刊誤》，收入《叢書集成續編》第 273 冊，新文豐出版公司 1988 年版，第 179 頁。

〔註5〕 錢大昕《十駕齋養新錄》卷 4「奪」條，收入《嘉定錢大昕全集（七）》，江蘇古籍出版社 1997 年版，第 87 頁。宋文民《後漢書考釋》，上海古籍出版社 1995 年版，第 274 頁。

〔註6〕 惠棟《後漢書補注》，收入徐蜀《兩漢書訂補文獻彙編（3）》，北京圖書館出版社 2004 年版，第 479 頁。

〔註7〕 周壽昌《後漢書注補正》，收入徐蜀《兩漢書訂補文獻彙編（3）》，北京圖書館出版社 2004 年版，第 649 頁。周氏誤「廣雅」作「廣韻」，徑正。

王念孫曰：「墮亦解也。《廣雅》：『墮，脫也。』《論衡·道虛篇》：『龜之解甲，蛇之脫皮，鹿之墮角。』是墮與解、脫同義。《易林·噬嗑之小畜》曰『關枅開啟，衿帶解墮』是也。細當爲紐，字之誤也。紐亦結也。」〔註8〕字或作稅、脫、說，《禮記·文王世子》：「文王有疾，武王不稅冠帶而養。」《釋文》：「稅，本亦作脫，又作說，同。音他活反。」《漢書·敘傳下》：「稅介免冑，禮儀是創。」

3.2. 《說文》：「蛻，蛇蟬所解皮也。」引申之則有「解」之義。《廣雅》：「蛻，解也。」《淮南子·精神篇》：「蟬蛻蛇解。」蛻亦解也。字或作䏿，《玉篇》：「䏿，他活反，皮剝也。」敦煌寫卷 P.3906《碎金》：「物䏿皮：丑悅反。」字或作褫，《玄應音義》卷 18：「褫皮：《廣雅》：『褫，奪也。』《說文》：『奪衣也。』今謂奪其皮也。」此條爲《佛說立世阿毗曇論》卷 8《音義》，檢經文作「或有罪人褫皮布地，還割其肉以積皮上」。褫皮猶言剝皮，「奪」字讀爲「䏿」甚明，決非「彊取」之義也。今吳方言猶有「蛻皮」、「蛻殼」、「蛻身」之語。《史記·匈奴傳》：「脫身逃走。」「脫身」即「蛻身」，猶言抽身。吳國泰謂「脫」讀爲獨〔註9〕，大誤。《項羽本紀》：「脫身獨去。」已言「獨去」，則脫字決不可讀爲獨也。

3.3. 《說文》：「鬄，髮墮也。」《廣韻》：「鬄，髮落。」髮之脫落與皮之脫落，義相類也。字或作毻、毤，《廣雅》：「毻，解也。」《玉篇》：「毤，他臥切，落毛也。」《集韻》、《類篇》：「毻、毤：吐外切，《博雅》：『解也。』謂鳥獸解毛羽也。或从兌。」王念孫曰：「蛻之言脫也……今俗語猶謂蟲解皮爲蛻皮矣。毻亦蛻也。《方言》：『毻，易也。』郭璞注云：『謂解毻也。』《廣韻》：『毻，鳥易毛也。』郭璞《江賦》：『產毻積羽。』李善注云：《字書》曰：「毤，落毛也」毤與毻同。』《管子·輕重篇》云：『請文皮毤服而以爲幣。』今俗語猶謂鳥獸解毛爲毤毛。毻、毤、蛻並同義。《方言》：『隋，易也。擆，脫也。』義亦與毻同。又案：毻字從毛，隋省聲，《方言》注音他臥反，《玉篇》音湯果切，《廣韻》音湯臥、他外二切。曹憲欲改毻爲毲，音門悼反，非也。」〔註10〕王氏所引《管子》，劉績《補注》亦云：「毤，他

〔註8〕 王念孫《淮南子雜志》，收入《讀書雜志》卷15，中國書店 1985 年版，第 42 頁。
〔註9〕 吳國泰《史記解詁》，1933 年成都居易簃叢著本，第 4 冊，第 19 頁。
〔註10〕 王念孫《廣雅疏證》，收入徐復主編《廣雅詁林》，江蘇古籍出版社 1992 年版，第 67 頁。王氏改《方言》「楕」作「擆」，並無必要。

臥反，落毛也。」章太炎曰：「剪髮爲鬀，言橢圓形也。」〔註11〕章說未得其語源。錢大昭曰：「蛻者，皮之解也。毦，或作髦。按：鳥易毛如蟬蛇之蛻，與『解』義合。」〔註12〕此說斯爲得之。字或作𩯗，《字彙補》：「𩯗，《廣雅》：『盡也。』」今《廣雅》作「鬀」，王念孫曰：「盡者，落之盡。」〔註13〕朱駿聲曰：「鬀，字亦作𩯗、作毦、作髦。」〔註14〕字或作墮、𡐦、隨，《廣雅》：「墮，脫也。」《廣韻》：「墮，落也。」尹灣漢簡《神烏傳（賦）》：「毛羽隨落。」虞萬里、裘錫圭並讀隨爲墮〔註15〕。《素問·上古天眞論篇》：「五七陽明脈衰，面始焦，髮始墮。」《墨子·修身》：「華髮𡐦顚。」正德本𡐦作隨，畢沅曰：「𡐦字當爲墮。」孫詒讓曰：「墮與鬀通，墮顚即秃頂。」〔註16〕《新序·雜事五》：「士亦華髮墮顚，而後可用耳。」石光瑛曰：「孫說非是，華髮墮顚，謂白髮垂於顚耳，不待破字爲鬀也。」〔註17〕石說轉爲失之。《漢書·宣帝紀》：「朕惟耆老之人，髮齒墮落，血氣衰微。」《通典》卷91引晉·袁準《喪服傳》：「女七歲男八歲而墮齒，此墮齒之大例也。」《本草綱目》卷52：「錢乙云：『小兒變蒸蛻齒，如花之易苗。』」是牙齒之脫落亦爲墮、蛻，今吳方言猶有「墮牙齒」之語，音 tuò。字或作隋，《方言》卷13：「隋，易也。」郭注：「謂解毦也。」睡虎地秦簡《日書甲·詰》：「丈夫女子隋須（鬚）羸髮黃目。」整理者括注「隋」爲「墮」〔註18〕。馬王堆帛書《五十二病方》：「口疾雞羽自解，隋其尾。」字或作涗，馬王堆漢簡《天下至道談》：「七十下枯上涗。」上涗指毛髮脫落。字或作突，張家山漢簡《脈書》：「四節疕如牛目。𢁥（眉）突（脫），爲腐（癘）。」整理者括注「突」爲「脫」〔註20〕。睡虎地秦簡《封診式》：「以三歲時病疕，𢁥（眉）突。」整理者注：

〔註11〕 王寧整理《章太炎說文解字授課筆記》，中華書局2010年版，第375頁。
〔註12〕 錢大昭《廣雅疏義》，收入徐復主編《廣雅詁林》，江蘇古籍出版社1992年版，第68頁。
〔註13〕 王念孫《廣雅疏證》，收入徐復主編《廣雅詁林》，江蘇古籍出版社1992年版，第108頁。
〔註14〕 朱駿聲《說文通訓定聲》，武漢市古籍書店1983年版，第492頁。
〔註15〕 虞萬里《尹灣漢簡〈神烏傳〉箋釋》，收入《榆枋齋學術論集》，江蘇古籍出版社2001年版，第612頁。裘錫圭《神烏傳（賦）初探》，收入《裘錫圭學術文集》卷2，復旦大學出版社2012年版，第263頁。
〔註16〕 二說並見孫詒讓《墨子閒詁》，中華書局1986年版，第9頁。
〔註17〕 石光瑛《新序校釋》，中華書局2001年版，第776頁。
〔註18〕 《睡虎地秦墓竹簡》，文物出版社1990年版，第212頁。
〔註20〕 《張家山漢墓竹簡〔247號墓〕》（釋文修訂本），文物出版社2006年版，第116頁。

「眉突，當指眉毛脫落。」〔註21〕又《效律》：「官府臧（藏）皮革，數楊（煬）風之。有蟲突者，貲官嗇夫一甲。」蟲突言蟲蛀脫毛。整理者注：「突，穿。蟲突，被蟲齧穿。」〔註22〕恐未是。字或作裰、扡、墮、陀、陁，《玄應音義》卷4：「扡落：扡，奪也。」此條爲《佛說觀佛三昧海經》卷8《音義》，檢經文作「服食牛糞石灰塗頭，令髮裰落裸形無恥」，宋、元、明本「裰」作「陀」，聖本作「扡」。《大般若波羅蜜多經》卷381：「世尊首髮堅固不斷，永無裰落。」宋本「裰」作「墮」，《大般若波羅蜜多經般若理趣分述讚》卷2亦作「墮」。《篇海類編》：「墮，落。」「墮」當即「裰」俗字。《漢語大字典》「墮」字條無書證〔註23〕，據此可補。「裰落」即脫落，此二例指毛髮脫落而言〔註24〕。《玄應》扡訓奪，「奪」讀爲「脫」甚明，決非「彊取」之義也。《玄應音義》卷6：「裰落：經文作陁。」此條爲《添品妙法蓮華經》卷2《音義》，檢經文作「泥塗扡落」，宋、元、明本「扡」作「陁」。《慧琳音義》卷55：「裰落：《周易》云：『終朝三裰也。』《考聲》云：『裰，猶敓落也。』亦作儺。」「敓落」即「脫落」。此條爲《禪祕要法經》卷1《音義》，檢經文作「想肉從一一脅間兩向裰落，但見脅骨，白如珂雪」，宋、元、明、宮、聖本「裰」作「陀」。此二例泛指脫落也。今吳方言又謂傷疤、指甲脫落亦爲「蛻」。

3.4. 《方言》卷7：「稅，舍車也，宋、趙、陳、魏之間謂之稅。」郭注：「舍，宜音寫。稅，猶脫也。」「寫」即今「卸」字。字或作脫，《墨子·三辯》：「此譬之猶馬駕而不稅，弓張而不弛。」《御覽》卷565引「稅」作「脫」。《史記·李斯傳》：「吾未知所稅駕也。」《索隱》：「稅駕，猶解駕，言休息也。」字或作說、敓，《周禮·春官·宗伯》：「辨其名物與其用說。」鄭注引鄭司農云：「說，謂舍車也。」《易·大畜》：「輿說輹。」《釋文》：「說，吐活反，馬云：『解也。』」楚簡本作「敓」。

3.5. 《方言》卷12：「橢，脫也。」孫詒讓曰：「橢、鬌字亦通，皆毛物挩落之名。」〔註25〕「橢」當指木之枝葉脫落。字或作橢，《太玄·窮》：「木科橢。」范望注：「科橢，枝葉不布。」司馬光注：「科橢，木病也。」科、

〔註21〕 《睡虎地秦墓竹簡》，文物出版社1990年版，第156頁。
〔註22〕 《睡虎地秦墓竹簡》，文物出版社1990年版，第73頁。
〔註23〕 《漢語大字典》（第二版），崇文書局、四川辭書出版社2010年版，第507頁。
〔註24〕 《觀彌勒上生兜率天經贊》卷2作「穢落」。「穢」爲「穢」形誤，亦「墮」借音。
〔註25〕 孫詒讓《札迻》卷2，中華書局1989年版，第53頁。

楕同義連文，謂枝葉光禿〔註26〕。

3.6.《呂氏春秋・至忠》：「荆莊哀王，獵於雲夢，射隨兕，中之。」隨兕，謂角禿之兕，「隨」正取「脱落」之義〔註27〕。《説苑・立節》「隨兕」作「科雉」，科亦光禿義，今吳方言謂光頭爲科頭。兕、雉古通，《集韻》：「兕，或作雉。」字或作墮，已見上引王念孫説。《酉陽雜俎》卷 16：「劉孝標言犀墮角埋之，以假角易之。」今吳方言猶有「墮角」之語，音 tuò。《金樓子・説蕃篇》：「龜墮甲而去。」《宋書・符瑞志上》同，《竹書紀年》卷下梁・沈約注作「隨」。隨、墮，並讀爲蜕，脱也，解也。墮甲，今吳方言謂之「蜕殼」也。

物之脱落爲挩、擴、墮，衣之脱落爲襚、奪，冠帶甲胄之解脱爲墮、税、脱、説，皮之脱落爲蜕、皯、襚，髮之脱落爲鬐、髻、鬐、髻、墮、隳、隨、隋、襚、摋、墟、陀，眉毛之脱落爲突，牙齒之脱落爲墮、蜕，甲、角之脱落爲墮、隨，木之枝葉脱落爲楕、楕，車駕馬駕之脱卸爲税、脱、説、敓，傷疤、指甲之脱落亦爲蜕，其義一也。

4. 這一節對段注引用的二條語料作些分析，並駁正一些舊説。

4.1.《易・訟》：「或錫之鞶帶，終朝三襚之。」孔疏：「三見襚脱。」《釋文》：「襚，徐勑紙反，又直是反，本又作摋，音同。王肅云：『解也。』鄭本作挓，徒可反。」唐・栖復《法華經玄賛要集》卷 25：「言奪衣作襚者。古云：『奪衣，謂擺也，即斗藪也。今從奪。』……一日之内三遍被脱……襚即剥色（？）義也。」宋・項安世曰：「襚字鄭康成本作挓，言三加之也。」

〔註26〕 以上略見蕭旭《敦煌寫卷〈碎金〉補箋》，收入《群書校補》，廣陵書社 2011 年版，第 1343～1344 頁。

〔註27〕 參見清・胡澍《〈内經素問〉校義》，收入《珍本醫書集成》（第 1 冊醫經類），上海科學技術出版社 1985 年版，第 6 頁。高誘注：「隨兕，惡獸名也。」未詳命名之由。楊慎《譚苑醍醐》卷 3：「隨兕者，隨母之兕。科雉者，甫出科之雉。」范耕研曰：「隨兕者，隨國之兕耳。」王利器曰：「科蓋窠之本字。射科雉即射黃口之雉也。」並失之。上三説並引自王利器《呂氏春秋注疏》，巴蜀書社 2002 年版，第 1069～1070 頁。岡本保孝引關氏曰：「科雉即窠雉也。」亦失之。胡應麟曰：「此類無他注釋可考，與其鑿也，毋寧闕之。」左松超曰：「科雉、隨兕，不知爲何物，亦不必強解。」不知蓋闕可貴。上三説並引自左松超《説苑集證》，「國立」編譯館 2001 年版，第 237～238 頁。惠士奇曰：「隨，讀爲科。兕與雉音相近。」上説亦未得。惠士奇《禮説》卷 5，收入《叢書集成三編》第 24 冊，新文豐出版公司 1997 年印行，第 327 頁。

〔註 28〕明·何楷曰：「褫，《說文》訓奪衣也，亦訓解也，脫也。故免冠爲褫，《雪賦》亦云『褫珮解紳』，是也。據翼言以訟受服，則褫當訓解，不當訓奪。曰三褫之，則有三束之可知。蓋不勝其矜喜之意，褫而束，束而復褫，爲下與三陽遇，故遍出以示之，有三次褫束之象焉。按鄭康成本作扡，晁以道云：『扡如拖紳之拖。』又吳幼清云：『褫通訓拽，亦扡之義。蓋本以訟勝而得鞶帶，不勝其矜，故終朝之間三扡拽而加諸身，以誇于人也。』」〔註 30〕臧琳曰：「據鄭本作扡，知古文《易》作『扡』矣，古褫、扡聲相近，《說文》：『扡，曳也。』《論語·鄉黨》：『加朝服，拖紳。』拖即扡之俗……王肅作褫，而以爲『解』，此與鄭立異耳。」〔註 31〕朱駿聲曰：「褫，奪衣也……故終朝各一奪之，爲三褫。又褫，解也……又褫一作摅，一作扡，加也，謂三加之也。又拖之也。又三扡，猶束而解，解而束，如是者三。此以訟受服者，矜喜不自持之意，所謂一日三摩抄，矜喜之極也。」〔註 32〕尚秉和曰：「《釋文》：『褫，鄭本作扡。』惠氏棟據《淮南·人間訓》：『盜扡其衣被。』高誘注云：『扡，奪也。』是仍與褫同。乃宋項安世《周易玩辭》引鄭注曰：『三扡，三加之也。』後楊愼、臧琳、朱芹等，頗祖述其說，謂三扡其紳，以爲誇耀，故《象》曰『不足敬』。但《論語》之『拖紳』，因孔子病臥，君來視，故加紳於朝服，以爲敬。今非病臥，曰束紳垂紳皆可，曰拖紳，似不合也。」〔註 33〕焦循曰：「褫猶奪。」〔註 34〕陳士元、來知德、高亨、李鏡池、陳仁仁皆謂「褫」是奪取的意思〔註 35〕。

〔註 28〕項安世《周易玩辭》卷 2，收入景印文淵閣《四庫全書》第 14 冊，臺灣商務印書館 1986 年初版，第 249 頁。

〔註 30〕何楷《古周易訂詁》卷 1，收入景印文淵閣《四庫全書》第 36 冊，臺灣商務印書館 1986 年初版，第 52 頁。

〔註 31〕臧琳《經義雜記》卷 5，收入《續修四庫全書》第 172 冊，上海古籍出版社 2002 年版，第 72 頁。

〔註 32〕朱駿聲《六十四卦經解》，中華書局 1958 年版，第 34～35 頁。

〔註 33〕尚秉和《周易尚氏學》，中華書局 1980 年版，第 57 頁。惠棟說見《九經古義》卷 1《周易古義》，收入阮元《清經解》第 3 冊，鳳凰出版社 2005 年版，第 2805 頁。

〔註 34〕焦循《易章句》，收入《續修四庫全書》第 27 冊，上海古籍出版社 2002 年版，第 51 頁。

〔註 35〕陳士元《易象鈎解》卷 1，來知德《周易集註》卷 2，分別收入景印文淵閣《四庫全書》第 31、32 冊，臺灣商務印書館 1986 年初版，第 659、104 頁。高亨《周易古經今注》，中華書局 1984 年版，第 179～180 頁。李鏡池《周易通義》，

按：「扡」、「擴」並讀爲襚，徒可反，就是「脫」。是受賜者自己主動脫。受賜者得到賞賜的腰帶，終朝自己多次脫下，又戴上，以爲榮耀，故《象》曰「不足敬」也。「襚」解爲「脫」，「加」是以意補足的；不是「襚」讀爲「扡」，訓「加」，再以意補「解」。何楷說是也。孔疏、棲復解爲「脫」不誤，但以爲是被脫則誤。項安世據鄭本作「扡」，因誤解爲「加」，並非鄭氏解爲「加」。孫星衍、尚秉和皆誤以爲是鄭注，余蕭客歸爲項注不誤〔註36〕。《論語》之「拖紳」，「拖」自解爲「加」，與《易》無涉，晁以道說失之。吳幼清謂「襚」訓拽，亦非是。

馬王堆帛書本「襚」作「擴」。張立文曰：「擴，疑作擄或擴，《正字通》曰：『擄或擴爲俗擴字。』擴與襚形近。」並引《說文》及《淮南子》注訓奪〔註37〕。張氏前說「俗擴字」是也，後說非是。鄧球柏謂「擴」是「擴（揣）」字之訛〔註38〕，大誤。

4.2. 《淮南子‧人間篇》：「秦牛缺徑於山中而遇盜，奪之車馬，解其橐笥，拖其衣被。」許愼注：「拖，奪也。」〔註39〕《玉篇》：「拖，同『扡』，俗。」段玉裁、惠棟等人讀「拖」爲「襚」的意見是對的，但所釋則非。「奪」、「解」、「拖」對舉，當爲「脫落」、「脫卸」之義。許注「奪」字當讀爲脫。正文「奪」亦當讀爲脫，猶言卸。三句言卸下他的車馬，解開他的橐笥，剝下他的衣裙〔註40〕。其結果雖是搶奪，但「奪」、「拖」不是「搶奪」義。《漢語大詞典》、《漢語大字典》並解「拖（扡）」爲「奪取」〔註41〕，非也。字或

中華書局 1981 年版，第 17 頁。陳仁仁《戰楚竹書〈周易〉研究》，武漢大學出版社 2010 年版，第 157 頁。

〔註36〕 孫星衍《周易集解》，上海書店 1988 年版，第 94 頁。余蕭客《古經解鈎沉》卷 2，收入景印文淵閣《四庫全書》第 194 冊，臺灣商務印書館 1986 年初版，第 390 頁。

〔註37〕 張立文《帛書周易注譯》，中州古籍出版社 1992 年版，第 52 頁。

〔註38〕 鄧球柏《帛書周易校釋》（增訂版），湖南出版社 1996 年第 2 版，第 95 頁；又鄧球柏《白話帛書周易》，嶽麓書社 1995 年版，第 14 頁。

〔註39〕 道藏本、景宋本「拖」誤作「施」。古字「扌」旁「方」旁相混例可參看曾良《俗字及古籍文字通例研究》，百花洲文藝出版社 2006 年版，第 73～75 頁。段玉裁、惠棟皆誤作「高誘注」。

〔註40〕 「被」讀爲「帔」，裙也，指下衣。張雙棣《淮南子校釋》謂「被」指斗篷，茲所不取；北京大學出版社 1997 年版，第 1906 頁。

〔註41〕 《漢語大詞典》（縮印本），漢語大詞典出版社 1997 年版，第 3577 頁。《漢語大字典》（第二版），崇文書局、四川辭書出版社 2010 年版，第 1960 頁。

省作「扡」，《墨子・非攻上》：「殺不辜人也，扡其衣裘，取戈劍者，其不義又甚入人欄廄取人馬牛。」畢沅曰：「扡讀如『終朝三扡』之扡。」王念孫曰：「『也』即『扡』字之誤而衍者。」孫詒讓曰：「《說文》：『扡，曳也。』《淮南子・人間訓》云『拖其衣被』，拖即扡之俗。」〔註42〕扡讀爲拖、扡，皆是也。但孫氏引《說文》扡訓曳，則非也。

（二）讀音辨正

今本《說文》作「襐，讀若池」，諸家皆謂「池」字誤。

（1）錢大昕曰：案《說文》無「池」字，當爲「扡」。《易》：「終朝三襐之。」侯果曰：『襐，解也。』鄭康成本「襐」作「扡」。《淮南・人間訓》：「秦牛缺遇盜，扡其衣被。」高誘注：「扡，奪也。」許君讀若之字皆經典通用字。「扡」、「奪」聲亦相近〔註43〕。

（2）姚文田、嚴可均曰：當作「讀若沱」。

（3）桂馥曰：「池」當作「沱」，與「扡」聲相近。

（4）嚴章福曰：「池」當作「弛」。經典「襐」或通用「弛」。《校議》謂作「沱」，恐非〔註44〕。

（5）張舜徽曰：錢說是也。扡，曳也，有從旁引取意。今湖湘間謂奪人衣仍曰扡〔註45〕。

鈕樹玉採錢大昕說，王筠與錢說同，當亦採自錢說；李富孫亦取錢大昕、段玉裁之說〔註46〕。葉德輝與姚文田、嚴可均說同，當採自二氏之說〔註47〕。

按：「池」字不誤，《說文》無「池」字，不可謂其字必誤。《說文》失收之字多矣。「池」當讀《逸周書・職方解》、《周禮・職方氏》「并州，其川

〔註42〕 諸說並引自吳毓江《墨子校注》，中華書局 1993 年版，第 200 頁。
〔註43〕 錢大昕《十駕齋養新錄》卷 4「《說文》校譌字」條，收入《嘉定錢大昕全集（七）》，江蘇古籍出版社 1997 年版，第 85 頁。又卷 5「舌音類隔之說不可信」條說同，第 140 頁。
〔註44〕 姚文田、嚴可均《說文校議》，桂馥《說文解字義證》，嚴章福《說文校議議》，並收入丁福保《說文解字詁林》，中華書局 1988 年版，第 8450～8451 頁。
〔註45〕 張舜徽《說文解字約注》，華中師範大學出版社 2009 年版，第 2054 頁。
〔註46〕 李富孫《易經異文釋》，收入《續修四庫全書》第 27 冊，上海古籍出版社 2002 年版，第 667 頁。
〔註47〕 鈕樹玉《說文解字校錄》，王筠《說文解字句讀》，葉德輝《說文讀若考》，並收入丁福保《說文解字詁林》，中華書局 1988 年版，第 8450 頁。

虖池」之「池」。《周禮釋文》：「池，徒多反。」《禮記・禮器》：「晉人將有
事於河，必先有事於惡池。」《釋文》：「池，大河反。」惠棟曰：「秦惠王《詛
楚文》云：『告於不顯大神亞駞。』亞駞即惡池也。」〔註48〕《韓子・初見
秦》：「中山呼沲以北，不戰而畢爲燕。」《戰國策・燕策一》：「南有呼沱、
易水。」「池」、「沲」與「沱」、「駞」同，古「它」、「也」一字〔註49〕。「池」
音徒多反、大河反；「㡏」字《易》《釋文》鄭玄音徒可反；「𣢑」字《方言》
郭璞注音他臥反，《玉篇》音湯果切，《廣韻》音湯臥、他外二切；「𣢑」字
《玉篇》音他臥切；「蛻」字《廣韻》又音他臥切；「𧛙」字《玉篇》音他活
切，《集韻》音徒活反。音皆相近。他臥切（tuò）與今吳語方音亦相近，此
可徵之方言者也。

　　「㡏」字《玉篇》音直爾、敕爾二切；《廣韻》音直離、敕里、池爾、池
耳四切，《玄應音義》卷6「㡏落」條、卷18「㡏皮」條並音直紙、敕尔二反，
《慧琳音義》卷4「㡏落」條音池里反，又卷55「㡏落」條、卷81「㡏脫」
條並音池爾反，又卷94「㡏落」條音池耳反。這些讀音，蓋皆誤以爲《說文》
「讀若池」之「池」音直離切（chí）所致。

　　敦煌寫卷P.3906《碎金》、《廣韻》、《龍龕手鑑》、《五音集韻》「𧛙」並音
丑悅反，亦古音之變也〔註50〕。

〔註48〕　惠棟《九經古義》卷12《禮記古義》，收入《叢書集成新編》第10冊，新文
　　　　　豐出版公司1985年版，第195頁。又參見方以智《通雅》卷16，收入《方以
　　　　　智全書》第1冊，上海古籍出版社1988年版，第584頁。又參見吳玉搢《別
　　　　　雅》卷2，收入景印文淵閣《四庫全書》第222冊，臺灣商務印書館1986年
　　　　　初版，第650頁。
〔註49〕　此據舊說。今古文字學者研究認爲「它」、「也」本爲兩字，古音也略有不同。
　　　　　然二字自古通借，則無疑也。新說可參：徐寶貴《以「它」「也」爲偏旁文字
　　　　　的分化》，《文史》2007年第3輯；李家浩《釋老簋銘文中的「瀘」字》，《古
　　　　　文字研究》第27輯，中華書局2008年版，第245～250頁；劉洪濤《上古音
　　　　　「也」字歸部簡論》，復旦大學出土文獻與古文字研究中心網，2008年12月
　　　　　18日，http://www.gwz.fudan.edu.cn/SrcShow.asp?Src_ID=570。此承劉雲先生
　　　　　指示，謹致謝忱。
〔註50〕　我不諳古音，曾就「『𧛙』音丑悅反」的問題求教於友人龐光華博士。龐君
　　　　　答覆如下：「錢大昕《十駕齋養新錄》卷5有一長篇論文論上古音韻『古無
　　　　　舌上音』，就是中古時代的舌面音在上古時代要讀舌頭音。中古音的知澈澄
　　　　　娘四個聲母在上古要分別讀如端透定泥四個聲母。錢大昕舉出了許多例
　　　　　證。『𧛙』音丑悅反，則其字在中古是澈母，上古音讀如透母，因此與定母
　　　　　音相通。這是很正常的。又，『㡏』字大作只注一音，實則據《廣韻》有二

　　劉博平謂「奪衣」切音爲「裷」，友人龐光華博士信從其說〔註51〕，斯皆偶不審察也。

（此文刊於《中國語學研究・開篇》第 31 卷，2012 年 10 月日本株式會社好文出版，這裏是修訂稿）

　　　　音，一是直追反，一是他耳反。他耳反是透母，正是舌頭音；直追反，中古音是澄母，上古音是定母。二者相通毫無窒礙。在上古音中，定母更接近透母，而不是端母。因此，有的學者認爲全濁聲母送氣，這是有根據的。」謹致謝忱。

〔註51〕劉博平《〈說文〉有合音說》，收入《劉賾小學著作二種・小學札記》，上海古籍出版社 1982 年版，第 1177 頁。龐光華《論漢語上古音無複輔音聲母》，中國文史出版社 2005 年版，第 187 頁。

《說文》「鱻姍」疏證

1. 《說文》:「鱻,鱻姍,下色也。」下色,宋本作「下哂」,《繫傳》作「一色」。

段玉裁曰:「也,當依《玉篇》作『兒』。『鱻姍』疊韻字。」鈕樹玉曰:「宋本『色』作『哂』,《繫傳》『下』作『一』,並誤。」苗夔曰:「下色猶言惡色。」田吳炤曰:「『鱻姍』二字當是方言。」桂馥曰:「(下色)謂俯下其顏色。」錢坫曰:「『下』字《繫傳》作『一』,或是。」〔註1〕馬敘倫曰:「承培元曰:下哂,鍇本作『一色』,毛本作『下色』。按鍇本當作『下色』,無『鱻姍』二字。下色猶言惡色也。鉉本當作『鱻姍,小弦貌』,此改易增竄之譌。倫按《玉篇》作『鱻,鱻姍,下色兒』,然非本義。字或出《字林》。」〔註2〕張舜徽曰:「鱻姍二字,疊韻連語。急言之則爲辯,謂駁文也。凡色不純,斯爲下矣。辯,今作斑。」〔註3〕

按:當作「下色」,《集韻》引《說文》正作「下色」。《玉篇》:「鱻,鱻姍,下色兒。」《廣韻》:「鱻,下色。」《龍龕手鑑》:「鱻,下色也。」皆其證。宋本作「下哂」,音訛。「下色」猶言以色下人,謂形柔也,謙遜貌,恭順貌。鈕、桂說是,苗、錢、馬、張皆未得。梁・僧伽婆羅譯《解脫道論》卷 3:「若欲行人衣麁不下色可憎,是與其衣當著。」北涼・曇無讖譯《大方

〔註1〕 段玉裁《說文解字注》,鈕樹玉《說文解字校錄》,苗夔《說文繫傳校勘記》,田吳炤《說文二徐箋異》,桂馥《說文解字義證》,錢坫《說文解字斠詮》,並轉引自丁福保《說文解字詁林》,中華書局 1988 年版,第 10044 頁。
〔註2〕 馬敘倫《說文解字六書疏證》,轉引自李圃主編《古文字詁林》,上海教育出版社 2004 年版,第 8 冊,第 750 頁。
〔註3〕 張舜徽《說文解字約注》,華中師範大學出版社 2009 年版,第 2492 頁。

等大集經》卷8：「不恃此身而生憍慢，見下色者心亦不輕。」宋・日稱譯《諸法集要經》卷4：「下色常低言，匱乏心逼迫。」宋・日稱譯《福蓋正行所集經》卷2：「兩目流淚，下色求人。」唐・顏眞卿《李公神道碑銘》：「公下色怡聲，承順而每竭其力。」唐・杜甫《上水遣懷》：「低顏下色地，故人知善誘。」「下色」並是此義。杜詩義尤顯豁，「下色」即「低顏」也。《禮記・內則》：「父母有過，下氣怡色，柔聲以諫。」「下色」即「下氣怡色」也。

田吳炤謂「鬖姍」二字當是方言，蓋亦臆猜。「鬖姍」何以有「下色」義，諸家未能言其詳。「鬖姍」文獻未見用例，看來只有從考察「鬖姍」的同源詞入手，才能進而試求其解。

2. 鬖姍，字或作「鬖𩭿」，《集韻》：「𩭿，鬖𩭿，色下。」「色下」當乙作「下色」。《五音集韻》亦倒作「色下」。《類篇》：「鬖，鬖𩭿，下色。」又「𩭿，鬖𩭿。」

字或作「槃散」、「盤散」、「盤姍」、「槃姍」、「婆散」、「槃𣏾」、「蹣姍」、「蹣跚」、「跰跚」，《史記・平原君傳》：「民家有躄者，槃散行汲。」《御覽》卷391引作「盤散」，《白帖》卷33「躄者盤散行汲」條亦同；《白帖》卷10引作「蹣跚」，《說文繫傳》「躄」字條引作「盤姍」，《通志》卷94作「槃姍」，《古今事文類聚》別集卷6作「婆散」，《六書故》卷16引作「槃𣏾」。敦煌寫卷P.2569《春秋後語》作「蹣姍」，P.2872V《春秋後語》作「盤姍」，《御覽》卷740引《春秋後語》作「盤散」，有注：「散，音姍。」《索隱》：「散，〔亦〕作姍，音同。」黃善夫本、殿本「姍」作「珊」。王叔岷曰：「槃與盤，散與姍，古並通用。蹣，俗字。珊與散、姍，古亦通用。」〔註4〕康世昌曰：「盤姍，今謂之『蹣跚』是也。」〔註5〕《玉篇》：「蹣，蹣跚，旋行皃。」《廣韻》：「蹣，蹣跚，跛行。」《集韻》：「蹣，蹣跚，跛行皃，亦作蹒、跰。」又「跚，蹣跚，行不進皃，或作散。」楊愼曰：「跰跚：盤姍。」〔註6〕唐・竇臮《述書賦》：「婆娑蹣跚，綽約文質。」此狀舞貌。

字或作「蹩跚」，《玉篇》：「蹩，蹩跚。跛行皃。」《慧琳音義》卷85：「蹩

〔註4〕 王叔岷《史記斠證》，中央研究院歷史語言研究所專刊之七十八，中華民國72年版，第2355頁。

〔註5〕 康世昌《春秋後語輯校（上）》，《敦煌學》第14輯，新文豐出版公司1989年4月出版，第183頁。

〔註6〕 楊愼《古音駢字》卷上，收入《叢書集成新編》第39冊，新文豐出版公司1985年版，第331頁。

姍：《考聲》：『行不進也。』」元・曇噩《新修科分六學僧傳》卷 24：「因欲遠走以避，然久繫，足拘攣不可行，蹣姍至天曉，而虜追騎遽及。」

字或作「䯃姍」、「便姍」、「䯃珊」、「盤姍」，《文選・子虛賦》：「䯃姍勃窣而上乎金隄。」《漢書》同，《史記・司馬相如傳》作「䯃珊」，《御覽》卷 983 引作「盤姍」。《索隱》：「䯃珊，匍匐上下也。」《五音集韻》：「姍，便姍，衣婆娑皃，或作姺。」《漢語大詞典》：「〔便姍〕步履安詳貌。一說衣服飄舞貌。」前說誤。薛傳均曰：「『便姍』、『便跚』、『䯃姍』與『婆娑』、『盤珊』皆一聲之轉，故可通用。」〔註7〕

字或作「盤跚」、「盤珊」，《類聚》卷 79 後漢・王延壽《夢賦》：「或盤跚而欲走，或拘攣而不能步。」元・陳仁子《文選補遺》卷 32 注：「盤跚，先安切，蹣跚也。」《類聚》卷 96 晉・潘尼《鼈賦》：「既顛墜於巖岸，方盤跚而雅步。」《古今事文類聚》後集卷 35 引作「盤珊」。元・劉詵《和伯雍夜坐》：「呼燈更小酌，起舞戲盤跚。」敦煌寫卷 P.2653《燕子賦》：「幽岩實快樂，山野打盤珊。」

字或作「班散」，《宋書・袁淑傳》：「淑上議曰：『圍潰之眾，匪寇傾淪；攻制之師，空自班散。』」

字或作「䯃跚」，宋・黃庭堅《秋冬之間》：「勃窣䯃跚氽涉波，草泥出沒尚橫戈。」

字或作「槃珊」、「槃姍」，宋・陳鵠《耆舊續聞》卷 2 韓駒《上元葆眞宮作》：「誰言水北無人到，亦有槃珊勃窣行。」《宋詩鈔》卷 33 作「槃姍」。

字或作「蹯跚」，宋・張舜民《畫墁錄》：「忽有綠衣人出道，蹯跚潦倒如醉狀。」《宋稗鈔》卷 26 作「蹣跚」。

3. 又音轉作「䯃娑」、「婆娑」，《爾雅》：「婆娑，舞也。」《玉篇》：「娑，婆娑，舞者之容。」《廣韻》：「娑，婆娑，舞者之容。」《詩・東門之枌》：「子仲之子，婆娑其下。」又「市也婆娑。」《說文》「娑」字條引作「䯃娑」。毛傳：「婆娑，舞也。」《釋文》：「婆，《說文》作䯃，音同。」孔疏引李巡曰：「婆娑，盤辟，舞也。」又引孫炎曰：「舞者之容婆娑然。」《漢書・地理志下》引此詩，錢坫曰：「婆應作䯃。婆，俗字。」〔註8〕符定一曰：「婆娑，正

〔註7〕 薛傳均《文選古字通疏證》，收入《叢書集成續編》第 103 冊，新文豐出版公司 1988 年版，第 594 頁。
〔註8〕 轉引自王先謙《漢書補注》，書目文獻出版社 1995 年版，第 832 頁。

字作『夒娑』。」〔註9〕陳鱣曰：「『夒姍』即『夒娑』也。」〔註10〕章太炎曰：「今人亦謂游戲爲玩耍，耍即姍之譌俗，本當作夒姍，亦即婆娑。」〔註11〕姜亮夫曰：「婆娑，音轉爲『夒姍』。」〔註12〕《六書故》：「婆娑，盤薄舒散貌。」此說失之。《風俗通・十反》：「杜密婆娑府縣，干與王政。」《文選・神女賦》：「又婆娑乎人間。」李善註：「婆娑，猶盤姍也。」劉良注：「婆娑，放逸貌。」又《北征賦》：「登障隧而遙望兮，聊須臾以婆娑。」李善注：「婆娑，容與之貌也。」「容與」亦即「放逸」之義。又《洞簫賦》：「風鴻洞而不絕兮，優嬈嬈以婆娑。」李善注：「婆娑，分散貌。」又《四子講德論》：「婆娑嘔吟，鼓掖而笑。」呂延濟注：「婆娑，舞貌。」又《琴賦》：「紆餘婆娑。」呂向注：「曲旋而亂，或散之聲。」此例狀聲音之曲旋也。《抱朴子・酒誡》：「漢高婆娑巨醉，故能斬蛇鞠旅。」此例爲醉貌。《晉書・陶侃傳》：「老子婆娑，正坐諸君輩。」《通鑑》卷95同，胡三省注：「婆娑，肢體緩縱不取之貌。侃言不得早退，至于困乏如此。」《御批歷代通鑑輯覽》卷32注：「婆娑，猶徘徊。謂未及早歸去也。」「婆娑」、「徘徊」亦一音之轉也。《雲笈七籤》卷11《上清黃庭內景經》：「金鈴朱帶坐婆娑，調血理命身不枯。」注：「坐婆娑者，言神之安靜也。」此例狀坐盤旋貌。疊言則作「娑娑」，《後漢書・張衡傳》《思玄賦》：「修初服之娑娑兮，長餘珮之參參。」李賢注：「娑娑，衣貌。」《文選》亦收此《賦》，呂向注：「娑娑、參參，皆盛貌。」

字或作「蔢蔢」，倒言則作「蓡蓡」。《廣韻》：「蓡，蓡蓡，艸木盛貌。」又「蔢，娑蔢，草木盛兒。」《集韻》：「蔢，蔢蓡，茂兒，一曰草根。」二義蓋亦取義於迴旋也。

4. 又音轉作「盤旋」、「蹣旋」、「般旋」、「槃旋」、「班旋」，《淮南子・人間篇》：「是由乘驥逐人於榛薄而蓑笠盤旋也。」又《氾論篇》：「夫弦歌鼓舞以爲樂，盤旋揖讓以修禮。」《賈子・容經》：「蹣旋之容。」《集韻》蹣音蒲官切。楊愼曰：「蹣，古盤字。」〔註13〕汪中曰：「蹣即盤字。」萱齡按：

〔註9〕 符定一《聯緜字典》，中華書局1954年版，丑集第427頁。

〔註10〕陳鱣《簡莊疏記》卷4，《叢書集成續編》第12冊，新文豐出版公司1988年印行，第640頁。

〔註11〕章太炎《新方言》卷2，收入《章太炎全集（七）》，上海人民出版社1999年版，第52頁。

〔註12〕姜亮夫《詩騷聯綿字考》，收入《姜亮夫全集》卷17，雲南人民出版社2002年版，第326頁。

〔註13〕楊愼《奇字韻》卷2，收入《叢書集成新編》第40冊，新文豐出版公司1985

「古盤字亦作柈。『盤桓』、『泮渙』、『便旋』、『蹁躚』一也。『跘』乃『泮』之譌。」〔註14〕當是王萱齡按語，王說是，但謂「跘乃泮之譌」則非。盧文弨曰：「跘與盤同。」〔註15〕朱起鳳說同〔註16〕。漢‧揚雄《蜀都賦》：「萬端異類，崇戎總濃般旋。」《白虎通‧崩薨》：「無般旋之禮，但盡悲哀而已。」《後漢書‧蔡邕傳》《釋誨》：「槃旋乎周孔之庭宇。」蔡集作「盤旋」。又《李固傳》：「槃旋偃仰，從容冶步。」《易‧屯卦》：「乘馬班如。」孔疏：「《子夏傳》云：『班如者，為相牽不進也。』馬季長云：『班，班旋，不進也。』」郝懿行曰：「按：嫛姍猶般旋也。般旋、娑娑，俱字之疊韻。」〔註17〕

字或作「蟠旋」，《抱朴子內篇‧對俗》引《玉策記》：「其上時有白雲，蟠旋千歲之鶴。」《太平寰宇記》卷164引《南越志》：「因蟠旋遊戲，親馴如初。」《天中記》卷56引作「盤旋」。

字或作「般還」、「槃還」，《禮記‧投壺》：「主人阼階上拜送，賓般還曰辟。」《釋文》：「還，音旋。」《淮南子‧齊俗篇》：「古者非不知繁升降槃還之禮也。」楊樹達曰：「槃還乃般旋之假。」〔註18〕陳直曰：「槃還讀如盤旋。」〔註19〕

字或作「泮桓」、「盤桓」、「般桓」、「槃桓」、「磐桓」、「半遠」、「畔桓」、「盤亘」、「蹣桓」，《廣雅》：「般桓，不進也。」《文選‧西京賦》、《洛神賦》、《西征賦》、《登樓賦》、《奏彈曹景宗》李善註引並作「盤桓」。《管子‧小問篇》：「意者君乘駁馬而泮桓，迎日而馳乎？」尹註：「泮，古盤字。」《易‧屯卦》：「磐桓利居，貞。」《釋文》：「磐，本亦作盤，又作槃。桓，馬云：『槃桓，旋也。』」馬王堆帛書本作「半遠」，阜陽漢簡本作「般口」。王弼注：「不可以進，故磐桓也。」鄧球柏曰：「半，分也。遠，離也。」〔註20〕鄧氏望文生訓。《文選‧幽通賦》：「竚盤桓而且俟。」李善註引曹大家曰：「盤桓，不

年版，第190頁。

〔註14〕 汪中《舊學蓄疑‧子》，收入《叢書集成續編》第24冊，新文豐出版公司1988年印行，第265頁。

〔註15〕 盧文弨校《賈誼新書》，收入《諸子百家叢書》，上海古籍出版社影印浙江書局本1989年版，第46頁。

〔註16〕 朱起鳳《辭通》，上海古籍出版社1982年版，第660頁。

〔註17〕 郝懿行《爾雅義疏》，上海古籍出版社1983年版，第590頁。

〔註18〕 楊樹達《淮南子證聞》，上海古籍出版社2006年版，第109頁。

〔註19〕 陳直《讀子日札‧淮南子》，收入《摹廬叢著七種》，齊魯書社1981年版，第101頁。

〔註20〕 鄧球柏《白話帛書周易》，嶽麓書社1995年版，第52頁。

進也。」又引《周易》作「盤桓」。《文選·舞賦》：「或有宛足鬱怒，般桓不發。」後漢《張表碑》：「度時否泰，畔桓利貞。」宋·歐陽修《集古錄》云：「畔桓疑是盤桓，文字簡少，假借爾。」《隸釋》卷8逕作「盤桓」。《後漢書·種岱傳》：「若不槃桓難進，等輩皆已公卿矣。」《續高僧傳》卷8：「槃桓累句。」明本作「盤桓」，宮本作「蹣桓」。唐·李翱《嶺南節度使徐公行狀》：「黃氏之族最強，盤亘十數州。」方以智曰：「盤桓，一作『磐桓』、『畔桓』、『洀桓』、『般桓』。」〔註21〕《文選·擬青青陵上柏》：「名都一何綺，城闕鬱盤桓。」呂延濟注：「盤桓，廣大貌。」《文心雕龍·書記》：「志氣槃桓，各含殊采。」《御覽》卷595引作「盤桓」。此例亦廣大貌。蓋由迴旋之義引申而來。復引申則爲傲慢自大貌。《文選·爲石仲容與孫皓書》：「擁帶燕胡，馮淩險遠，講武盤桓，不供職貢。」〔註22〕呂向注：「盤桓，不進貌。」未得引申之誼。姜亮夫曰：「徘徊聲轉爲磐桓，字又作洀桓，漢以後多作盤桓。是徘徊者南土之習語，盤桓者北地之故言，語根雖一而方俗之差稍異矣。字又作般桓，又〔作〕畔桓。」〔註23〕

字或作「盤骫」，《類聚》卷88晉·庾闡《浮查賦》：「有幽巖之巨木……紆餘盤骫，森蕭頹靡。」

字或作「蟠蜿」、「盤蜿」，《文選·東京賦》：「龍雀蟠蜿，天馬半漢。」《齊民要術》卷10引晉·郭璞《玄中記》：「天下之高者扶桑，無枝木焉；上至天，盤蜿而下屈，通三泉也。」〔註24〕晉·楊乂《雲賦》：「蹇槃縈以詰屈兮，若虬龍之蟠蜿。」

字或作「鬖鬟」、「般環」、「盤環」，《六書故》：「鬟，綰髮般環也。鬖鬟即般環。」宋·胡寅《永州譙門上梁文》：「瀟江拱抱，永阜盤環。」

字或作「盤完」，宋·宋祁《宋景文公筆記》卷中：「頓足掉首，騰踏盤完。」

5. 又音轉作「半漢」，《文選·東京賦》：「龍雀蟠蜿，天馬半漢。」薛綜注：「蟠蜿、半漢，皆形容也。」方以智曰：「半漢，當讀盤桓。」〔註25〕《水

〔註21〕方以智《通雅》卷6，收入《方以智全書》第1冊，上海古籍出版社1988年版，第255頁。

〔註22〕《晉書·孫楚傳》作「游盤」，恐臆改。

〔註23〕姜亮夫《楚辭通故（四）》，收入《姜亮夫全集》卷4，雲南人民出版社2002年版，第563頁。「徘徊」一系，本文從略。

〔註24〕《御覽》卷955引同。

〔註25〕方以智《通雅》卷6，收入《方以智全書》第1冊，上海古籍出版社1988年

經注》卷 16 引此《賦》，沈炳巽曰：「半漢，二字疑有訛。」〔註26〕則失考矣。梁·蕭綱《大法頌》：「驦驪沃若，天馬半漢。」

　　6. 又音轉作「畔援」、「伴援」、「畔換」、「畔奐」、「叛援」、「叛換」、「伴換」、「叛渙」，《玉篇》：「伴，《詩》云：『無然伴換。』伴換，猶跋扈也。」《詩·皇矣》：「帝謂文王，無然畔援。」毛傳：「無是畔道，無是援取。」鄭玄箋：「畔援，猶跋扈也。」朱子注：「畔援，猶偃蹇也。帝謂文王無爲偃蹇不進。」《釋文》引《韓詩》：「畔援，武彊也。」《文選·爲袁紹檄豫州》李善註引《毛詩》及鄭玄注並作「畔換」。清·俞樾曰：「《傳》分『畔援』爲二義，非也。『畔援』即『畔嗳』也……『畔援』也、『呹嗳』也、『伴換』也，一而已矣。『伴奐』即『伴換』也。箋云：『伴奐，自縱弛之意。』蓋即跋扈之義而引申之。」〔註27〕《漢書·敘傳》：「項氏畔換，黜我巴漢。」《漢紀》卷 30 作「畔奐」，《類聚》卷 12 作「叛援」。顏師古注：「孟康曰：『畔，反也。換，易也。』師古曰：『此說非也。畔換，強恣之貌，猶言跋扈也。』」又引《詩》作「畔換」。顏說是也，《文選·史述贊》李善註引韋昭亦曰：「畔換，跋扈也。」《通鑑》卷 104：「叛換偏隅。」胡三省注：「鄭康成曰：『叛換，猶跋扈也。』《韓詩》曰：『叛換，武強也。』」《文選·魏都賦》：「雲撤叛換，席捲虔劉。」《書鈔》卷 117、《記纂淵海》卷 80、《玉海》卷 151 引作「叛渙」。劉淵林注：「叛換，猶恣睢也。《漢書》曰：『項氏叛換。』」《宋書·武帝本紀》：「劉毅叛渙，負釁西夏，凌上罔主。」《弘明集》卷 14 晉·釋智靜《檄魔文》：「叛渙疆場，抗距靈節。」元、明本作「畔換」，《廣弘明集》卷 29 晉·釋道安《檄魔文》亦作「畔換」。《類聚》卷 14 陳·江總《陳宣帝哀策文》：「疆垂叛援，關徼虔劉。」《陳文紀》卷 8 作「畔援」。亦可分言之，《楚辭·惜誦》：「眾駭遽以離心兮，又何以爲此伴也；同極而異路兮，又何以爲此援也。」「伴援」分言之。何焯曰：「『畔援』之義蓋如之。」〔註28〕俞樾曰：「『伴援』本疊韻字。」〔註29〕姜亮夫曰：「『伴援』爲古疊韻聯綿詞。此蓋以疊韻聯綿詞分作兩韻字用。案『伴援』即『畔援』，

版，第 255 頁。

〔註26〕沈炳巽《水經注集釋訂訛》卷 16，收入景印文淵閣《四庫全書》第 574 冊，臺灣商務印書館 1986 年初版，第 308 頁。

〔註27〕俞樾《群經平議》，收入王先謙《清經解續編》，鳳凰出版社 2005 年版，第 6866 頁。

〔註28〕何焯《義門讀書記》卷 8，中華書局 1987 年版，第 150 頁。

〔註29〕俞樾《俞樓雜纂》卷 24，收入《春在堂全書》，清光緒二十三年重訂石印本。

又即『伴奐』、『判渙』矣。」〔註30〕王逸注：「伴，侶也。援，引也。」王說失之。

　　字或作「伴奐」、「泮奐」，《廣韻》：「伴，伴奐，見《詩》。」《詩·卷阿》：「伴奐爾遊矣，優遊爾休矣。」毛傳：「伴奐，廣大有文章也。」鄭箋：「伴奐，自縱弛之意也。」《古今韻會舉要》引作「泮奐」。馬瑞辰曰：「《說文》：『伴，大貌。奐，一曰：大也。』是二字同義，皆大也。古讀奐同援，故伴奐又通作畔援。廣大者易放縱，故箋訓爲自縱弛之意。傳訓廣大有文章者，蓋以廣大釋伴字，以文章釋奐字，非詩義也。」〔註31〕胡鳴玉曰：「伴奐，閒暇之意。」〔註32〕此即「盤桓」之引申義。宋·李幼武《宋名臣言行錄外集》卷11引劉子翬曰：「將有捷裂泮奐沛然流出於胸臆間。」宋·周必大《吉州新貢院記》：「群試者泮奐優游，無攟拟挨擠之患。」朱謀㙔曰：「畔換、忿睢、畔援、伴奐、跋扈、揮斥，縱恣也。」〔註33〕亦可分言之，《詩·卷阿》孔疏：「孔晁引孔子曰：『奐乎其有文章，伴乎其無涯際。』」〔註34〕此亦疊韻聯綿詞分作兩韻字用也。

　　字或作「判渙」、「泮渙」，《詩·訪落》：「將予就之，繼猶判渙。」毛傳：「判，分。渙，散也。」失之。《皇王大紀》卷14引作「泮渙」。梁元帝《又答齊國雙馬書》：「泮渙而馳，可以及日；躊躕而躞，可以追風。」梁·蕭統《七召》：「車煜爚而流水，馬泮渙以追風。」姜亮夫曰：「案『伴援』即『畔援』，又即『伴奐』、『判渙』矣。」〔註35〕

　　字或作「畔渙」，《廣弘明集》卷29《平魔赦文》：「畔換慾天，狼戾愛地。」元、明本作「畔渙」。《路史》卷23：「姦雄畔渙。」

　　字或作「伴換」、「伴渙」，敦煌寫卷S.5949《下女夫詞》：「何方所管？何

〔註30〕　姜亮夫《楚辭通故（四）》，收入《姜亮夫全集》卷4，雲南人民出版社2002年版，第546頁。

〔註31〕　馬瑞辰《毛詩傳箋通釋》，中華書局1989年版，第914～915頁。

〔註32〕　胡鳴玉《訂譌雜錄》卷3，商務印書館中華民國25年版，第26頁。

〔註33〕　朱謀㙔《駢雅》卷2，收入《叢書集成新編》第38冊，新文豐出版公司1985年版，第338頁。

〔註34〕　《老子》第15章：「豫兮若冬涉川，猶兮若畏四鄰。」「猶豫」亦分言，是其比也。姜亮夫稱爲「兩字屬兩句例」。姜亮夫《詩騷謰語釋例》，收入《姜亮夫全集》卷8，雲南人民出版社2002年版，第357頁。

〔註35〕　姜亮夫《楚辭通故（四）》，收入《姜亮夫全集》卷4，雲南人民出版社2002年版，第546頁。

人伴換？」S.3877 作「伴渙」。北圖 8437《八相變》：「大王見說上事，即便歸宮，處分彩女頻（嬪）妃，伴換太子，恒在左右，不離終朝。」猶言伴從，此即「盤桓」之引申義。

字或作「伴仟」，《集韻》：「伴，伴仟，相拒。」朱謀瑋曰：「伴仟，乖迕也。」〔註36〕

字或作「忭愌」、「伴援」，《集韻》：「忭，忭愌，不順。」又「愌、援，忭愌，不順也，一曰拔扈，或作援。」《類篇》：「援，伴援，不順也。」

字或作「泮汗」，《鹽鐵論・散不足》：「黎民泮汗力作」王利器曰：「『泮汗』猶『畔岸』，有勤勞義。說略本陳遵默。」〔註37〕「泮汗」與「蹣跚」音之轉，故有力作義。

字或作「詉諺」、「呃嗃」，《集韻》：「諺，詉諺，自矜。」又「呃，呃嗃，失容也，一曰剛彊兒。」

字或作「叛諺」、「畔嗃」、「畔諺」，《增韻》：「諺，畔諺，剛猛也。」《書・無逸》：「乃逸乃諺。」孔穎達疏：「《論語》：『由也諺。』諺乃叛諺，欺誕不恭之貌。」《論語・先進》：「由也嗃。」何晏《集解》：「鄭曰：『子路之行，失於畔嗃。』」邢昺疏：「舊注作『呃嗃』，《字書》：『呃嗃，失容也。』今本呃作畔。」《史記・仲尼弟子列傳》《集解》引鄭注作「呃嗃」，《正義》：「呃音畔，嗃音岸。」焦循曰：「換、援、諺聲近相通。」〔註38〕即粗野、魯莽、粗俗、不恭之義。俞樾曰：「『伴奐』、『判渙』，並即『伴換』，亦即『畔援』也。……『畔嗃』、『呃嗃』亦即『畔援』也。」〔註39〕符定一曰：「伴奐，一作『伴換』，轉為『畔援』、『跋扈』、『呃嗃』、『半漢』、『叛散』、『斑斕』、『盤桓』。」〔註40〕符氏謂轉為「叛散」、「斑斕」，非是。

字或作「半岸」、「畔岸」、「騂騂」，《玉篇殘卷》「岸」字條：「《尚書》：『乃逸乃岸。』孔安國曰：『半岸，不恭也』。」〔註41〕《玉篇》：「騂，騂騂，馬

〔註36〕 朱謀瑋《駢雅》卷 1，收入《叢書集成新編》第 38 冊，新文豐出版公司 1985 年版，第 337 頁。

〔註37〕 王利器《鹽鐵論校注》，中華書局 1992 年版，第 395 頁。

〔註38〕 焦循《論語補疏》，轉引自程樹德《論語集釋》，中華書局 1990 年版，第 778 頁。

〔註39〕 俞樾《俞樓雜纂》卷 24，收入《春在堂全書》，清光緒二十三年重訂石印本。

〔註40〕 符定一《聯緜字典》，中華書局 1954 年版，子集第 193～194 頁。「跋扈」一系，本文從略。

〔註41〕 《玉篇》殘卷，《續修四庫全書》第 228 冊，上海古籍出版社 2002 年版，第

行也。」《廣韻》：「驐，驐驐，馬行。」《漢書·司馬相如傳》《大人賦》：「放散畔岸，驤以孱顏。」顏師古注：「畔岸，自縱之貌也。」

字或作「叛媍」、「嫛媍」，敦煌寫卷 P.3906《碎金》：「叛媍：音畔換。」P.2717《碎金》：「嫛媍：音叛換。」朱鳳玉曰：「《玉篇》：『媍，媍嫛。嫛，媍嫛，無宜適。』《切韻》：『嫛，媍嫛，無宜適也。』」〔註42〕倒言則作「媍嫛」，《集韻》：「嫛，媍嫛，無儀適也。」胡文英曰：「《玉篇》：『媍嫛，無宜適也。』案：媍嫛，散置也。吳中謂物散置者曰媍嫛落屰。」〔註43〕

7. 又音轉作「跰蹮」、「邊鮮」、「邊蹮」、「跰躚」、「跰跣」，《莊子·大宗師》：「跰蹮而鑒於井。」《釋文》：「崔本作『邊鮮』，司馬云：『病不能行，故跰蹮也。』」《集韻》：「躚、躚、蹮：跰躚，猶蹣跚也，或省，亦作蹮。」《增韻》：「躚，跰躚，舞貌，亦作蹮、僊、躚。」《六書故》：「跰蹮，行步欹危貌。莊周曰：『子輿病，跰蹮而鑑于井。』崔譔本作『邊蹮』。又作『蹁躚』。」《龍龕手鑑》：「跰，跰跣，足病也。」姜亮夫曰：「『跰蹮』與『婆娑』聲義相通。」〔註44〕皆是也。朱桂曜引《漢書·揚雄傳》《羽獵賦》「鮮扁陸離」顏注「鮮扁，輕疾貌」，謂「跰蹮即篇鮮，亦當訓輕疾貌……司馬說恐非」〔註45〕，失之。

字或作「媥姺」、「蹁躚」、「蹁躚」、「躚跣」，《玉篇》：「躚，蹁躚，猶蹣跚也。」

《廣韻》：「蹁，蹁躚，旋行皃。」《玄應音義》卷 11：「蹁躚：古文徧，同。《廣雅》：『蹁躚，盤姍也。』亦旋行也。經文作躚跣，非體也。」《龍龕手鑑》：「蹁，蹁躚，舞貌。」《史記·司馬相如傳》《上林賦》：「媥姺徶循。」《漢書》、《文選》作「便姍」，郭璞注：「衣服婆娑貌。」明·方以智曰：「蹣跚，一作『媻散』、『蹣蹤』，通作『媥姺』、『蹁躚』。《龍龕》韻有『蹣蹤，』即『蹣跚』也。」〔註46〕按《龍龕手鑑》：「蹤、蹤、跚，三俗。蹣，正。」則「蹣」、「蹤」正、俗字，非一詞，方氏失檢。清·吳玉搢《別雅》卷 1

476 頁。此條材料承蘇芃檢示，謹致謝忱。

〔註42〕 朱鳳玉《敦煌寫本〈碎金〉研究》，文津出版有限公司 1997 年版，第 267 頁。

〔註43〕 胡文英《吳下方言考》卷 5，乾隆四十八年留芝堂刻本，第 6 頁。

〔註44〕 姜亮夫《詩騷聯綿字考》，收入《姜亮夫全集》卷 17，雲南人民出版社 2002 年版，第 326 頁。

〔註45〕 朱桂曜《莊子內篇證補》，上海商務印書館中華民國 24 年版，第 177 頁。

〔註46〕 方以智《通雅》卷 6，收入《方以智全書》第 1 冊，上海古籍出版社 1988 年版，第 254 頁。

又從之而誤。清・錢大昕曰：「『便姍』與『嫣姽』聲相近。」〔註 47〕朱起鳳曰：「『蹁跚』即『蹁躚』之轉，皆訓旋行貌。」〔註 48〕

字或作「翩躚」、「翩僊（仙）」、「跰跹」、「翩翻」、「扁躚」，《文選・蜀都賦》：「紆長袖而屢舞，翩躚躚以裔裔。」五臣本作「翩僊僊」，《書鈔》卷 107 引同。呂向注：「翩，輕貌。躚躚、裔裔，皆舞貌。」《初學記》卷 15 引作「翩仙仙」。「翩躚躚」即「翩躚」之衍音，呂注失之。《梁書・王僧孺傳》：「含吐縹縗之上，翩躚鏄俎之側。」《冊府元龜》卷 909 作「跰跹」，《梁文紀》卷 11 作「翩翻」。唐・楊炯《盂蘭盆賦》：「少君王子，掣曳曳兮若來；玉女瑤姬，翩躚躚兮必至。」《御覽》卷 32 引「曳」、「躚」皆不重。《文苑英華》卷 28 唐・姚幹《謁華山嶽廟賦》：「予蹁躚而屢舞，願馨香而嘉薦。」注：「蹁，一作扁。」《御定歷代賦彙》卷 15 作「蹁躚」。

字或作「僊躚」，《集韻》：「僊、傊：僊躚，舞容，或省，通作蹁、跰。」

字或作「褊褼」、「萹薱」，《集韻》：「褊，褊褼，衣貌。」又「褼，褊褼，衣貌。」又「薱，萹薱，艸木動貌。」宋・程公許《擬九頌》：「龍奮髯兮翔騫，鶴整翮兮褊褼。」

字或作「偏僊」，宋・蘇軾《和連雨獨飲》：「此外一子由，出處同偏僊。」

8. 又音轉作「跰蹇」、「跰蹇」，《國語・魯語下》：「踦跂畢行。」韋昭注：「踦跂，跰蹇也。」公序本作「跰蹇」。宋・宋庠《國語補音》：「《說文》、《字林》、《玉篇》、《珠叢》並無跰字，義與蹁同，音盤。」今本《玉篇》有「跰」字，宋氏失檢。或宋氏所據《玉篇》爲孫強之舊本，不是大宋重修本。朱起鳳曰：「躚、蹇疊韻，跰與蹁音近義同，音稍侈，即爲『蹁躚』矣。」〔註 49〕

9. 又音轉作「擎挱」、「槃挱」，《廣韻》：「擎，擎挱，婉轉。」又「挱，擎挱，婉轉。」《集韻・寒韻》：「挱，擎挱，婉轉也。」又《換韻》：「挱，槃挱，宛轉也。」《龍龕手鑑》：「擎，盤、婆二音。」謂宛轉而匍匐於地也。明・譚貞良《笑賦》：「貌一往而嚼嗅，袤九折而擎挱。」

字或作「踅壁」，《篇海類編》：「壁，踅壁，不能行。」清・毛奇齡《越語肯綮錄》：「俗以匍匐爲踅，以不能行者爲踅壁，所謂『踅壁不動』是也。」

〔註47〕錢大昕《廿二史考異》卷 5，收入《叢書集成新編》第 105 冊，新文豐出版公司 1985 年印行，第 269 頁。
〔註48〕朱起鳳《辭通》，上海古籍出版社 1982 年版，第 577 頁。
〔註49〕朱起鳳《辭通》，上海古籍出版社 1982 年版，第 666 頁。

〔註50〕今吳方言猶有此語〔註51〕。倒言則作「尪尲」，1935年《蕭山縣志稿》：「以不能行者爲尪尲。」〔註52〕

10. 又音轉作「便娟」、「便蜎」、「娙嬛」，《廣韻》：「娟，於緣切，便娟，舞皃。」又「嬛，便嬛，輕麗皃，又音娟。」《楚辭‧大招》：「豐肉微骨，體便娟只。」王逸注：「便娟，好貌也。」朱熹註：「便娟，好貌。便，猶安也。」朱子便訓安失之。《後漢書‧邊讓傳》《章華賦》：「形便娟以嬋媛兮，若流風之靡草。」李賢注：「《淮南子》曰：『今舞者便娟，若秋藥被風。』」今本《淮南子‧修務篇》：「今鼓舞者，繞身若環，曾撓摩地，扶旋猗那，動容轉曲，便娟擬神，身若秋藥被風，髮若結旌，騁馳若騖。」便娟，《御覽》卷983引同，並誤，當據李賢注作「便娟」，《御覽》卷574亦引作「便娟」。考《楚辭‧遠遊》：「雌蜺便娟以增撓兮。」此爲《淮南子》所本。王逸注：「神女周旋侍左右也。娟，一作蜎。」洪興祖注：「便娟，輕麗貌。《爾雅疏》引『雌蜺娙嬛』，嬛與娟同。」《宋書‧謝靈運傳》《山居賦》：「既修竦而便娟，亦蕭森而蓊蔚。」自注：「修竦、便娟、蕭森、蓊蔚，皆竹貌也。」《漢書‧司馬相如傳》《上林賦》：「便嬛嫿約。」顏師古注引郭璞曰：「便嬛，輕麗也。」

字或作「娙娟」、「嬋娟」、「蟬蜎」、「檀欒」，《玉篇》：「娙，娙娟，美女皃。」《集韻》：「娙，娙娟，美麗貌。」《龍龕手鑑》：「娟，娙娟，舞貌也。」《文選‧魯靈光殿賦》：「旋室娙娟以窈窕，洞房叫窱而幽邃。」李善注：「娙娟，迴曲貌。」張銑註：「娙娟，美貌。」又《雪賦》：「初便娟於墀廡，末縈盈於帷席。」李善注：「便娟、縈盈，雪迴委之貌。《楚辭》曰：『娙娟修竹。』王逸曰：『娙娟，好貌。』」今本《楚辭‧七諫》作「便娟」。姜亮夫曰：「《七諫》之便娟則有修長之義。」〔註53〕姜說未允。《文選‧嘯賦》：「蔭脩竹之蟬蜎。」李善注引《楚辭》「娙娟修竹」。五臣本作「嬋娟」，李周翰注：「嬋娟，竹美貌。」漢‧枚乘《梁王菟園賦》：「脩竹檀欒，夾池水，旋菟園，並馳道。」

〔註50〕毛奇齡《越語肯綮錄》，收入《續修四庫全書》第194冊，上海古籍出版社1995年版，第135頁。又見毛氏《古今通韻》卷6，收入景印文淵閣《四庫全書》第242冊，臺灣商務印書館1986年初版，第128頁。

〔註51〕參見許寶華、宮田一郎《漢語方言大詞典》，中華書局1999年版，第7170頁。

〔註52〕轉引自許寶華、宮田一郎《漢語方言大詞典》，中華書局1999年版，第7104頁。

〔註53〕姜亮夫《楚辭通故（四）》，收入《姜亮夫全集》卷4，雲南人民出版社2002年版，第567頁。

《文選・和王著作登八公山》：「阡眠起雜樹，檀欒蔭修竹。」呂延濟註：「檀欒，竹美貌也。」朱起鳳曰：「便字古亦讀盤，聲與蟬近。『檀欒』與『蟬蜎』聲亦相近。」〔註54〕符定一曰：「『嫚娟』轉爲『蟬蜎』，嫚、蟬韻同，娟、蜎諧聲同。」〔註55〕

字或作「便翾」，宋・蘇軾《雍秀才畫草蟲八物》：「蛻形濁汙中，羽翼便翾好。」宋・黃庭堅《遊蔣彥回玉芝園》：「亂我朱碧眼，空花墜便翾。」

字或作「媥娟」，清・吳綺《韓公吉觀察崧雲集序》：「莫不媥娟盡態。」

11. 又音轉作「便旋」，《廣雅》：「俳佪，便旋也。」王念孫曰：「此疊韻之變轉。俳佪之正轉爲盤桓，變之則爲便旋。薛綜注《西京賦》云：『盤桓，便旋也。』便旋猶盤旋耳。」〔註56〕《楚辭・九思》：「便旋兮中原。」《補注》：「旋，一作絕。」一本作「便絕」誤。姜亮夫曰：「(便旋)與盤桓、徘佪皆一聲之轉……盤桓又轉爲盤旋，字又作槃旋，又作槃還，又作般還，皆便旋一聲之字變也……跰躃、邊鮮、媥姺、跰蹇、跰躟、蹁躚與便旋亦皆一聲之轉……字又變爲便嬽……聲變爲便娟。」〔註57〕《詩・還》：「子之還兮。」毛傳：「還，便捷之貌。」《釋文》：「便捷，本亦作便旋。」一本作「便旋」是也。《文選・西京賦》：「便旋閭閻，周觀郊隧。」呂延濟注：「便旋，猶廻轉也。」錢大昕曰：「盤與徘，桓與佪，皆聲之轉，文異而義不殊。」梁章鉅、高步瀛並從錢說〔註58〕，並是也。但錢氏又云：「或引《詩》毛傳『便捷之貌』，『便捷』一作『便旋』爲證，亦非也。」則隔於一間，知二五而不知一十也。《文選・招隱士》：「攀援桂枝兮聊淹留。」王逸注：「便旋中野，立踟躕也。」《左傳・宣公十二年》：「少進，馬還。」杜注：「還，便旋，不進。」《類聚》18魏・應瑒《正情賦》：「步便旋以永思，情慘慄而傷悲。」

字或作「蜱蛸（蜍）」、「蜱旋」，《廣雅》：「沙蝨，蜱蛸也。」《六書故》「蜱」字條引作「蜱旋」。《廣韻》：「蛸，蜱蛸，沙蝨。」《六書故》又云：「沙中有

〔註54〕 朱起鳳《辭通》，上海古籍出版社 1982 年版，第 671 頁。

〔註55〕 符定一《聯綿字典》，中華書局 1954 年版，丑集第 438 頁。

〔註56〕 王念孫《廣雅疏證》，收入徐復主編《廣雅詁林》，江蘇古籍出版社 1998 年版，第 486 頁。

〔註57〕 姜亮夫《楚辭通故（四）》，收入《姜亮夫全集》卷 4，雲南人民出版社 2002 年版，第 560 頁。

〔註58〕 錢大昕《潛研堂集》卷 31《跋東坡詩集》，上海古籍出版社 1989 年版，第 553 頁。梁章鉅《文選旁證》，福建人民出版社 2000 年版，第 74 頁。高步瀛《文選李注義疏》，中華書局 1985 年版，第 468 頁。

蟲，旋沙爲窢。」即其命名之由。

12. 又音轉作「抹殺」等形〔註59〕。《方言》卷3：「散，殺也，東齊曰散。」散、殺一聲之轉。

13.「盤跚」之本義當爲回旋貌，向不同方向引伸，義各不同。（a）宛轉而匍匐於地；不能行貌；跛行兒；特指醉貌〔註60〕。（b）輕舞貌；衣婆娑兒；艸木動貌；風分散貌。（c）輕麗兒；美麗貌。特指竹美貌。（d）低顏下色貌。（f）勤力貌。

考《說文》：「鬈，臥結也。」又「瞂，轉目視也。」《廣韻》：「鬈，鬈頭，曲髮爲之。又臥髻，又音班。」今言鬈頭髮，當用此字。《集韻》：「𨂀，屈足也。」今言𨂀腿坐，當用此字。《集韻》：「澘，水洄也。」「𪖫」與諸字並同源，中心詞義爲回曲。「𪖫」指回曲其顏色，故許訓爲下色。

〔註59〕 參見蕭旭《「抹殺」考》。

〔註60〕 明・馮夢龍《智囊補・雜智・偏跛偏躄》：「又一家門集米袋，忽有躄者，垂腹甚大，盤旋其足而來，坐米袋上。眾所共觀，不知何由。匿米一袋於跨下，復盤旋而去。」由此例描寫，可見「跛行兒」即由「盤旋其足」而來。

《說文》「柽，柽桯也」補疏

1. 《說文》：「柽，柽桯也，東方謂之蕩。」唐寫本《說文・木部》、《繫傳》同。諸家說云：

（1）徐鍇曰：桯即橫木也。柽，勁挺之兒也。今東方關東江淮謂杉木長而直爲杉柽是也。

（2）段玉裁曰：注「柽」，此複舉字之未刪者。蕩，《集韻》、《類篇》皆從竹作簜。柽、蕩皆牀前几之殊語也，而《方言》不載。

（3）嚴可均、姚文田曰：「桯」上衍「柽」字，議刪。

（4）桂馥曰：柽桯也者，《類篇》：「柽，一曰經絲具。」

（5）王筠曰：吾恐此器本連「柽桯」二字爲名，而其訓義則失之。皮傅者輒逐之與桯近耳。

（6）朱駿聲曰：案實與「桯」同字，亦謂之梳。

（7）傅雲龍曰：按《方言》：「榻前几，江沔之閒曰桯。」注：「今江東呼爲承。」蕩，疑當依《類編（篇）》、《集韻》引作「簜」。今驗几有以竹爲者，簜乃牀前几之殊名，可補《方言》之闕。《類篇》：「柽，一曰經絲具。」則別一義〔註1〕。

（8）馬敘倫曰：倫按：柽、桯聲同耕類轉注字。桯、蕩同爲舌尖前破裂音通假，然是校語，或字出《字林》也〔註2〕。

〔註1〕 徐鍇《說文解字繫傳》，段玉裁《說文解字注》，嚴可均、姚文田《說文校議》，桂馥《說文解字義證》，王筠《說文解字句讀》，朱駿聲《說文通訓定聲》，傅雲龍《說文古語考補正》，並收入丁福保《說文解字詁林》，中華書局 1988 年版，第 6026 頁。
〔註2〕 馬敘倫《說文解字六書疏證》卷 11，上海書店 1985 年版，第 81 頁。

（9）張舜徽曰：木之勁挺者爲樫……唐寫本《木部》殘卷說解亦作「樫桯也」，與今二徐本同。則「樫」字非複舉字之未刪者〔註3〕。

《集韻》各本引《說文》皆作「簜」，惟金州軍刻本仍作「蕩」。《玉篇》：「樫，桯也。」《篆隸萬象名義》：「樫，桯也，簜也。」注文皆脫「樫」字。諸家說以爲桯几或經絲具，皆非。呂浩採用段注「樫、蕩皆牀前几之殊語也」〔註4〕，亦失之。惟王筠謂「本連『樫桯』二字爲名」得之，然王氏尙未明其義。

2. 「蕩」即「簜」、「簜」。《說文》：「簜，大竹筒也。」《周禮·地官·司徒》：「凡邦國之使節，山國用虎節，土國用人節，澤國用龍節，皆金也，以英蕩輔之。」鄭玄注引杜子春曰：「蕩，當爲帑，謂以函器盛此節。或曰英蕩畫函。」賈公彥疏：「或曰英蕩畫函者，其函猶是蕩，但以英華有畫義，故更云畫函也。」《後漢書·百官志三》劉昭注引干寶曰：「英，刻書也。蕩，竹箭也。刻而書其所使之事，以助三節之信，則漢之竹使符者，亦取則於故事也。」孫詒讓曰：「干釋蕩爲竹箭者，蓋讀蕩爲簜也。《爾雅》：『簜，竹。』郭注云：『竹別名。』」〔註5〕字亦作「箪」，《玉篇》：「箪，竹也。」《集韻》：「箪，竹名。」字亦作「籭」，《集韻》：「籭，竹名。」其爲竹名，取竹有節，即有底擋爲義，故又爲大竹筒。「英蕩」即「英籭」，指有畫飾的竹器，用以函盛符節。《正字通》：「籭，與欓同，盛物之器，舊註音蕩。」段玉裁依據杜子春說，因云：「《說文》：『帑，金布所藏之府也。』案：此字乃都反，亦讀湯蕩反，古音弟五魚虞模部，其入聲爲藥鐸；弟十陽唐部，其入聲亦爲藥鐸。是以奴聲而以湯蕩反之也。帑者，藏金布之府，引伸爲函器。《吳越春秋》『甘蜜九欓』，即此字。帑言英者，謂畫也。榮而不實謂之英，故凡華飾謂之英。《鄭風》重英，《魯頌》朱英，皆是也。」〔註6〕段玉裁說「英」是，謂「欓」即「蕩」亦是，但據杜子春說破讀爲「帑」，帑是府庫名，與使節義不相涉，其說非也。字亦作「党」、「黨」、「欓」，《吳越春秋·勾踐歸國外傳》：「甘蜜九党。」《書鈔》卷147引作「九黨」〔註7〕，《御覽》卷198、

〔註3〕 張舜徽《說文解字約注》，華中師範大學出版社2009年版，第1444頁。
〔註4〕 呂浩《篆隸萬象名義校釋》，學林出版社2007年版，第199頁。
〔註5〕 孫詒讓《周禮正義》，中華書局1987年版，第1115頁。
〔註6〕 段玉裁《周禮漢讀考》卷2，收入阮元《清經解》卷635，上海書店1988年版，第4冊，第196頁。
〔註7〕 此據孔廣陶校注本《書鈔》，陳禹謨本作「丸欓」。

759 引作「九檔」〔註8〕。「党」與「黨」同音。黨之言當，擋也，指有底也。
宋・吳仁傑《離騷草木疏》卷3引作「圓檔」，《爾雅翼》卷11、《證類本草》
卷14引作「丸檔」，其以「檔」爲越椒，非也。「九」形誤作「丸」，又音誤
作「圓」。考《說文》：「甖，大盆也。」《御覽》卷757引《通俗文》：「鬴有
足曰鐺。」《集韻》：「鐺，釜屬。」甖指瓦盆，鐺指金釜，則檔當指木盆、
木桶。瓦製之器有底，謂之甖；金製之器有底，謂之鐺；木製之器有底，因
謂之檔。語源相同，其義一也。《集韻》、《類篇》：「檔，木箭（桶）。」〔註9〕
《水經注》卷16：「于是發使天竺，寫致經像，始以榆檔盛經，白馬負圖，
表之中夏。」明・周嬰《巵林》卷1：「檔者亦瓬類也，唐《弘明集》曰：『梁、
陳、齊、魏之前，道家唯以瓠盧盛經，本無天尊形像。』此云榆檔，可對瓠
盧也。」周說亦近之，榆檔謂榆木盆或榆木桶也。方以智曰：「朱謀瑋曰：『《吳
越春秋》嘗有「甘蜜九檔，文笥七枚」之文，檔與甖通。』智按：直翁引爲
丸檔，以證越椒，誤矣。檔乃桶之轉聲。《齊民要術》云：『榆十五年後，中
爲車轂及蒲萄瓬。』知以榆木爲瓬，遠致蒲萄也。甖、瓬、檔，三字互通，
則榆檔乃以榆木爲經函耳。」〔註10〕方氏謂「檔乃桶之轉聲」，東、陽旁轉
〔註11〕。桶之言檔，亦取義於有底者，其語源義不是「通」。

　　3.「桱桯」亦作「桱程」、「經程」、「檠程」，《居延漢簡甲編》第1572號
有「桱程二」的記載。《韓詩外傳》卷10：「後者飲一經程。」《急就篇》卷3：
「酤酒釀醪稽檠程。」沈元指出「桱程」、「經程」、「檠程」是一詞異體，應
訓爲酒器〔註12〕。裘錫圭認爲沈元的意見十分正確〔註13〕。此乃不刊之論也。
朱謀瑋曰：「經程，飲器也。」〔註14〕《正字通》引《韓詩外傳》注：「酒器

〔註8〕　此據景宋本，《四庫》本《御覽》卷198引作「九甖」，蓋據徐天祜注改。徐
　　　　注云：「當作『九甖』。」

〔註9〕　《集韻》據明州刻本、寧波明州述古堂影宋鈔本，潭州宋刻本、金州軍刻本、
　　　　曹氏棟亭本、錢恂藏揚州使院本、日本天保九年重刊顧廣圻補刻本、《四庫》
　　　　本並誤作「木箭」。

〔註10〕　方以智《通雅》卷34，收入《方以智全書》第1冊，上海古籍出版社1988
　　　　年版，第1040頁。

〔註11〕　參見蕭旭《「懭悢」語源考》。

〔註12〕　沈元《〈急就篇〉研究》，《歷史研究》1962年第3期，第77頁。

〔註13〕　裘錫圭《鋞與桱桯》，《文物》1987年第9期，收入《裘錫圭學術文集》卷6，
　　　　復旦大學出版社2012年版，第6頁。蒙裘先生簽贈《文集》，謹致謝忱。

〔註14〕　朱謀瑋《駢雅》卷4，收入《叢書集成新編》第38冊，新文豐出版公司1985
　　　　年版，第342頁。

之大者曰經程。」朱季海亦曰：「經程，酒器。」〔註15〕皆得之。郝懿行曰：「壺，其瓦作者，謂之經程。」〔註16〕郝氏謂其器瓦製，得之；謂是壺，則非也。《急就篇》皇象本作「檠桯」，顏師古本作「極程」。顏師古注：「極，盡也。言所飲之酒……極盡功程，乃爲善也。」王應麟《補注》：「極，一作檠。今按稽極當作積秬，音止矩。」〔註17〕方以智曰：「積秬，止酒之程也……故《急就》曰：『稽檠程。』檠乃秬之訛耳。」〔註18〕三氏說皆非也。鈕樹玉曰：「檠，《說文》作橵。顏本作極，蓋字形近橵，因誤爲檠。王氏謂『稽極當作積秬』，近穿鑿。」〔註19〕鈕氏斥王說穿鑿，是也，但以「極」字爲是，不知他作何解。

4. 關於「樫桯」的得名之由，周祖謨指出：「樫之義訓，蓋亦酒器也。蕩，《萬象名義》作筹是也。筹，《說文》云：『大竹筩也。』《玉篇》云：『筹，竹器也，可以盛酒。』酒器之所以名爲樫者，以其徑直而長。其所以又名爲筹者，筹與簜同，簜者大竹也，竹闊節者曰簜，故斷闊節大竹所爲之酒器亦名之曰簜。簜，言其大。樫，言其長。惟注『樫桯』之樫，段氏謂當爲複舉字之未刪者，其言是也。考《萬象名義》及《玉篇》均作『桯也』，不作『樫桯也』，是其證。然此注文『桯』字，當又爲『梐』字之誤。」〔註20〕考《篆隸萬象名義》：「筹，盛酒。」《齊民要術》卷9：「粟黍法：先取稻漬之，使澤，計二升米以成粟一斗，著竹筹內。」正與《玉篇》「筹，竹器也，可以盛酒」說相合。

4.1. 裘錫圭指出周祖謨「蕩本應作筹」的說法正確，並補舉漢墓出土材料中的「竹筹四」、「甘酒一鴬」以證周說，同時指出周氏據段說改字的錯誤

〔註15〕 朱季海《韓詩外傳校箋》，《學術集林》第 6 輯，上海遠東出版社 1995 年版，第 91 頁。

〔註16〕 郝懿行《證俗文》卷 3，收入《續修四庫全書》第 192 冊，上海古籍出版社 2002 年版，第 439 頁。

〔註17〕 《急就篇》顏師古注、王應麟補注，收入《叢書集成初編》第 1052 冊，中華書局 1985 年影印，第 204 頁。

〔註18〕 方以智《通雅》卷 39，收入《方以智全書》第 1 冊，上海古籍出版社 1988 年版，第 1181 頁。

〔註19〕 鈕樹玉《校定皇象本急就章》附《音略》，收入《叢書集成初編》第 1053 冊，中華書局 1985 年影印，第 8 頁。

〔註20〕 周祖謨《唐本〈說文〉與〈說文〉舊音》，收入《問學集》，中華書局 1966 年版，第 729～730 頁。

〔註 21〕。裘先生認爲周氏據段說改錯了字的意見是對的，但必謂「蕩本應作笿」則拘。「蕩」、「笿」、「簜」、「簜」古字相通，不必改字。其語源是「當」，周說「簜，言其大」，亦非是。「當」者，擋也，有節不通，故名之爲「當」；無節，則名之爲「通竹」〔註 22〕，所謂「通而無當」也。《玉篇》：「篔，篔簹，竹名。」員丘出產的有節的長竹名爲篔簹，竹節所製成的酒器名爲蕩（笿、簜），皆取其竹節有擋的功能爲義，其語源義一也。

4.2. 周祖謨謂「桱」得義於徑直而長，甚爲精當。「桱桯」、「桱程」、「經程」、「檠程」都是「逕庭」、「徑挺」、「俓侹」的音變，此但當以音求之，拘於形則不得其誼。《說文》：「侹，長貌。」《廣韻》：「俓侹，直也。」「俓侹」是直而長，同義連文〔註 23〕。其物爲酒器，乃截取大竹節爲之，圜而直上，故名爲「桱桯」也。後漢安世高譯《佛說罵意經》卷 1：「下有尻肉血，兩脛脡、兩足肌肉消盡。」「脛脡」指腿，亦得義於徑直而長。此其比也。或指酒器，或指腿，各易形符以製專字，其語源義固無分別也。作爲容器名的「桱桯」，單言則曰「鋞」，《說文》：「鋞，溫器也，圜〔而〕直上。」〔註 24〕亦單言稱爲「經」，音誤則作「京」，宋·趙德麟《侯鯖錄》卷 3：「陶人之爲器，有酒經焉。晉安人盛酒以瓦壺。其制，小頸環口修腹，受一斗，可以盛酒。凡饋人牲，兼以酒置，書云酒一經，或二經，至五經焉。」〔註 25〕宋·袁文《甕牖閒評》卷 6：「今人盛酒大瓶謂之京瓶，乃用京師京字。意謂此瓶出自京師，誤也。京字當用經籍之經字。普（晉）安人以瓦壺小頸環口修腹受一斗可以盛酒者名曰經。則知經瓶者，當用此經字也。」宋·趙彥衛《雲麓漫抄》卷 3：「今人呼勸酒瓶爲酒京。」《說郛》卷 75 引沈仕《林下清錄》：「陶人爲器有酒經。」考《釋名·釋形體》：「頸，俓也，俓挺而長也。」〔註 26〕

〔註 21〕 裘錫圭《鋞與桱桯》，《文物》1987 年第 9 期，收入《裘錫圭學術文集》卷 6，復旦大學出版社 2012 年版，第 7 頁。

〔註 22〕 《北戶錄》卷 3 引《會最》：「溱川通竹，直上，無節，空心也。」「直上無節」即所謂「通竹」也。

〔註 23〕 參見蕭旭《〈莊子〉正詁》「逕庭」條，《中國語學研究·開篇》第 30 卷，日本株式會社好文 2011 年 9 月出版，第 33～37 頁。

〔註 24〕 段玉裁、王筠、朱駿聲據《廣韻》、《集韻》引補「而」字，是也。《類篇》引亦有「而」字。《急就篇》卷 3 顏師古註：「鋞，溫器，圜而直上也。」當即本於《說文》。

〔註 25〕 此據影石印本，《四庫》本訛誤不可通讀。

〔註 26〕 《御覽》卷 369 引「俓」作「徑」。

又「脛，莖也，直而長，似物莖也。」直而長的容器稱爲「鋞」、「經」，直而長的頸項稱爲「頸」，直而長的腿也稱爲「脛」，其語源義亦一也。

4.3. 王引之曰：「《說文》：『桱，桯也，東方謂之蕩。』段注曰：『謂之桯者，言其平也。』案：蕩亦平也。凡平則謂之桯，又謂之蕩矣。」〔註27〕酒器一名桱，一名蕩，二者取義不同。王氏一之，所說皆誤。

裘錫圭指出：「『鋞』跟『桱桯』這兩個名稱在語言上無疑是有內在的聯繫的。由竹桱桯演化而成的銅器稱爲鋞，由竹桱桯演化而成的陶器稱爲經，二者顯然是平行的現象。」〔註28〕我們認爲也有可能三者是平行的關係，孰先孰後，頗不易定。

（附記：2012 年 11 月，裘錫圭先生簽贈《裘錫圭學術文集》六大卷，此篇小文即是我奉讀《裘集》的心得。）

〔註27〕 王引之《春秋名字解詁》，收入《經義述聞》卷23，江蘇古籍出版社1985年版，第 550 頁。

〔註28〕 裘錫圭《鋞與桱桯》，《文物》1987年第9期，收入《裘錫圭學術文集》卷6，復旦大學出版社2012年版，第9頁。

《說文》「脩，眣也」音義考

1. 「脩」亦作「瞀」，構件移位，以下引文不加分別，統一作「脩」。《說文》：「脩，眣也。䀏，脩或从丩。敕鳩切。」

1.1. 關於「脩」之或體作「䀏」，有二說：

（1）桂馥曰：「䀏，《玉篇》音九小切，目重瞼也，不與『脩』同。」〔註1〕王筠曰：「《玉篇》『䀏』亦繼『脩』之下，而曰『九小切，目重瞼也』，《廣韻》同。特《說文》無瞼字，且如此說之，則當在前，不得在『不正』類。」〔註2〕

（2）馬敘倫曰：「宋保曰：『攸、丩同部聲近。』倫按：攸、丩聲同幽類，轉注。」〔註3〕

1.2. 關於「脩」的字義，有三說：

（1）徐鍇《繫傳》曰：「脩，自失也。」〔註4〕新安江氏藏版作「目失」。苗夔曰：「『目失』當作『目不正』。」〔註5〕考《繫傳》又曰：「眣，其視散，若有所失也。」「自失」即茫然失神之誼，江氏藏版作「目失」，乃形之譌也；苗氏改作「目不正」，亦未得。

〔註1〕桂馥《說文解字義證》，收入丁福保《說文解字詁林》，中華書局1988年版，第3877頁。

〔註2〕王筠《說文解字句讀》，收入丁福保《說文解字詁林》，中華書局1988年版，第3877頁。

〔註3〕馬敘倫《說文解字六書疏證》卷7，上海書店1985年版，第39頁。

〔註4〕徐鍇《說文解字繫傳》，此據《四庫》本、《四部叢刊本》本。

〔註5〕苗夔《說文解字繫傳校勘記》，收入《叢書集成新編》第36冊，新文豐出版公司1985年版，第364頁。

（2）楊慎曰：「唐小說，術士相裴夫人，目脩而緩，主淫。俗誤作脩長之脩，非。」桂馥、王玉樹並引其說〔註6〕。《康熙字典》及《補遺》「脩」字二出，皆引楊說。王引之《康熙字典考證》無考辨，是亦認同楊說也。《大漢和辭典》又據《康熙字典》轉引楊說〔註7〕。段玉裁說同楊氏，而不注明出處，斯亦通人之弊也〔註8〕。《中華大字典》引段說〔註9〕。

（3）黃侃曰：「脩，同『眺』。」〔註10〕

1.3. 「脩」字《玉篇》、《篆隸萬象名義》音湯勞切，敦煌寫卷 P.2011 王仁昫《刊謬補缺切韻》音吐高反，《廣韻》音土刀切，《集韻》音丑交、他刀二切，《說文繫傳》音尹（丑）脩反〔註11〕，《類篇》音丑交、他刀、丑鳩三切，《五音集韻》音敕交、土刀、丑鳩三切。「眺」字《玉篇》、《篆隸萬象名義》音九小切，敦煌寫卷 P.3693《箋注本切韻》音居沼、紀小二切，《廣韻》音居夭切，《集韻》音舉夭切。以上讀音可分爲三類：（a）勅周切，勑鳩反，丑脩反，丑鳩切，敕交反，丑交切；（b）湯勞切，吐高反，土刀切，他刀切；（c）九小切，居沼切、紀小切，居夭切，舉夭切。（a）與（b）可以相通轉，（a）與（c）亦可以相通轉，但（b）與（c）不可以相通轉。（a）類音最古，失落介音而轉爲（b）類〔註12〕。（a）類在先秦就可以與（c）類

〔註6〕 楊慎《轉注古音略》卷 2，收入景印文淵閣《四庫全書》第 239 冊，第 361 頁。桂馥《說文解字義證》，王玉樹《說文拈字》，並收入丁福保《說文解字詁林》，中華書局 1988 年版，第 3877～3878 頁。

〔註7〕 諸橋轍次《大漢和辭典》（修訂本），大修館書店昭和 61 年版，第 9980 頁。

〔註8〕 段玉裁《說文解字注》，上海古籍出版社 1981 年版，第 134 頁。段氏引戴侗《六書故》，亦往往不注明出處。

〔註9〕 《中華大字典》，中華書局 1978 年版，第 1566 頁。

〔註10〕 黃侃《說文同文》，收入《說文箋識》，中華書局 2006 年版，第 21 頁。

〔註11〕 汪憲謂「尹疑尺字之譌」，非也。汪憲《說文繫傳考異》卷 1，收入《四庫全書》第 223 冊，臺灣商務印書館 1986 年初版，第 799 頁。朱文藻《說文繫傳考異》說同汪氏，轉引自王筠《說文繫傳校錄》，收入《續修四庫全書》第 215 冊，上海古籍出版社 2002 年版，第 476 頁。余未見朱文藻《考異》，無從覆按。

〔註12〕 《爾雅》：「柚，條。」《詩·終南》毛傳：「條，槄。」《淮南子·地形篇》：「東方曰條風。」《呂氏春秋·有始》作「滔風」。《論語·微子》「滔滔者天下皆是也。」鄭本作「悠悠」，《史記·孔子世家》、《鹽鐵論·大論》、《中說·王道》引亦作「悠悠」，《漢書·敘傳》顏師古注引作「慆慆」。《廣韻》「條」同「槄」。「柚」與「條」、「槄」亦音轉耳。《詩·清人》：「左旋右抽。」《說文》引「抽」作「搯」。《說文》：「𣪠，棄也。《周書》以爲『討』。」許書凡言「以爲」者，皆說通借字，「𣪠」、「討」亦音轉耳。《玉篇》：「𢼸，計也。𣪠，同上。」

相通。蓋（b）與（c）皆（a）向不同方向之音轉也。這三組音也可以在同一個時代并存，只是肯定存在於不同的方言音系中，未必是時代早晚的分別。郭忠恕《佩觿》卷中「脩」音土力翻，「力」爲「刀」形誤。

1.4. 《説文》「脩」訓「眣」，蓋聲訓也。古「攸」有笛音，《易·頤》：「其欲逐逐。」《釋文》：「逐逐，《子夏傳》作『攸攸』，《志林》云：『攸當爲逐。』蘇林音迪，荀作『悠悠』，劉作儵。」馬王堆帛書《周易》作「笛笛」，上博楚簡三《周易》作「攸攸」。《漢書·敘傳》：「六世耽耽，其欲淑淑」。顏注引《易》作「淑淑」。《書·多方》：「勸於帝之迪。」《釋文》：「迪，馬本作攸。」《廣韻》「蓧」、「滌」並音徒歷切，「蓨」音他歷切，《集韻》「蓧」音他歷切，《集韻》「滌」、「儵」、「淑」、「蓧」、「蓨」並音亭歷切。皆其證也。

2. 《説文》：「眣，目不正也。」《玉篇》同。

2.1. 徐鍇《繫傳》：「眣，目不從正也，從目失聲。臣鍇曰：其視散，若有所失也。」〔註13〕《玄應音義》卷1：「眣眼：《字書》：『目出也。』又作凸。經文作垤，蟻堆也。垤非經義。」此卷爲《大威德陀羅尼經》卷1《音義》，檢經文作「垤眼斑眼」（據宋本），「垤」爲借字。《廣韻》：「眣，目露貌，出《聲類》。」又「眣，目出。」目突出，故不正也，俗字作「凸」。字或作眰，《集韻》：「眣、眰：《説文》：『目不正也。』或從至。」黃侃曰：「眣，同『眣』、『旲』、『睇』。」〔註14〕其説非也。字亦作胅，敦煌寫卷Дx.1166《佛説善惡因果經》卷1：「爲人胅額者，從見佛不禮，捉手打額中來。」《大正藏》本「胅」誤作「脛」。

2.2. 眣之言胅也，《説文》：「胅，骨差也。」段玉裁注：「謂骨節差忒不相值，故胅出也。蘇林《漢書》注云：『窅胅。』窅謂入，胅謂出……窅胅，《倉頡篇》作『容胅』，葛洪《字苑》作『凹凸』，今俗通用作『坳突』。」〔註15〕骨差謂骨不正，即突出之義。《玄應音義》卷5：「凸，起也。《蒼頡

「計」乃「討」形譌。洪頤煊謂「討當即禱字之譌」，非也。洪頤煊《讀書叢錄》卷9，收入《續修四庫全書》第1157冊，上海古籍出版社2002年版，第636頁。皆是其例。

〔註13〕徐鍇《説文解字繫傳》，此據《四部叢刊本》本。失，新安江氏藏版同，《四庫》本誤作「望」。目不從正，《四庫》本同，新安江氏藏版作「目不正」。

〔註14〕黃侃《説文同文》，收入《説文箋識》，中華書局2006年版，第21頁。

〔註15〕段玉裁《説文解字注》，上海古籍出版社1981年版，第172頁。「凹凸」字亦見《御覽》卷23引漢東方朔《神異經》：「北方荒中有石湖，方千里，無凸凹，平滿無高下。」注：「凸，徒結切。凹，校交反。」又卷66亦引之，注作：「凸

篇》作突，不平也。經文作昳，非體也。」又卷 10：「凹凸：《蒼頡篇》作『窞突』，同。窞，墊下也。突，突也，凸起也。」又卷 11：「凸腹：《字苑》作凸。凸，起也。《蒼頡篇》作突，不平也。」又卷 19、23 引《蒼頡篇》亦作「突」。段氏引作「朕」，蓋臆改。「突」、「昳」、「凸」皆同音俗字〔註16〕。《太子須大拏經》卷 1：「大腹凸臍。」宋本、日本金剛寺藏寫經本「凸」作「朕」〔註17〕。《漢書·禮樂志》蘇林注作「窊音窊眰之窊」，「眰」亦爲借音俗字，亦作垤、莛，《莊子·逍遙遊篇》：「坳堂。」《釋文》引支遁曰：「謂地有坳垤形也。」明·楊愼《七星橋記》：「出礮礧而壯結搆，劖顚莛以施輿杠。」《大薩遮尼乾子所說經》卷 3：「彼轉輪王所有床寶，立能平正，安隱不動，不高不下，不廣不狹，不長不短，不坤不垤、不堅不軟，不澁不滑，柔軟得所。」其「不坤不垤」，宋本作「不埤不垤」，元、明、宮、聖本作「不凹不凸」。《可洪音義》卷 6 作「不坰」，解云：「不坰：烏甲反。下也，窊也，正作凹、圖三形。不垤：徒結反，正作凸。」「坤」、「埤」皆爲「坰」譌，「坰」則「凹」俗音借字。「窊眰」、「坳垤」、「顚莛」、「坰垤」皆即俗字「凹凸」。明·賀復徵《文章辨體彙選》卷 614 注：「莛，音至。」未得其讀。《貴州通志》卷 39 作「顚逕」，蓋未得其誼而妄改。《廣雅》：「朕，腫也。」《玉篇》：「胐，一曰朕出也。」又「臊，肉朕起。」《廣韻》：「朕，骨朕。」《玄應音義》卷 5：「三顒：《說文》：『額出也。』〔註18〕今江南言顒頭朕額，乃以顒爲後枕高朕之名也。」又卷 18：「瘤節：《通俗文》：『肉朕曰瘤。』謂肉起如木節者也。」《爾雅》郭璞注：「領上肉㹠朕起，高二尺許。」《山海經·海外南經》郭璞注：「臆前朕出，如人結喉。」《御覽》卷 371 引作「突出」，「突」乃同義字。肉腫謂之朕，目出謂之昳，其義一也。《淮南子·精神篇》：「故曰一月而膏，二月而朕，三月而胎，四月而肌，五月而筋，六月

四：上直結反，下於交反。」《說郛》卷 66 引亦作「凸凹」。《四庫提要》以《神異經》爲僞書，云：「《隋志》載此書已稱東方朔撰，張華注，則其僞在隋以前矣。觀其詞華緟麗，格近齊梁，當由六朝文士影撰而成。」《法苑珠林》卷 28 亦引之，刪去「無凸凹」3 字，則《神異經》確是唐以前古書也。明楊愼《譚苑醍醐》卷 9 以「凸凹」爲古字，則亦未得。

〔註16〕另參見蔣禮鴻《義府續貂》，收入《蔣禮鴻集》卷 2，浙江教育出版社 2001 年版，第 135～137 頁。

〔註17〕金剛寺藏寫本異文承方一新教授檢示，謹致謝忱。

〔註18〕今本《說文》作「顒，出額也」，徐時儀《一切經音義三種校本合刊》誤點作「額，出也」，上海古籍出版社 2008 年版，第 117 頁。

而骨，七月而成，八月而動，九月而躁，十月而生。」「朕」謂鼓起。俗字亦作骱，《集韻》：「朕、骱：《說文》：『骨差也。』一曰腫也，一曰連雕肉。或从骨。」《龍龕手鑑》：「骱，俗，徒結反。」

2.3. 《說文新附》：「昳，日昃也。」《玉篇》：「昳，徒結切，日昃。」字亦作跌，《廣雅》：「昃，跌也。」《史記·天官書》：「食至日昳爲稷。」《漢書·天文志》「昳」作「跌」。方以智曰：「日晚曰昳。」〔註19〕字亦省作失，馬王堆帛書《陰陽五行》有「日失」一詞，于豪亮讀爲「日昳」〔註20〕。日斜爲昳，目不正爲眣，失足爲跌（此不煩舉證），其義亦一也。《戰國策·齊策一》：「鄒忌修八尺有餘，而形貌昳麗。」高誘注：「昳，讀曰逸。」鮑彪注：「昳，徒結切，日側也，故有光艷意，又疑作佚。」《類聚》卷 70、《御覽》卷 520 引作「逸麗」。「昳」字古讀徒結切，音轉爲逸，曾運乾氏所謂喻四歸定也。《左傳·成公十三年》：「迭我殽地。」《釋文》：「迭，直結反，徐音逸。」亦其比。鄭知同曰：「此昳當爲佚之誤，古『佚』與『逸』通，先秦無『昳』字也。」〔註21〕朱駿聲曰：「昳，叚借爲眣。」又曰：「昳，今按此字當訓目美也。《齊策》：『鄒忌修八尺有餘，而形貌昳麗。』《離騷》：『見有娀之佚女。』注：『美也。』以佚爲之。字亦作姪。」〔註22〕《齊策》作「昳」，朱氏引誤。鮑彪謂由日側引申有光艷意，鄭氏以「佚」爲正字，朱氏謂「昳」字本義爲目美，三說皆未得。「眣」本訓目突出，引申爲突出，故有「美」義也，專字則作「佚」或「姪」。

2.4. 字亦作迭，《鹽鐵論·國病》：「聖德高世，有萬人之才，負迭群之任。」迭之言朕，猶言高出、突出。張之象注：「迭，通作軼，相過也。」王先謙曰：「迭爲佚之誤，佚、軼字同。」〔註23〕二氏未能會通。字亦作趒，《玉篇》：「趒，大走也。」

2.5. 蟻封爲垤，侵突爲軼，高起爲凸，水蕩爲泆，車相出爲軼，大走爲

〔註19〕 方以智《通雅》卷 11，收入《方以智全書》第 1 冊，上海古籍出版社 1988 年版，第 427 頁。

〔註20〕 于豪亮《秦簡〈日書〉記時記月諸問題》，收入《雲夢秦簡研究》，中華書局 1981 年版，第 352 頁。

〔註21〕 鄭珍《說文新附考》卷 3，收入《叢書集成新編》第 37 冊，新文豐出版公司 1985 年版，第 249 頁。鄭知同爲鄭珍之子。

〔註22〕 朱駿聲《說文通訓定聲》，武漢市古籍書店 1983 年版，第 647、632 頁。

〔註23〕 王先謙《鹽鐵論校勘小識》，收入《叢書集成新編》第 26 冊，新文豐出版公司 1985 年版，第 497 頁。

趏，皆取突出爲義，其義亦一也。

2.6.《公羊傳・文公七年》：「眣晉大夫，使與公盟也。」何休注：「以目通指曰眣。」《釋文》：「眣音舜，本又作眣，丑乙反，又大結反。以目通指曰眣。本又作眣，音同。」《集韻》：「眣，丑乙切，以目使人也。」「眣」、「眣」當爲「眣」字形誤。方以智已辨《公羊》「眣訛作眣耳」〔註24〕。阮氏《校勘記》引段玉裁曰：「《成二年》：『卻克眣魯衛之使。』字從目從矢，今《釋文》眣亦誤眣，眣誤眣。」〔註25〕二氏說皆是也，開成石經《公羊》正作「眣」。眣字亦作瞚、瞬、眴、瞤，音舜。《玉篇》：「瞚，目動也。瞬，同上。眣，亦同上。」《廣韻》：「瞬，瞬目，目動。瞚、眴，並上同。眣，亦同，見《公羊傳》。」《集韻》：「瞚，《說文》：『開闔目數搖也。』或作瞬、眣、眴、瞤。」《廣韻》引《公羊》亦作「眣」。惠棟謂「眣當作夨」，黃侃謂「作眣亦通」〔註26〕，皆非也。郭慶藩曰：「洪氏曰：『眣當是夨字之譌，《說文》：「夨，舉目使人也。」夨作眣，與眣字形近而譌。』案：夨字音火劣切，與《釋文》伊乙、大結二切合，洪氏誤夨爲眣之說，亏義欠通；元朗溷眣、眣爲一字，未免鹵古之甚。」〔註27〕郭氏辨「眣、眣」爲二字，是也。黃生曰：「眣謂以目使人，當與日昃之昃同意。昃爲日斜，眣則以目斜視示意。」〔註28〕其說非也。黃侃曰：「瞚，通作瞬，或作眣、眣。」〔註29〕以「眣」、「眣」爲一字，亦非是。

3.「僠」訓「眣」，是「僠」之義爲「目不正也」。《越諺》卷下：「眘，同『盰』，音『抽』。目不正。」〔註30〕是古義猶存於吳越方言也。

3.1. 敦煌寫卷 P.2011 王仁昫《刊謬補缺切韻》：「僠，〔目〕通曰（白），〔亦作〕盰。」〔註31〕「盰」即「盰」之俗字，「虯」俗作「虬」，「糾」俗

〔註24〕 方以智《通雅》卷18，收入《方以智全書》第1冊，上海古籍出版社1988年版，第641頁。

〔註25〕《十三經注疏》（附校勘記），中華書局1980年版，第2271頁。

〔註26〕 惠棟《惠氏讀說文記》卷4，收入《叢書集成新編》第36冊，新文豐出版公司1985年印行，第395頁。黃侃《說文外編箋識》，收入《說文箋識》，中華書局2006年版，第466頁。

〔註27〕 郭慶藩《說文經字正誼》卷3，光緒二十年郭氏刊本。

〔註28〕 黃生《義府》卷上，此據《指海》本、《叢書集成初編》本、《四庫》本，《安徽叢書》本無「示意」二字。

〔註29〕 黃侃《說文解字斟詮箋識》，收入《說文箋識》，中華書局2006年版，第362頁。

〔註30〕 范寅《越諺》（侯友蘭等點注），人民出版社2006年版，第312頁。

〔註31〕「盰」字原卷作「盰」。左旁殘缺，右旁明顯從「乚」，疑即「盰」字。「盰」

作「紃」，「玒」俗作「玘」，「赳」俗作「起」，皆其比也。《廣韻》：「陷，目通白也。」《佩觿》卷中：「陷，目不正。」《集韻》：「陷，目不明曰陷，一曰目通白。」《重訂直音篇》：「陷，音叨，視也。」是「陷」為目不正之義，故又為目不明。胡吉宣曰：「眣陷，亦猶泆蕩，目不正流視貌。」〔註32〕又考《集韻》：「陷、晀，他刀切，日色，或從攵。」目不正、目不明為陷，字從目；日不正、日色不明為陷，字從日，亦同源也。《楚辭‧東方朔‧七諫》：「年滔滔而自遠兮，壽冉冉而愈衰。」王逸注：「滔滔，行貌。」南朝‧宋‧鮑照《觀漏賦》：「波沉沉而東注，日滔滔而西屬。」「滔滔」即「陷陷」之同音借字，「沉沉」讀為「湛湛」。

3.2. 黃侃謂「陷」同「眺」，是也。從攸從兆之字古通用。《說文》：「莜，薅田器。《論語》：『吕杖何莜。』」又「甌，田器。」又「銚，田器。」段玉裁謂三字同〔註33〕。今本《論語‧微子》作「以杖荷蓧」。《詩‧七月》：「蠶月條桑。」《玉篇》引「條」作「挑」，又指出「本亦作條」。周‧庾信《鴛鴦賦》：「何曾織錦，未肯挑桑。」「挑桑」亦即「條桑」。《楚辭‧九思》：「永思兮窈悠。」洪興祖《考異》：「悠，一作窕。」皆其例也。《說文》：「眺，目不正也。」正與「陷」、「䀣」字同義，是改易聲符的異體字。桂馥曰：「眺，目不正也者，誤入䀣字訓。本書誤以䀣為睂之或體，據《玉篇》，睂、䀣不同文，蓋本書『䀣』下訓云『目不正也』，義與『睂』同。睂，眣也。眣，目不正也。《一切經音義》七引《說文》：『眺，視也，亦望也，察也。』《玉篇》：『眺，望也。』《廣韻》：『眺，視也。』潘岳《射雉賦》：『目不步體，哀眺旁剔。』

〔註〕劉復、周祖謨並錄作缺文，姜亮夫錄作「眈」。姚榮松曰：「《王二》：『陷，目通亦曉。』不可讀，或有闕文……姜鈔作『眈』，筆者疑即《王二》之『曉』字，待考。」關長龍亦錄作「眈」，《校勘記》照鈔姚榮松說，惟校改「曉」為「曉」耳。「眈」、「曉」、「曉」音義未合，諸說皆非也。劉復《敦煌掇瑣》，收入黃永武主編《敦煌叢刊初集》第15冊，新文豐出版公司1985年印行，第471頁。周祖謨《唐五代韻書集存》，中華書局1983年版，第371頁。姜亮夫《劉半農〈敦煌掇瑣〉所錄王仁昫〈切韻〉卷子校記》，收入《姜亮夫全集》卷14，雲南人民出版社2002年版，第237頁。姚榮松《巴黎所藏P.2011王韻的新校記（二）》，收入《慶祝潘石禪先生九秩華誕〈敦煌學〉特刊》，文津出版社1996年印行，第434頁。關長龍錄文、校記見張涌泉主編《敦煌經部文獻合集》第6冊，中華書局2008年版，第2751、2936頁。《合集》後出，錄文、校記全襲前人誤說，一無改進，未見後出轉精也。

〔註32〕胡吉宣《玉篇校釋》，上海古籍出版社1989年版，第819頁。

〔註33〕段玉裁《說文解字注》，上海古籍出版社1981年版，第43頁。原文「薅」作「艸」，從段校改。

注云：『視瞻不正常，驚惕也。』」〔註34〕桂氏以「眺」、「脩」、「眑」爲三字，非也。考《篆隷萬象名義》卷12：「脩，湯勞反，眑，目不正。眑，九小反，目重眑，同上。」《宋本玉篇》「眑」亦次於「脩」下。《萬象名義》爲日本釋空海所編，體例編次與《玉篇》相同，訓釋義項也與《玉篇》基本一致，保存了《玉篇》原貌，它明確指出了「眑」同「脩」。陳彭年等重修《大廣益會玉篇》在「眑」與「脩」之間新增八字，甚非其宜。《玉篇》「目重眑」作「目重瞼」，敦煌寫卷 P.3693《箋注本切韻》、《廣韻》、《集韻》並同。「重瞼」當作「重斂」，指瞬目二次，此訓誤以「眑」爲「眑」字義也。《慧琳音義》卷3、5、12 並云：「案瞬目者，一斂目也。」《萬象名義》作「重眑」，別無所考，當誤。《集韻》：「眑，舉夭切，眑也，一曰目重瞼（斂）。」正誤爲「眑」字之義也。

3.3. 楊慎「目脩而緩」之說大誤，而諸家從之，以譌傳譌，亟當辨正。

考《新唐書·方技傳》：「（張）憬藏曰：『夫人目修緩，法曰豕視，淫。』」《白帖》卷31 作「脩」〔註35〕。唐·張鷟《朝野僉載》卷1：「夫人目長而慢視，准相書，豬視者淫。」《說郛》卷32 引張鷟《耳目記》同。是唐人固以「長」解「修（脩）」，「修（脩）」字不誤。又考《周禮·庖人》：「豕盲眡而交睫腥。」杜子春曰：「盲眡，當爲望視。」《禮記·內則》：「豕望視而交睫腥。」鄭注：「望視，視遠也。腥當爲星，聲之誤也。星，肉中如米者。」孔疏：「望視，謂豕視望揚。」《戰國策·齊策一》：「（齊貌）辨謂靖郭君曰：『太子相不仁，過頤，豕視，若是者信（倍－背）反。』」鮑彪注：「豕多反視。」《補注》引劉辰翁曰：「過頤，即俗所謂耳後見腮。豕視，即相法所謂下邪偷視。」《呂氏春秋·知士》誤作「涿視」。《孔叢子·執節》：「聞諸孫卿云：『其爲人也，長目而豕視者，必體方而心圓。』」〔註36〕「心圓」即謂心術不正。《史記·秦始皇本紀》：「秦王爲人，蜂準、長目、摯鳥膺、豺聲，少恩而虎狼心。」金·張行簡《人倫大統賦》卷上：「豕視心圓而無定。」元·薛延年注：「豕爲豬也，豬眼朦朧，黑白不明，主心術不正，則心貪而多欲。」長目豕視者，主很戾少恩、心術不正、心貪多欲，故張憬藏云「淫」，「淫」亦多欲也。

4.《說文》：「瞲，失意視也，他歷切。」《繫傳》音他狄反，引左思《魏

〔註34〕桂馥《說文解字義證》，齊魯書社 1987 年版，第 279 頁。
〔註35〕《白氏六帖事類集》對應在卷9，無其文，此蓋宋·孔傳續撰之文。
〔註36〕《御覽》卷 444、447 引「豕視」誤作「永視」。

都賦》「瞻焉失所」，今《文選・魏都賦》作「睬」，李善注引《說文》亦作
「睬」，音他狄反。諸書「瞻」皆訓失意視，《玉篇》音勑周、他狄二切，敦
煌寫卷 P.2011 王仁昫《刊謬補缺切韻》音勑鳩、他狄二反，《廣韻》音他歷、
丑鳩二切。「瞻」、「睬」同，其音勑周、勑鳩、丑鳩反者，皆為「脩」異體
字，亦與「脩」音丑鳩切相合。訓失意視者，與《繫傳》「脩，自失也」亦
合。其音他歷、他狄反者，則為「眣」的異體字。《集韻》：「瞻，丑鳩切，
失意視也，古作倏、眣。」「倏」即「脩」字異構，而亦同「眣」。席世昌曰：
「按脩、條二字皆從攸得聲，古音同，故易相混……今本《說文》與李引未
可是非也，宜兩存之。」〔註37〕其說最為通達。段玉裁注《說文》改「瞻」
作「睬」，云：「睬，各本從脩聲作瞻。按：睬音他狄反，猶滌之切亭歷，皆
於條取聲。脩聲不得切他狄也。譌為瞻，乃溷同瞽字而《篇》、《韻》皆曰勑
周切矣。今依《魏都賦》正。古音在三部，《唐韻》他歷切。」〔註38〕苗夔
從其說〔註39〕。段氏改篆，以合於舊音他歷切，非也，《玉篇》、《切韻》、《廣
韻》皆作「瞻」，不得謂《篇》、《韻》其字俱誤，徐承慶已駁段說〔註40〕。
李善引書，好改字以從正文，安可盡據邪？胡克家曰：「注『《說文》睬失
意視』，袁本『睬』作『瞻』，茶陵本亦作『睬』。案：『瞻』字最是也。所
引目部文依此，是善自作『瞻』。袁、茶陵二本所載五臣向注字乃作『睬』。
茶陵、尤因正文之誤，并改此注，甚非。」〔註41〕鈕樹玉曰：「按顧千里云：
『《魏都賦》五臣註作睬，李善注作瞻，引《說文》失意視也，尤延之本、
茶陵本誤作睬，唯袁本作瞻，《繫傳》引《魏都賦》作瞻，正據李善注本也。』」
〔註42〕二氏不知「瞻」、「睬」同字，必謂李善本作「瞻」，改字以就《說文》，
其失與段氏相同。

（《澳門文獻信息學刊》第 9 期，2013 年 10 月出版）

〔註37〕席世昌《席氏讀說文記》，收入丁福保《說文解字詁林》，中華書局 1988 年版，
　　　　第 3835 頁。
〔註38〕段玉裁《說文解字注》，上海古籍出版社 1981 年版，第 132 頁。
〔註39〕苗夔《說文繫傳校勘記》，收入丁福保《說文解字詁林》，中華書局 1988 年版，
　　　　第 3835 頁。
〔註40〕徐承慶《說文解字注匡謬》，收入丁福保《說文解字詁林》，中華書局 1988 年
　　　　版，第 3835 頁。
〔註41〕胡克家《文選考異》卷 1，中華書局 1977 年版，第 865 頁。
〔註42〕鈕樹玉《說文解字校錄》，收入丁福保《說文解字詁林》，中華書局 1988 年版，
　　　　第 3834 頁。

《說文》「溯」字義疏

1.《說文》:「溯,無舟渡河也。」於「溯」之字義,有二說:

（1）馬敘倫曰:嚴可均曰:「《一切經音義》卷 18 引作『㳠（溓），涉渡水也。』《說文》無『㳠（溓）』字。」倫按:本訓涉也,此『涉』之轉注字。涉音禪紐,溯音奉紐,同爲次濁摩擦音也。「渡水也」及「無舟渡河」皆校語。或《字林》文〔註1〕。

（2）張舜徽曰:溯之言苹也,謂如苹之無根而浮在水上也〔註2〕。

2.考《玄應音義》卷 18:「溓泥:又作溯,同。無舟渡河也。《說文》:『涉渡水也。』」玄應引文有倒誤,「《說文》」當移於「無舟」前,「涉渡水也」四字是玄應的解釋語。《慧琳音義》卷 73 轉錄玄應此語亦誤。《廣韻》、《集韻》、《龍龕手鑑》引《說文》並同今本,《慧琳音義》卷 99 引作「無舟橶渡河也」,《爾雅釋文》引作「無船渡河」,雖有小異,亦足證今本《說文》不誤也。莊炘曰:「《說文》無溓字,此引未知所本。《玉篇》:『溓,蒲監切。』無解。《廣韻》作『蓋,步渡水也』。」〔註3〕莊氏失考,治《說文》諸家,亦皆誤以「涉渡水也」爲玄應所引《說文》語〔註4〕,亟當辨正也。徐時儀亦失校〔註5〕。馬氏妄加刪改,又妄說轉注,大誤。張氏亦是臆說,未得其

〔註1〕 馬敘倫《說文解字六書疏證》卷 21,上海書店 1985 年版,第 91 頁。
〔註2〕 張舜徽《說文解字約注》,華中師範大學出版社 2009 年版,第 2742 頁。
〔註3〕 清道光二十五年海山仙館叢書本,收入《續修四庫全書》第 198 冊,上海古籍出版社 1996 年影印,第 213 頁。
〔註4〕 王筠《說文解字句讀》,嚴可均、姚文田《說文校議》,嚴章福《說文校議議》,戚學標《說文補考》,薛傳均《說文答問疏證》,並收入丁福保《說文解字詁林》,中華書局 1988 年版,第 11010～11011 頁。
〔註5〕 徐時儀《一切經音義三種校本合刊》,上海古籍出版社 2008 年版,第 386 頁。

語源。

3. 字亦借「馮」、「憑」爲之，古從朋從仌（冰、冫）之字多通〔註6〕。《爾雅》：「馮河，徒涉也。」《釋文》：「馮，字又作憑，依字當作淜。」《慧琳音義》卷99引「馮」作「憑」。《詩·小旻》：「不敢馮河。」毛傳：「馮，陵也。徒涉曰馮河。」「陵」即越過義。《玉篇》：「淜，徒涉曰淜，今馮字。」渡水謂之馮，登山亦謂之馮。《廣雅》：「馮，登也。」《文選·西征賦》李善注引「馮」作「憑」。《玉篇》：「馮，陵也，登也。」《荀子·宥坐》：「百仞之山，而豎子馮而游焉，陵遲故也。」《御覽》卷624引「馮」作「升」，《說苑·政理》亦作「升」，升亦登也，借字耳，《韓詩外傳》卷1正作「登」。《集韻》：「淜，徒涉也。」「淜」訓徒涉，「馮」訓登陵，皆取踩踏爲義。從水中踩踏而過，不用舟楫，就是「淜」。《玉篇》：「踾，走也。」《集韻》、《龍龕手鑑》同。水行爲淜，陸行爲踾，其義一也。

4. 「漄」是「淜」改易聲符的俗字。《集韻》：「漄，行淖中也。」《佛說立世阿毘曇論》卷10：「譬如漄泥、乳糜、生酥及和麵等，此地柔軟，隨事亦爾。」「漄泥」謂踏行於爛泥之中。《隋書·經籍志三》：「《漄河祿命》三卷。」《新唐書·藝文志》：「《漄河祿命》二卷。」《唐六典》卷14：「凡祿命之義六：一曰祿，二曰命，三曰驛馬，四曰納音，五曰漄河，六曰月之宿也。」《夢溪筆談》卷3：「《唐六典》述五行，有祿、命、驛馬、漄河之目。人多不曉漄河之義。予在鄜延，見安南行營諸將閱兵馬籍，有稱過范河損失，問其何謂范河，乃越人謂淖沙爲范河，北人謂之活沙。……漄，字書亦作湮，按古文湮，深泥也。術書有漄河者，蓋謂陷運，如今之空亡也。」宋·程大昌《演繁露》卷1：「陷河……即沈氏謂命家借之以喻沈滯者也。」「范河」是「漄河」音轉，「漄河」猶言蹈行於河，祿命家借以喻沉溺者。《寶山縣再續志》卷5：「漄河：步涉也。」〔註7〕

5. 「漄」改易義符，字亦作㵒、踄，「漄」、「㵒（踄）」皆六朝人所製俗字。《廣韻》：「㵒，步渡水，白銜切。」《集韻》：「踄，涉也，或書作㵒。」戚學標疑「㵒」即「淜」，是也，而謂「『涉』即『步』之譌」〔註8〕，改「涉

〔註6〕 參見張儒、劉毓慶《漢字通用聲素研究》，山西古籍出版社2002年版，第76頁。

〔註7〕 《寶山縣再續志》卷5《禮俗志·風俗》，成文出版社影民國二十年鉛印本，第6頁。

〔註8〕 戚學標《說文補考》，收入丁福保《說文解字詁林》，中華書局1988年版，第

渡」爲「步渡」，則無必要。今吳語、江淮方言尚有「跫水」、「跫河」、「跫泥」之語，泛指踩踏、跨過、攀登，亦謂之「跫」，如云「跫到凳子上」、「跫過去」、「跫樹」是也〔註9〕。今吳語曰「跫牆」、「從牆高頭跫過去」（牆高頭，猶言牆上面），言踏上牆壁而越過也。

6. 字亦借「盤」爲之，《賈子・連語》：「夫民尚踐盤其軀，而况有其民政教乎？」方向東曰：「徐復先生曰：『「踐盤」無可說，疑爲「殘醢」二字形近之誤。殘謂殘其軀體。醢謂肉醬。』按：依上文民之觀者蹴、蹈、厤、踐、履等事觀之，當指反覆踐踏。」〔註10〕「踐」即上文「踐其肺」之「踐」，決非誤字。盤亦踐踏之義，今吳語、江淮方言尚謂踏、踩、登爲盤。《水滸傳》第7回：「我與你盤上去，不要梯子。」俗音轉作「爬」。「爬行」之爬，伏行也，是「匍」的借字〔註11〕；「爬高」之爬，是「盤」的借字，語源不同。

7. 音轉亦作蹒，敦煌寫卷 P.2011 王仁昫《刊謬補缺切韻》、《廣韻》並云：「蹒，踰牆。」《集韻》：「蹒，踰也。」猶言跨越。踰牆爲蹒，亦言踏上牆壁而越過也。

8. 音轉亦作攀、翻，《釋名》：「攀，翻也，連翻上及之言也。」唐・王勃《普安建陰題壁》：「江漢深無極，梁岷不可攀。」宋・《和劉原甫平山堂見寄》：「督府繁華久已闌，至今形勝可躋攀。」唐・杜甫《觀李固請司馬弟三水圖》：「高浪垂翻屋，崩崖欲壓牀。」客家語、閩語曰「盤牆」、「盤山過嶺」、「盤山越嶺」者〔註12〕，「盤」即「蹒」也。「盤山越嶺」即「翻山越嶺」，亦即「踰山越嶺」、「跨山越嶺」，又音轉爲「爬山越嶺」。

11011 頁。

〔註 9〕 參見許寶華、宮田一郎《漢語方言大詞典》，中華書局 1999 年版，第 7169 頁。

〔註 10〕 方向東《賈誼集匯校集解》，河海大學出版社 2000 年第 2 版，第 234 頁。

〔註 11〕 參見章太炎《新方言》，收入《章太炎全集（7）》，上海人民出版社 1999 年版，第 78 頁。

〔註 12〕 參見許寶華、宮田一郎《漢語方言大詞典》，中華書局 1999 年版，第 5599 頁。

《釋名》「速獨」考

1. 《釋名·釋衣服》：「鞻鞨，鞨之缺前雍者，胡中所名也。鞻鞨，猶速獨，足直前之言也。」孫詒讓曰：「《說文》無鞻、鞨二字，皇象碑本《急就篇》作『索擇』，較爲近古，疑漢人本如此作也。《逸周書·太子晉篇》云：『師曠束躅其足。』孔注：『束躅，踏也。』（束，今本誤東，據《北堂書鈔·政術》、《御覽·人事部》校正）此『速獨』當即『束躅』，足踏向前，故云『足直前之言』」〔註1〕徐復曰：「速獨，亦倒言獨速，唐·孟郊《送淡公》：『腳踏小船頭，獨速舞短簑。』獨速象舞貌，足直前，謂腳踏船頭向前也。」〔註2〕

字或作「速櫝」，《釋名·釋兵》：「松櫝長三尺，其矜宜輕，以松作之也。櫝，速櫝也，前刺之言也。」畢沅曰：「速櫝之誼未聞。」〔註3〕孫詒讓曰：「案『速櫝』吳校本改作『速獨』與上文『鞻鞨』釋同。是也。彼爲『足直前之言』，與此『前刺之言』義可兩通。」〔註4〕吳校本改作「速獨」非也，「櫝」、「獨」古音同。

字或作「束躅」，《逸周書·太子晉篇》：「師曠束躅其足曰：『善哉！善哉！』王子曰：『太師何舉足驟？』師曠曰：『天寒足跔（跔），是以數也。』」

〔註1〕 孫詒讓《札迻》卷2，中華書局1989年版，第60～61頁。

〔註2〕 徐復《釋名補疏（中篇）》，收入《徐復語言文字學晚稿》，江蘇教育出版社2007年版，第41頁。

〔註3〕 畢沅《釋名疏證》，收入王雲五主編《叢書集成初編》第1154冊，商務印書館民國25年初版，第216頁。

〔註4〕 孫詒讓《札迻》卷2，收入《續修四庫全書》1164冊，上海古籍出版社2002年版，第26頁。

〔註5〕孔晁注：「東躅，踏也。」《書鈔》卷 30、《御覽》卷 372、576 引並作「束躅」，是。陳禹謨本《書鈔》卷 106、《天中記》卷 43、《廣博物志》卷 34 引同今本誤作「東躅」〔註6〕，是其誤始自明人也。王念孫曰：「東當爲束字之誤也。束、躅疊韻字，謂數以足踏地而稱善也。」〔註7〕朱起鳳曰：「束、躅疊韻，束字作東，形之譌也。束躅，舉足踏地之義。足直前亦謂其踏地耳。獨、躅形近。」〔註8〕朱說蓋本之王氏。

2. 字或倒言作「儕俅」，《玉篇》：「儕，儕俅，動頭兒。俅，儕俅也。」敦煌寫卷 P.2011 王仁昫《刊謬補缺切韻》：「儕，儕俅，動。又短兒。」又「俅，儕俅。」《廣韻》：「俅，桑谷切，儕俅，又音束。」又「儕，儕俅，短醜兒。」又「儕，儕俅，動兒。」《集韻》：「俅，儕俅，動也。一曰短兒。」又「儕，儕俅，不寧。」又「儕，短陋謂之儕俅。」《龍龕手鑑》：「儕，獨、蜀二音，儕俅，短醜貌也。俅，速、束二音，儕俅也。」宋·梅堯臣《薛九宅觀鷗狐圖》：「猛爪入頰觜迸血，短尾儕俅窮蹄鋪。」

倒言又作「獨速」，除徐氏所引孟郊詩外，唐·姚汝能《安祿山事蹟》卷下：「初慶緒未敗時，讖云：『渡河野狐尾獨速，明年死在十八日。』」宋·范成大《科桑》：「斧斤留得萬枯枝，獨速槎牙立暝途。」亦其例。翟灝曰：「『儕俅』與『獨速』同。」〔註9〕

倒言又作「獨宿」，敦煌寫卷 S.610《啓顏錄》：「酒向他籬是頭，四腳距地尾獨速。」《太平廣記》卷 253、《廣博物志》卷 41 引作「獨宿」。宋·宋祁《覽蜀宮故城作》：「依城狐獨速，失厦燕裴回。」《成都文類》卷 2 作「獨宿」。

倒言又作「獨束」、「獨㑛」，唐·盧照鄰《勞作詩》：「城狐尾獨束，山鬼面參覃。」《唐詩紀事》卷 73 作「獨㑛」，《全唐詩話》卷 6、《古今圖書集成·理學彙編·文學典》卷 221 引作「獨速」。

〔註5〕盧文弨校「足躅」爲「足跼」，《莊子·逍遙遊》《釋文》引正作「足跼」。盧說轉引自黃懷信《逸周書彙校集注（修訂本）》，上海古籍出版社 2007 年版，第 1026 頁。

〔註6〕孔廣陶校注本《書鈔》未引。

〔註7〕王念孫《逸周書雜志》，收入《讀書雜志》卷 1，中國書店 1985 年版，第 53 頁。

〔註8〕朱起鳳《辭通》，上海古籍出版社 1982 年版，第 2292 頁。

〔註9〕翟灝《通俗編》卷 34，收入《續修四庫全書》第 194 冊，上海古籍出版社 2002 年版，第 615 頁。

倒言又作「毒籔」、「毒遬」、「毒薮」，唐・韓偓《出官經硤石縣》：「暝鳥影連翩，驚狐尾毒籔。」《全唐詩》卷 680 注：「籔，一作遬。」《海錄碎事》卷 22 引作「毒薮」。「毒」音毒。

倒言又作「犢速」，敦煌寫卷 P.3716V《醜婦賦》：「以犢速兮為行，以屈焠兮為跪。」S.5752 同。「犢」、「獨」同音。S.617《俗務要名林》：「犢子：上音獨。」伏俊璉曰：「『犢速』、『屈焠』不知何意。疑『犢速』同『縠觫』，皆屋部字。『以犢速兮為行』，指醜婦行動時像哆嗦發抖的老牛。」〔註 10〕江藍生曰：「『犢速』就是『獨速』，義為『搖晃、顫動』。」〔註 11〕我舊說云：「犢讀為趲、遭，《字彙補》：『趲，行貌。《石鼓文》：「其來趲趲。」』《石鼓文・甲鼓》趲作遭。」〔註 12〕伏說、江說「犢速」同「縠觫」、「獨速」是也，「犢速」即取搖動為義，言醜婦走路搖搖晃晃，行姿不正也。我舊說誤〔註 13〕。

倒言又作「獨力」，《後漢書・南蠻傳》：「於是女解去衣裳，為僕鑒之結，著獨力之衣。」《搜神記》卷 14 同。李賢注：「僕鑒、獨力，皆未詳。」朱起鳳謂「獨力」同「倜佽」、「獨速」，云：「力、束雙聲字，古多通叚。」〔註 14〕朱說是，「獨力」猶言短陋貌也。

3. 「獨速」乃「縠觫」之音轉。我舊作曾考證「縠觫」又音轉為「殰殊」、「縠縠」、「鑿鑿」、「縠速」、「抖擻」、「斗藪」、「料揀」、「抖揀」、「渊沨」、「斛薮」、「蝶蛺」、「榍楸」、「樸楸」、「僕嗽」、「僕遬」、「菉蓮」、「祿褋」、「趚趑」、「胡速」、「樸屬」、「撲屬」、「撲朔」等，諸詞並同源，中心詞義為「抖動」、「顫抖」。《集韻》：「祿，祿褋，衣聲。」又「趚，趚趑，走聲。」又「籔，

〔註 10〕 伏俊璉《敦煌賦校注》，甘肅人民出版社 1994 年版。伏俊璉《敦煌文學文獻叢稿》（增訂本），中華書局 2011 年版。《校注》以潘重規《敦煌賦校錄》為底本，誤錄「焠」作「淬」，第 320 頁；《叢稿》第 187 頁錄文亦誤，第 272 頁錄文不誤。

〔註 11〕 江藍生《說「蹀躞」與「嘿瑟」》，《方言》2011 年第 1 期，第 1～8 頁。

〔註 12〕 蕭旭《敦煌賦校補》，收入《群書校補》，廣陵書社 2011 年版，第 837 頁。

〔註 13〕 我舊說又云：「焠讀為踤，《說文》：『踤，觸也。』《廣韻》：『踤，駭踏。』以屈焠兮為跪，猶言以彎曲小腿觸碰到地面為跪。」亦非是。焠讀為葳、㩻，《玉篇》：「葳，拜失容也，又詐也，亦作㩻，《禮記》云：『無葳拜。』」字或作踒，《集韻》：「葳、㩻、踒，詐拜也，或省，亦從足。」《六書故》：「㩻，跪不至地也。」其本字為挫，葳、㩻、踒都是挫的分化字，屈、挫是同義連文。屈焠，言屈膝詐拜，跪不至地也。本來拜要至地，醜婦不真拜，跪不至地，就是說醜婦不懂禮數，馬馬虎虎彎下腿就完事。

〔註 14〕 朱起鳳《辭通》，上海古籍出版社 1982 年版，第 2267 頁。

篩也。」「簸」亦取搖動義。故儋佌爲頭動，觳觫爲顫抖，又以之命名抖動之小木爲桪楸（樸樕），命名顫動之小草爲蒤蓮，命名顫動之小蟲爲蟆蟓（蠑），命名顫動之小物爲鑿鑿〔註 15〕；其可形容短小貌者，又詞義之引申，蓋物小則易抖動也。今尋許瀚曰：「『儋佌』乃『觳觫』之異文。」並指出與「鑿鑿」、「抖擻」、「殀殔」等「形隨義變」〔註 16〕，說雖較我舊說簡略，實已先我發之，當時未能檢及。亟當出之，示不敢掠前人之美也。謹記於此。

　　4. 《釋名・釋兵》之「速櫝」，言抖動其矛，直前而刺之也。《釋名・釋衣服》之「鞻鞮」，其語源是「速獨」，言鞮缺前幫，其行走時足易顫抖也；足直前之言者，言鞮沒有前幫，其足可直伸向前也。「足直前之言」與「前刺之言」，其義有別，孫氏一之，非也。

　　5. 「鞻鞮」乃胡履名之專字。《廣雅》：「鞻䩥，鞻鞮，靸屨也。」王念孫曰：「鞻䩥、鞻鞮皆疊韻字也。……《釋名》云：『鞻鞮，鞮之缺前雍者也。鞻鞮，猶速獨，足直前之名也。』《急就篇》云：『旃裘鞻鞮。』」〔註 17〕《急就篇》卷 2 顏師古注：「鞻鞮，胡履之缺前雍者也。言蠻夷之人，唯以氈爲裘，而足著鞻鞮也。今西羌其服尚然。」《玉篇》：「鞻，鞻鞮，履也，鞮之缺前雍。」又「鞮，鞻鞮，履。」《龍龕手鑑》：「鞻，鞻鞮，胡履也。」字或省作「索撢」，孫詒讓引皇象碑本《急就篇》即作「索撢」。《書畫題跋記》卷 7：「與旃裘、索撢之牧牴奴逐水草而棲止。」字或省作「索鞮」，《舊唐書・西南蠻傳》：「足履鞻鞮。」《新唐書・西域傳》作「足曳鞻鞮」，並自作解釋云：「鞻鞮，履也。」《御覽》卷 791 引作「索鞮」，《太平廣記》卷 481 引《神異記》誤作「素鞻」。字或作「鞻鞭」，《慧琳音義》卷 15：「鞮履：上亦鞻，履屬也。《廣雅》謂之甲沙，或謂之鞻鞭，皆夷人方言異也。」又卷 65 說同。「甲沙」即「鞻䩥」，《說文》：「鞅，鞀，鞅沙也。」「鞅沙」亦同。胡吉宣曰：「鞻鞮，案本外來語音譯，後人好以漢字音義比傅之，致說者紛紛也。若據踏之聲訓，則鞮與�同，鞳亦胡履也。」〔註 18〕以「鞻鞮」爲音譯詞，非也；而謂「鞮」、「鞳」同源，則得之。

〔註 15〕 參見趙鑫曄、蕭旭《〈孟子〉「觳觫」正詁》，收入《群書校補》，廣陵書社 2011年版，第 1204〜1209 頁。
〔註 16〕 許瀚《攀古小廬雜著》卷 3《「觳觫」解》，收入《續修四庫全書》第 1160 冊，上海古籍出版社 2002 年版，第 675〜676 頁。
〔註 17〕 王念孫《廣雅疏證》，收入徐復主編《廣雅詁林》，江蘇古籍出版社 1992 年版，第 594 頁。
〔註 18〕 胡吉宣《玉篇校釋》，上海古籍出版社 1989 年版，第 5243 頁。

《廣雅》「狼，很也、戾也」補正

　　《廣雅・釋詁三》：「狼、戾，很也。」又《釋詁四》：「狼、很，戾也。」
　　王念孫曰：「狼戾者，《說文》：『很，戾也。』卷四云：『狼、很，戾也。』
戾與戾同，狼與戾一聲之轉。《燕策》云：『趙王狼戾無親。』《漢書・嚴助傳》
云：『今閩越王狼戾不仁。』」〔註1〕錢大昭《疏義》本「很也」作「佷也」，
曰：「《玉篇》：『佷（很），戾也。本作很。』《說文》：『很，不聽從也，一曰
戾也。』《吳語》：『今王將很天而伐齊。』韋注：『很，違也。』……狼者，
犬之很也……舊本狼訛狼，今訂正。徐北溟曰：『如依舊文，狼戾連讀，亦有
很義。』」〔註2〕
　　《通鑑》卷227：「為人狼戾無親。」胡三省注：「狼，當作狼。」胡說早
於錢氏。此說是也。「狼」無「很戾」之義，王念孫謂「狼、戾一聲之轉」，
則「狼戾」一詞為「戾戾」，王、徐二說非也。王叔岷從王念孫說〔註3〕，失
於採擇矣。
　　「狼戾」雙聲連語，是「交橫雜亂」之義〔註4〕，與「很戾」義無涉。訓

〔註1〕　王念孫《廣雅疏證》，收入徐復主編《廣雅詁林》，江蘇古籍出版社1992年版，
　　　　第236頁。
〔註2〕　錢大昭《廣雅疏義》，收入徐復主編《廣雅詁林》，江蘇古籍出版社1992年版，
　　　　第236～237頁。「佷」當作「很」，手民之誤。《續修四庫全書》本不誤，第
　　　　190冊，上海古籍出版社1995年版，第314頁。
〔註3〕　王叔岷《史記斠證》，中央研究院歷史語言研究所專刊之七十八，中華民國72
　　　　年版，第2253～2254頁。
〔註4〕　《孟子・滕文公上》：「樂歲粒米狼戾。」趙岐注：「狼戾，猶狼藉也。」《淮
　　　　南子・覽冥篇》：「孟嘗君為之增歍歠唈，流涕狼戾不可止。」高誘注：「狼戾，
　　　　猶交橫也。」

「很戾」者，當作「狼戾」。《燕策》鮑彪注：「暴戾如狼。」《漢書・嚴助傳》顏師古注：「狼性貪戾，凡言狼戾者，謂貪而戾。」顏氏、鮑氏云云，望文生訓。

王氏所引《燕策一》「趙王狼戾無親」，《史記・張儀傳》、《長短經》卷5、敦煌寫卷 P.5034V《春秋後語》亦作「狼戾」。張文虎曰：「各本很譌狼，今改。」〔註 5〕瀧川資言從張說徑改〔註 6〕。李笠、范祥雍駁張說〔註 7〕，傎矣。康世昌曰：「鄭良樹曰：『狼乃狠之誤。』未確。《國策》即作『狼戾』，鮑注云：『暴戾如狼。』說詳王叔岷《史記斠證》。」〔註 8〕康氏失考，鄭說是也。吳國泰曰：「狼戾者很懟之借字，《說文》：『很，不聽從也，一曰盭也。懟，弼戾也。』《廣雅》：『懟，俏也。』」〔註 9〕吳說未得，「狼」、「很」聲遠，不相通借。考《逸周書・史記解》：「昔穀平之君，愎類無親，破國弗尅。」〔註 10〕孔晁注：「愎，很。類，戾也。」「狼戾」即「愎類」也。

王氏所引《漢書》「狼戾不仁」，王氏云：「狼亦戾也，『狼戾』乃雙聲之字，不可分爲二義。」〔註 11〕「狼戾」當作「狠戾」，同義連文，王說非也。

《說文》：「很，不聽從也，一曰盭也。」王筠曰：「『一曰盭也』與『不聽從也』爲一義。」〔註 12〕字或作「艮」，《說文》：「艮，很也，從匕、目，匕目猶目相匕不相下也。《易》曰：『艮其限。』」《繫傳》作「艮，狠也」。字或作「詪」。《說文》：「詪，很戾也。」〔註 13〕錢坫曰：「詪，此今『很戾』字。」〔註 14〕朱珔曰：「（詪、很）二字可爲通借。」〔註 15〕朱氏以爲通借，

〔註 5〕 張文虎《校刊史記集解索引正義札記》，中華書局 1977 年版，第 523 頁。
〔註 6〕 瀧川資言《史記會注考證》，北岳文藝出版社 1999 年版，第 3520 頁。
〔註 7〕 李笠《廣史記訂補》，復旦大學出版社 2001 年版，第 192 頁。范祥雍《戰國策箋證》，上海古籍出版社 2006 年版，第 1666 頁。
〔註 8〕 康世昌《春秋後語輯校（上）》，《敦煌學》第 14 輯，新文豐出版公司 1989 年 4 月出版，第 123 頁。
〔註 9〕 吳國泰《史記解詁》，1933 年成都居易簃叢著本，第 3 冊，第 20 頁。
〔註 10〕《路史》卷 29「愎類」作「慢類」，蓋爲臆改。
〔註 11〕 王念孫《漢書雜志》，收入《讀書雜志》，中國書店 1985 年版。
〔註 12〕 王筠《說文釋例》，收入丁福保《說文解字詁林》，中華書局 1988 年版，第 2624 頁。
〔註 13〕 宋本作「眼戾」，誤。《集韻》引亦誤作「眼戾」。
〔註 14〕 錢坫《說文解字斠詮》，收入丁福保《說文解字詁林》，中華書局 1988 年版，第 3084 頁。
〔註 15〕 朱珔《說文假借義證》，黃山書社 1997 年版，第 156 頁。

猶爲隔之。黃侃曰：「誾，同『艮』、『很』。」〔註16〕俗字亦作「佷」、「狼」，
《玉篇》：「佷，戾也，本作很。」《廣韻》：「很，很戾也，俗作狼。」余迺
永校：「狼，南宋祖本、巾箱本、黎本、元至順勒德兩本、明本作『佷』。」
〔註17〕《六書故》：「狼，悍戾不可馴也。別作很、誾。」《國語‧晉語九》：
「宣子曰：『宥也很。』」黃丕烈曰：「很，《補音》作『佷』。」〔註18〕《史
記‧項羽本紀》：「因下令軍中曰：『猛如虎，很如羊，貪如狼，彊不可使者，
皆斬之。』」《漢紀》卷1、《類聚》卷94、《御覽》卷492同，《御覽》卷434
引作「狼」，《漢書》、《太白陰經》卷1、《通鑑》卷8亦作「狼」，《班馬字
類》卷3引作「佷」，並作俗字〔註19〕。字亦借「恨」爲之，《爾雅》：「閡，
恨也。」《釋文》：「恨，孫炎作很，云：『相很戾也。』」《漢書‧楚元王傳》：
「忤恨者誅傷。」王念孫曰：「恨，讀爲很。」〔註20〕「戾」亦作「悷」、「侯」，
並爲「鳌」之借字。《廣雅》：「侯，怒也。」《慧琳音義》卷76引作「悷，
怒也」。王念孫曰：「戾與侯通。」〔註21〕《集韻》：「侯，《博雅》：『怒也。』
通作戾。」唐‧湛然《止觀輔行傳弘決》卷8：「很者諍訟也，亦戾也。戾
者曲也。如犬出戶而身曲。此悷字，悲吟也。非今意。」宋‧智圓《維摩經
略疏垂裕記》卷10：「戾，《三蒼》作侯。狼戾也，剛強貌也。經文有作悷，
悲吟貌，非今所用。」以「悷」爲誤，未達通借之誼。

　　「很戾」同義連文，猶言不聽從，違逆，不服。字或作「佷戾」，《玄應
音義》卷8：「憿戾：下《三蒼》作侯，同。很戾也。謂很戾剛強也。」又
卷22、24「很戾」作「佷戾」。《集韻》：「憒，懤憒，很戾。」《中阿含經》
卷33：「重作不善行，很戾不受教。」宋、元、明本作「佷戾」。字或作「恨
悷」，《吳越春秋‧勾踐入臣外傳》：「雖則恨悷之心，莫不感動。」《大般若
波羅蜜多經般若理趣分述讚》卷3：「此諸眾生愚鈍恨悷，若不苦楚，終不

〔註16〕黃侃《說文同文》，收入《說文箋識》，中華書局2006年版，第15頁。
〔註17〕余迺永《新校互注宋本廣韻》，上海辭書出版社2000年版，第283頁。
〔註18〕黃丕烈《校刊明道本韋氏解〈國語〉札記》，《國學叢書‧〈國語〉附錄》，（上
　　　　海）商務印書館1958年版，第260頁。
〔註19〕參見蕭旭《漢書校補‧西域傳》「貪狼無信」條，收入《群書校補》，廣陵書
　　　　社2011年版，第413頁。
〔註20〕王念孫《漢書雜志》，收入《讀書雜志》，中國書店1985年版。王氏舉例極多，
　　　　茲不備錄。
〔註21〕王念孫《廣雅疏證》，收入徐復主編《廣雅詁林》，江蘇古籍出版社1992年版，
　　　　第127頁。

調伏，故我苦之。」字或作「恨戾」，《慧琳音義》卷 28：「懻戾：恨戾，剛強兒也。」《撰集百緣經》卷 10：「汝等很戾，狀似毒龍。」聖字本作「恨戾」。《放光般若經》卷 2：「一者色愛，二者無色愛，三者癡愛，四者恨戾愛，五者亂志愛。」宋、元、宮本作「很戾」，明本作「狠戾」。字或作「狠戾」，《雜寶藏經》卷 9：「稟性很戾，不順禮度。」明本作「狠戾」。《大哀經》卷 2：「爲人仁調而不很戾。」明本作「狠戾」。字或作「很悷」，《慧琳音義》卷 66：「很悷：上痕墾反，上聲字。」此條爲《集異門足論》卷 3《音義》，檢經文作「結怨很悷，語言兇勃」，宋、元、明、宮本作「狼悷」，「狼」爲「狠」之譌。《慧琳音義》卷 67：「很悷：上痕艮反，下犁帝反。」此條爲《阿毘達磨界身足論》卷 1《音義》，檢經文作「心俍戾性，是名惱」，宋、宮本作「很戾」，明本作「狠戾」，「俍」爲「很」之譌。字或作「很侯」，《廣韻》：「侯，很侯，俗。」《妙法蓮華經玄義》卷 10：「譬如很子，又似侯羊。」此例「很」、「侯」同義對舉。字或作「很侯」、「狠侯」，《龍龕手鑑》：「侯，很侯也。」又「譆，譆搏，很侯也。」〔註 22〕《五音集韻》：「侯，狠侯，俗。」《摩訶僧祇律》卷 7：「知識慈心語，很侯不受諫。」明本作「很戾」；《法苑珠林》卷 45 引作「狠侯」，宋、元本作「很戾」，明、宮本作「狠戾」；《釋氏要覽》卷 2 引作「狼戾」，「狼」亦爲「狠」之譌。唐·湛然《止觀輔行搜要記》卷 8：「很，爭訟也。侯，由（曲）也。」唐·湛然《法華玄義釋籤》卷 19：「譬云很侯者，兩字本爲一義，謂諍競不順。今隨語便故分字釋。」字或作「很悷」、「狠悷」，《大般涅槃經》卷 22：「譬如惡馬，其性很悷，能令乘者至嶮惡處。」宋本作「很侯」，明本作「狠悷」，《涅槃經會疏》卷 20 作「狠戾」。《寶雲經》卷 1：「很悷難調，慳貪嫉妬。」元本作「很戾」，明本作「很戾」。字或作「詪戾」，《五音集韻》：「詪，《說文》：『詪戾也。』」

「很戾」倒言則作「戾很」、「戾狠」，漢·蔡邕《文範先生陳仲弓銘》：「戾很斯和，爭訟化讓。」《初學記》卷 18 引作「戾狠」。唐·韓愈《嘲鼾睡》：「鴻蒙總合雜，詭譎騁戾狠。」《慧琳音義》卷 89：「狼狠：《考聲》：『猝遽也，又戾狠也。』」倒言又作「悷很」、「戾很」，《佛說無量清淨平等覺經》卷 3：「但心中悷恨，慕及等耳。」宋、元、明本作「戾悷」，聖本作「戾亮」。《佛說阿彌陀三耶三佛薩樓佛檀過度人道經》卷 2 同，宋本作「戾很」，元、明本作「恢廓」。「悷」爲「恨」之形譌，「亮」涉「悷」音誤，「恢廓」則爲

〔註 22〕《廣韻》、《五音集韻》作「譆，譆搏，很戾。」

－1892－

妄改。

　　上面通過考察「很戾」一詞及其異體，可以確定「狼戾」爲「狠戾」的形訛。我們還可據以訂正古代文獻中一些同類的錯字。如果孤立的單看文例，這類錯誤不易被發現。

　　（1）《文選·長笛賦》：「氣噴勃以布覆兮，乍跱蹠以狼戾。」李善註：「狼戾，乖背也。」呂向注：「狼戾，壯勇也。」又《洞簫賦》：「狼戾者聞之而不懟。」呂向注：「狼戾，惡性也。」二例「狼戾」亦當作「狠戾」，李善注、呂向注得其義，而未得其字。

　　（2）《晉書·羊曼傳》：「而聃以狼戾爲瑣伯。」《御覽》卷 378 引《晉中興書》作「很戾」，「很戾」同「狠戾」。

　　（3）汲古本《易林·升之夬》：「彭離濟東，遷之上庸，狼戾無節，失其寵功。」宋本作「狠戾」。宋本是。

　　（4）《後漢書·南匈奴傳》：「（竇憲）狼戾不端，專行威惠。」

　　（5）《朝野僉載》卷 2：「皆狼戾不軌，鴆毒無儀。」皆當作「狠戾」爲是。

《玉篇》「浰，清浰」疏證

1. 《玉篇》：「浰，清浰，疾兒。」胡吉宣曰：「倩，原作『清』，涉『浰』而誤從水，今正。《子虛賦》：『倏眒倩浰。』張輯曰：『皆疾貌。』是本書原本或引賦及張注……《切韻》：『浰，水疾流。』《廣韻》作『水疾流貌。』又『倩，倩利。』倩、浰疊韻，浰之言利，故爲疾也。」〔註1〕

《集韻》、《類篇》：「浰，倩浰，疾也。」然《玉篇》作「清浰」不誤。「清」、「倩」同從青得聲，例得通借。胡氏改字未得。

2. 「清浰」字或作「倩浰」、「倩利」，皆爲「淒浰」之音轉。《廣韻》：「倩，倩利。」《集韻》：「浰，淒浰，疾兒。」胡氏所引《子虛賦》，《漢書·司馬相如傳》、《文選》、《玉篇》「眒」字條作「倩浰」，《文選·蜀都賦》劉淵林註引作「倩利」，《史記》作「淒浰」。尤爲「倩」、「淒」音轉之確證。《史記》《集解》引《漢書音義》：「倏眒、淒浰，皆疾貌。」《文選》呂延濟注：「倩浰，奔逐之貌。」清·王先謙曰：「『倩』無『疾』義，蓋『淒』之借文。淒、浰皆疾也。」〔註2〕

3. 在文獻中，作「倩浰」的例子還有：宋·劉昌詩《蘆浦筆記》卷9引宋徽宗《白玉樓賦》：「霓旌羽節，光倩浰以目眩；玉童華女，眾駛踏而雲飀。」

字或作「凊浰」，《集韻》：「淒、凊：淒浰，疾兒，或從倩，通作倩。」《正字通》：「凊，凊浰，疾兒，通作倩。」明·盧柟《滄溟賦》：「便旋豎亥之浦，凊浰晏龍之川。」

〔註1〕 胡吉宣《玉篇校釋》，上海古籍出版社1989年版，第3766～3777頁。
〔註2〕 王先謙《漢書補注》，書目文獻出版社1995年版，第1151頁。

又音轉為「清厲」，《漢書·王莽傳》：「或聞其樂聲，曰：『清厲而哀，非興國之聲也。』」《御覽》卷 569 不達「清厲」之誼，遽刪「清」字，失之。《文選》漢·馬融《長笛賦》：「激朗清厲，隨、光之介也。」李善註：「激切明朗，清而能厲。厲，烈也。」李註失之。晉·成公綏《嘯賦》：「音要妙而流響，聲激嘹而清厲。」《宋書·樂志三》魏文帝《燕歌行》：「悲風清厲秋氣寒，羅幬徐動經秦軒。」朱起鳳曰「『淒』、『清』雙聲，故通叚。」〔註3〕

又音轉為「清凓」，《董子·陰陽義》：「故清凓之於歲也，若酸醎之於味也。」又《煖燠孰多》：「十月而悉畢，故案其迹，數其實，清凓之日少少耳。」俞樾校上例之「清凓」為「薰凓」〔註4〕，朱起鳳從其說〔註5〕。俞說大誤，劉師培、蘇輿已駁之〔註6〕。鍾肇鵬曰：「『凓』同『冽』。『清凓』即清涼寒冷。」〔註7〕鍾說雖得，猶未悟「清凓」即「淒凓」也。

「清冽」即「清厲」、「清凓」，故「清」字不煩校改。

蔣禮鴻指出：「西北方音『清』是讀作『妻』音的。」〔註8〕蔣先生舉了如下幾個證據：

（1）敦煌寫卷 P.3319《擣練子》：「孟姜女，杞梁妻，一去燕山更不歸。」妻，P.3911 同，P.2809 作「清」。

（2）敦煌寫卷 S.2607《浣溪沙》：「八十頹年志不迷，一竿長地坐磻溪。釣□□□□□□，□時清。直道守池頻負命，子鱗何必用東西。我不□□□□□，□□□」。「清」字與「迷、溪、西」叶韻。

（3）敦煌寫卷《開蒙要訓》「嚔（涕）唾」的「涕」注作聽，「鼐（鼎）鑊」的鼐注帝，犁字注令，梯字注聽，鯢字注迎。

（4）宋·陸游《老學庵筆記》卷6：「四方之音有訛者，則一韻盡訛。如……秦人訛青字，則謂青為妻，謂經為稽。」

這種音轉現象，不獨西北方音如此。我們列舉例證如下：

〔註3〕 朱起鳳《辭通》，上海古籍出版社 1982 年版，第 1834 頁。

〔註4〕 俞樾《諸子平議》，上海書店 1988 年版，第 530 頁。

〔註5〕 朱起鳳《辭通》，上海古籍出版社 1982 年版，第 2356 頁。

〔註6〕 劉師培《春秋繁露斠補》，收入《劉申叔遺書》，江蘇古籍出版社 1997 年版，第 1020 頁。蘇輿《春秋繁露義證》，中華書局 1992 年版，第 341 頁。

〔註7〕 鍾肇鵬主編《春秋繁露校釋》，河北人民出版社 2005 年版，第 766 頁。

〔註8〕 蔣禮鴻《中國俗文字學研究導言》，《杭州大學學報》1959 年第 3 期；收入《蔣禮鴻集》卷3，浙江教育出版社 2001 年版，第 138～139 頁。

（5）《禮記·大學》：「一人貪戾，一國作亂。」鄭玄注：「戾，或爲吝。」

（6）《楚辭·九思·遭厄》：「鷄鶩棲兮柴蔟。」洪興祖《考異》：「棲，一作指，一作薝。」黃靈庚曰：「據文義，當作棲，作指或作薝者皆非。」〔註9〕「指」字非是，「薝」則「棲」字音轉。

（7）《史記·齊太公世家》：「北伐山戎、離枝、孤竹。」《集解》：「《地理志》曰：『令支縣有孤竹城。』疑離枝即令支也，令、離聲相近。應劭曰：『令音鈴。』鈴、離聲亦相近。《管子》亦作『離』字。」

（8）《文選·拜中軍記室辭隨王牋》：「清切藩房，寂寥舊蓽。」呂延濟注：「清切，悽傷也。」

（9）魏·曹植《棄婦詩》：「慷慨有餘音，要妙悲且清。」

（10）晉·潘岳《笙賦》：「管攢羅而表列，音要妙而含清。」

「清」並讀爲淒、悽。此皆「清」、「淒」通讀之證。明·楊愼《古音獵要》卷4：「淒，音倩。浰，音練。」〔註10〕楊說翩其反而，當謂倩音淒。

（11）《開蒙要訓》除了蔣先生舉的例證外，敦煌寫卷 P.2578《開蒙要訓》還有「憩」注直音慶，「薺」注直音精；「提」注直音亭，「髻」注直音敬，「胜」注直音病，「鈚」注直音兵，「翳」注直音映，「繫」注直音敬〔註11〕；又「拗〔捩〕搭摑」，「捩」字原卷脫，據 P.3610、P.2487、S.5431 補，注直音令。

（12）敦煌寫卷 P.2767V：「梁構嵯峨，與星漢相連。」P.2237「星漢」作「西漢」。

（13）敦煌寫卷 P.2653《韓朋賦》：「妻獨單弱，夜常孤栖。」又「日暮獨宿，夜長栖栖。」S.4901 作「孤星」、「星星」。

（14）敦煌寫卷 P.3213《伍子胥變文》：「四迴無鄰獨棲宿。」P.2794 作「星息」。黃征、張涌泉曰：「『星』爲『棲』之借音字。」〔註12〕「棲」、「栖」同。

（15）敦煌寫卷 P.2718《茶酒論》：「有酒有令。」P.3910「令」作「禮」。敦煌寫卷 S.5475《六祖壇經》：「若實不相應，合掌令勸善。」敦博本 077「令」

〔註9〕 黃靈庚《楚辭異文辯證》，中州古籍出版社 2000 年版，第 1019 頁。

〔註10〕楊愼《古音叢目》卷4、《轉注古音略》卷4 說同。三書並收入《叢書集成新編》第 40 冊，臺灣新文豐出版公司 1985 年版，第 128、139、180 頁。

〔註11〕羅常培《唐五代西北方音》已列舉了《開蒙要訓》的這些例證，認爲是唐五代西北方音的「梗攝跟齊祭韻的混合」，其實這不獨是唐五代西北方音特有的語音現象。羅常培《唐五代西北方音》，商務印書館 1933 年版，第 98～99 頁。

〔註12〕黃征、張涌泉《敦煌變文校注》，中華書局 1997 年版，第 33 頁。

作「禮」。

（16）敦煌寫卷 S.5475《六祖壇經》：「非南宗定子也。」敦博本 077「定」作「弟」。S.5475《六祖壇經》：「第佛教是非。」鄧文寬曰：「『第』當校作『定』，惠昕本《六祖壇經》正作『定』。」〔註13〕S.6836《葉淨能詩》：「適會此日嶽神在廟中闕第三夫人……爲定三夫人。」蔣禮鴻曰：「西北方音『定』、『第』不分。」〔註14〕

（17）S.5475《六祖壇經》：「即緣名人於鏡（境）上有念，念上便去（起）邪見，一切塵勞妄念從此而生。」鄧文寬曰：「『名人』當校作『迷人』，契嵩本、宗寶本《六祖壇經》正作『迷人』。」又「向者三身〔佛〕在自法性，世人盡有，爲名不見，外覓三〔身〕如來。」鄧文寬曰：「此『名』亦『迷』之借字，惠昕本、契嵩本、宗寶本《六祖壇經》正作『迷』。」〔註15〕

（18）敦煌寫卷 S.5949《下女夫詞》：「人皮（疲）馬乏，暫欲提流（留）。」提，S.3877V 作「亭」，P.3350 作「停」。黃征謂「提」是「停（亭）」的借字〔註16〕，是也。

（19）敦煌寫卷 S.5949《下女夫詞》：「更深月朗，西斝（斗）齊明。」北大藏 D246 作「西斗情明」，P.3350 作「星斗齊明」。黃征謂「西」讀作「星」〔註17〕。「西」爲「星」變音，「情」爲「齊」變音。楊寶玉曰：「疑當作『晴明』。」〔註18〕楊說非也。

（20）敦煌寫卷 P.3350《下女夫詞》：「〔月〕落星光曉，更深恐日開。」S.5515「星」作「西」。

（21）敦煌寫卷 P.3350《下女夫詞》：「次定申陳，不須潦亂。」S.5949作「次弟」，S.3877V 作「次遞」。定、遞，並讀爲弟（第）。

〔註13〕鄧文寬《英藏敦煌本〈六祖壇經〉通借字芻議》，《敦煌研究》1994 年第 1 期，第 84 頁。

〔註14〕參見黃征、張涌泉《敦煌變文校注》，中華書局 1997 年版，第 346 頁。

〔註15〕鄧文寬《英藏敦煌本〈六祖壇經〉通借字芻議》，《敦煌研究》1994 年第 1 期，第 85～86 頁。

〔註16〕黃征《敦煌寫本異文綜析》，收入《敦煌語文叢說》，新文豐出版公司印行 1997 年版，第 34 頁。「皮」字潘重規《敦煌變文集新書》誤錄作「先」，文津出版社有限公司 1994 年初版，第 1179 頁。

〔註17〕黃征《敦煌俗音考辨》，收入《敦煌語文叢說》，新文豐出版公司印行 1997 年版，第 137 頁。

〔註18〕楊寶玉《〈敦煌變文集〉未入校的兩個〈下女夫詞〉殘卷校錄》，收入《中國敦煌學百年文庫·文學卷（四）》，第 338 頁。

（22）敦煌寫卷 S.4511《金剛醜女因緣》：「左右宮人，令皆總急。」黃征、張涌泉曰：「令，袁賓校作『合』，是。項楚校作『例』，殆未確。」〔註19〕項校是，蔣冀騁說同〔註20〕。

（23）敦煌寫卷 S.1776《〔顯〕德伍年十一月十三日某寺判官與法律尼戒性等一件交曆》：「古（故）破踏床壹張，除；大床肆張，內壹在妙喜；床梯壹，除。」S.4199《某寺常住什物交曆》：「又古（故）破大床廳貳，在麻庫。」「床梯」即「床廳」，亦即「床桯」〔註21〕。

（24）敦煌寫卷 P.2040V《淨土寺食物等品入破曆》：「麵三石五升，造送路尚書頓定用。」P.2032V《淨土寺食物等品入破曆》：「粟壹斗，二月七日判官巡道場地頓遞用。」「頓定」即「頓遞」〔註22〕。

（25）中村不折藏《搜神記》：「昔有樊寮至孝，內親早亡，繼事後母。」項楚曰：「『繼』當作『敬』，音同而訛。敦煌卷子 P.3266 號王梵志詩：『飲酒妨生計。』P.2718 作『飲酒妨生敬』。又 P.3833 王梵志詩：『你若敬算他，他還敬算你。』『敬算』皆應作『計算』……稗海本《搜神記》卷 5 亦云：『敬事後母。』」〔註23〕

（26）敦煌寫卷 S.1441《竹枝詞》：「待伊來敬共伊言。」任半塘從龍晦校「敬」爲「際」〔註24〕。

（27）敦煌寫卷 P.3566V：「加以違營出俗，得愛道之方縱（芳蹤）；奉戒湌（參）禪，繼蓮華之軌躅。」Φ263V＋Φ326V 同。「違營」讀爲「威儀」。《廣弘明集》卷 25：「禁戒守眞、威儀出俗者，僧也。」S.6417 亦有此語。黃征、趙鑫曄校作「違榮」〔註25〕，非也。

（28）宋·曾慥《類說》卷 56 引《劉貢父詩話》：「關中人言清濁之清，

〔註19〕黃征、張涌泉《敦煌變文校注》，中華書局 1997 年版，第 1120 頁。
〔註20〕蔣冀騁《敦煌文獻研究》，湖南師範大學出版社 2005 年版，第 110、159、224頁。
〔註21〕參見張小豔《敦煌籍帳文書釋詞》，http://www.gwz.fudan.edu.cn/SrcShow.asp?Src_ID=252。
〔註22〕參見張小豔《敦煌籍帳文書釋詞》，http://www.gwz.fudan.edu.cn/SrcShow.asp?Src_ID=252。
〔註23〕項楚《敦煌本句道興〈搜神記〉補校》，《文史》第 26 輯；又收入《項楚敦煌語言文學論集》，上海古籍出版社 2011 年版，第 199 頁。
〔註24〕參見任半塘《敦煌歌辭總編》，上海古籍出版社 2006 年版，第 137 頁。
〔註25〕黃征、趙鑫曄《〈敦煌願文集〉校錄訂補續（四）》，《敦煌學研究》2007 年第 2 期，總第 4 輯，第 71 頁。

不改清字；丹青之青，則爲姜音；又以中爲蒸，蟲爲塵。」宋·陳鵠《耆舊續聞》卷 7 同。

4.「淒洌」在文獻中還有許多異體，我們列舉如下：

字或作「淒淚」、「悽戾」、「淒悷」、「淒戾」，《漢書·外戚列傳》《悼夫人賦》：「秋氣憯以淒淚兮，桂枝落而銷亡。」顏師古注：「淒淚，寒涼之意也。淚音戾。」王先謙曰：「『淒淚』與『淒厲』義同。」〔註26〕《類聚》卷 34、89、《御覽》卷 957 引並作「悽戾」，《書鈔》卷 154 引作「淒悷」，《古文苑》卷 7 周·庾信《枯樹賦》宋·章樵註引作「淒戾」。

字或作「淒唳」、「淒唳」、「悽唳」，《吳越春秋·王僚使公子光傳》：「不聞以土木之崇高，蟲鏤之刻畫，金石之清音，絲竹之淒唳，以之爲美。」〔註27〕《御覽》卷 177 引作「悽唳」〔註28〕，《天中記》卷 15 作「淒唳」。唐·崔損《鳳鳴朝陽賦》：「淒唳響暢，徘徊綢直。」明·劉基《鍾山作》：「槁葉含風彈夜絃，蟋蟀淒唳答寒蟬。」

字或作「悽悷」，魏·應瑒《愁霖賦》：「惕中寤而不效兮，意悽悷而增悲。」《御覽》卷 25 引魏·曹植《秋思賦》：「西風悽悷朝夕臻。」《吳越春秋·闔閭內傳》：「卿士悽愴民惻悷。」「悽悷」即「悽愴惻悷」也。

字或作「悽戾」、「悽唳」、「淒戾」，《文選》晉·潘安仁《笙賦》：「夫其悽戾辛酸，嚶嚶關關，若離鴻之鳴子也。」五臣本作「悽唳」，張銑注：「悽唳，辛酸聲也。」《白帖》卷 62 引作「淒戾」。《詩品》卷 2：「其源出於王粲，善爲悽戾之詞，自有清拔之氣。」《丹鉛摘錄》卷 13 引作「悽悷」。《中文大辭典》：「悽戾：猶云悲泣。戾亦作唳，並與淚通。」〔註29〕失之。唐·司空圖《注愍征賦述》：「瑶簧淒戾，羽聲玲瓏。」

字或作「淒厲」，晉·陶潛《詠貧士》：「淒厲歲云暮，擁褐曝前軒。」尋宋·朱熹《晨起對雨》：「淒洌歲云晏，雨雪集晨朝。」文例相同，是「淒厲」即「淒洌」也。唐·梁肅《送元錫赴舉序》：「自三閭大夫作《九歌》，於是有激楚之詞，流於後世，其音清越，其氣淒厲。」亦可分言，晉·陶潛《於王撫軍座送客》：「秋日淒且厲，百卉具以腓。」

〔註26〕 王先謙《漢書補注》，書目文獻出版社 1995 年版，第 1658 頁。
〔註27〕 《御覽》卷 177 引作「嘹唳」。
〔註28〕 此據景宋本，《四庫》本引作「嘹唳」。
〔註29〕 《中文大辭典》，華岡出版有限公司出版 1979 年版，第 5325 頁。

字或作「悽厲」，《世說‧言語》：「帝因誦庾仲初詩曰：『志士痛朝危，忠臣哀主辱。』聲甚悽厲。」

字或作「淒冽」、「淒烈」，《抱朴子外篇‧博喻》：「桑林鬱藹，無補柏木之淒冽；膏壤帶郭，無解黔敖之蒙袂。」《廣弘明集》卷 23 南朝‧宋‧釋慧琳《武丘法綱法師誄》：「嗚呼哀哉，玄冬淒烈。」宋、元、明、宮本作「淒冽」。唐‧釋玄奘《大唐西域記》卷 12：「寒風淒烈，積雪彌谷。」「烈」讀為「冽」〔註30〕。

字或作「悽淚」，《魏書‧李彪傳》：「遣之日，深垂隱潸，言發悽淚，百官莫不見，四海莫不聞，誠足以感將死之心，慰戚屬之情。」《漢語大詞典》釋為「淒然下淚」〔註31〕，望文生義也。

字或作「淒烈」，《樂府詩集》卷 49《安東平》：「淒淒烈烈，北風為雪。」

字或作「淒栗」，宋‧韓維《對雨思蘇子美》：「颯然夜氣變淒栗，連披短褐曳顛倒。」

字或作「淒溧」，宋‧郭祥正《和梅謙叔丁山吃字》：「梅君南昌後，襟韻猶淒溧。」

字或作「悽慄」，宋‧郭祥正《漳南書事》：「迴首但悽慄，憂心漫如焚。」宋‧狄遵度《放言》：「對寒日兮蒼莽，披勁風兮悽慄。」

字或作「悽冽」，明‧鄭真《滎陽外史集》卷 97：「初四日，風雨渡江，寒氣悽冽。」

本字形當作「淒溧」。考《說文》：「淒，雲雨起也。《詩》曰：『有渰淒淒。』」《詩‧綠衣》：「淒其以風。」毛傳：「淒，寒風也。」陳奐曰：「淒，寒意，依經言風，故云：『淒，寒風也。』」〔註32〕王先謙曰：「雲雨起而加以風，則寒氣至，故淒有寒涼之義。」〔註33〕朱駿聲謂「凄」為「淒」俗字〔註34〕，《玉篇》：「淒，寒也。」《龍龕手鑑》：「淒，寒也。《詩》云：『淒其以風也。』」《文選》鮑明遠《樂府詩‧東門行》李善註、《白帖》卷 8、《御

〔註30〕《慧琳音義》卷 82：「慘烈：下連哲反，亦作冽。」唐‧李白《遊溧陽北湖亭》：「凜冽天地間，聞名若懷霜。」《景定建康志》卷 37 引作「凜烈」。唐‧杜甫《西閣曝日》：「凜烈倦玄冬，負暄嗜飛閣。」宋‧黃希《補注杜詩》本作「凜冽」，《文苑英華》卷 314、《齊東野語》卷 4 引亦並作「凜冽」。皆其例。
〔註31〕《漢語大詞典》（縮印本），漢語大詞典出版社 1997 年版，第 4318 頁。
〔註32〕陳奐《詩毛氏傳疏》，中國書店 1984 年據漱芳齋 1851 年版影印。
〔註33〕王先謙《詩三家義集疏》，中華書局 1987 年版，第 137 頁。
〔註34〕朱駿聲《說文通訓定聲》，武漢市古籍書店 1983 年版，第 574 頁。

覽》卷 819、《隋書·袁充傳》引《詩》並作「淒」。

《說文》：「凓，寒也。」字或作瀨，《說文》：「瀨，寒也。」段玉裁曰：「各本篆作瀨，解作賴聲。音洛帶切。今正。按瀨字即《廣韻》、《玉篇》皆無之，而孔沖遠《大東》《正義》、李善注《高唐賦》《嘯賦》皆引《說文》《字林》『冽』字，是今本冽譌爲瀨顯然也。」〔註35〕王筠說同〔註36〕。二氏謂「瀨」爲「冽」之誤，今不取。朱駿聲曰：「瀨，按經傳皆作冽。」〔註37〕黃侃曰：「冷同凓、瀨。」〔註38〕

「淒凓」本訓寒，水清寒則瀏利，故淒洌爲疾流貌。

（此文刊於《傳統中國研究集刊》第 9、10 合輯，上海人民出版社 2012 年版，這裏是增訂稿）

〔註35〕段玉裁《說文解字注》，上海古籍出版社 1981 年版，第 571 頁。
〔註36〕王筠《說文解字句讀》，中華書局 1988 年版，第 453 頁。
〔註37〕朱駿聲《說文通訓定聲》，武漢市古籍書店 1983 年版，第 692 頁。
〔註38〕黃侃《說文同文》，收入《說文箋識》，中華書局 2006 年版，第 80 頁

《玉篇》「齺」字音義考

1.《玉篇》：「齺，丑合切，《晉書》有齺伯。」《廣韻》：「齺，他合切，晉兗州八伯，太山羊曼為齺伯。」「齺」字有音無義。據《隋書・經籍志》、《舊唐書・經籍志》、《新唐書・藝文志》記載，梁代以前，王隱、虞預、朱鳳、謝靈運、臧榮緒、干寶、蕭子雲、許敬宗皆各撰有《晉書》，何法盛撰有《晉中興書》，蕭子顯撰有《晉史草》。《玉篇》所引《晉書》，當即其中之一。唐許嵩《建康實錄》卷 7、《集韻》、《增韻》引《晉書》亦皆作「齺伯」，或亦是《玉篇》所據的《晉書》，而非唐修本。韻書輾轉相引，當鈔自《玉篇》。

2. 中華書局本《晉書・羊曼傳》：「曼任達頹縱，好飲酒……時州里稱陳留阮放為宏伯，高平郤鑒為方伯，泰山胡毋輔之為達伯，濟陰卞壼為裁伯，陳留蔡謨為朗伯，阮孚為誕伯，高平劉綏為委伯〔註1〕，而曼為齺伯。凡八人，號兗州八伯，蓋擬古之八儁也。」此唐修《晉書》，當亦採錄自前代《晉書》也。

《晉書斠注》：「齺，一作齺。」〔註2〕宋刊本（即百衲本）及明監本作「齺伯」。宋、元人所引，宋徐子光《蒙求集註》卷上、宋吳箕《常談》引作「齺伯」，宋王觀國《學林》卷 4、元陰勁弦《韻府群玉》卷 19 引作「齺伯」。《御覽》卷 407 引《晉中興書》作「黠伯」，宋鄭樵《通志》卷 123、宋王應麟《小學紺珠》卷 6、宋王欽若《冊府元龜》卷 776、宋黃震《古今紀要》卷 5、元

〔註1〕 《校注》：「《斠注》：《御覽》卷 407 引《晉中興書》『委伯』作『秀伯』，《冊府》卷 882 引作『秀伯』。」《晉書》，中華書局 1974 年版，第 1387 頁。

〔註2〕 吳士鑒、劉承幹《晉書斠注》，收入《續修四庫全書》第 276 冊，上海古籍出版社 2002 年版，第 263 頁。

佚名《氏族大全》卷 8 皆作「黶伯」，《冊府元龜》卷 882 作「黯伯」。「點」、「黯」當爲「黶」字形誤。

《新唐書‧常袞傳》：「（常袞）懲元載敗，窒賣官之路，然一切以公議格之，非文詞者，皆擯不用，故世謂之黶伯，以其黶黶，無賢、不肖之辨云。」黶伯，《白帖》卷 43、70、宋孫逢吉《職官分紀》卷 4、宋計敏夫《唐詩紀事》卷 29、宋王讜《唐語林》卷 3、宋吳箕《常談》引並同。常袞亦羊曼之遺意也，故並出之。

3. 「黶」、「黶」二字，前人有所考辨。

3.1. 隋人顏之推曰：「《晉中興書》：『太山羊曼，常頹縱任俠，飲酒誕節，兗州號爲黶伯。』此字皆無音訓，梁孝元帝常謂吾曰：『由來不識，唯張簡憲見，教呼爲噎羹之噎，自爾便遵承之，亦不知所出。』簡憲是湘州刺史張纘諡也，江南號爲碩學。案：法盛世代殊近，當是耆老相傳。俗間又有『黶黶』語，蓋無所不施、無所不容之意也。顧野王《玉篇》誤爲黑傍沓。顧雖博物，猶出簡憲、孝元之下，而二人皆云重邊，吾所見數本並無作黑者。重沓（黶）是多饒積厚之意，從黑更無義旨。」〔註3〕明人方以智《通雅》卷 1：「……正如黶從重，《顏氏家訓》已明辯《玉篇》之誤收黶矣，而各書尚載黶字也。」〔註4〕是方氏從顏之推說也。《字彙》、《中華大字典》、《大漢和辭典》、《中文大辭典》、《漢語大字典》新舊二版、《王力古漢語字典》並從《家訓》之說，謂「黶」爲「黶」的訛字〔註5〕。趙少咸《廣韻疏證》：「按如顏說，本書蓋沿《玉篇》諸書之誤。」〔註6〕

〔註3〕 顏之推《顏氏家訓‧書證篇》，王利器《顏氏家訓集解》（增補本），中華書局 1996 年版，第 473～474 頁。原文「重沓」二字當是「黶」字誤分，宋吳仁傑《兩漢刊誤補遺》卷 8、宋王觀國《學林》卷 4 皆作「黶」字。《廣韻》：「黶，積厚。」即本此。宋黃朝英《靖康緗素雜記》卷 4 引已誤作「重沓」二字。

〔註4〕 方以智《通雅》，收入《方以智全書》第 1 冊，上海古籍出版社 1988 年版，第 85 頁。

〔註5〕 梅膺祚《字彙》，上海辭書出版社 1991 年版，第 585 頁。《中華大字典》，中華書局 1978 年版，第 2953 頁。諸橋轍次《大漢和辭典》（修訂本），大修館書店昭和 61 年版，第 12 冊，第 1033 頁，總第 13629 頁。《中文大辭典》，華岡出版有限公司出版 1979 年版，第 17083 頁。《漢語大字典》（第二版），崇文書局、四川辭書出版社 2010 年版，第 5066 頁。《漢語大字典》（縮印本），湖北辭書出版社、四川辭書出版社 1992 年版，第 1972 頁。王力等《王力古漢語字典》，中華書局 2000 年版，第 638 頁。

〔註6〕 趙少咸《廣韻疏證》，巴蜀書社 2010 年版，第 3582 頁。

3.2. 宋人吳仁傑曰：「《顏氏家訓》云云，《集韻》『荅』、『�』二字，同託合切，與『榻』音亦相近。《集韻》別出『黮』字，引黮伯事。按《家訓》『䮐』字用盛洪（弘）之《晉書》本〔註7〕，而《集韻》『黮』字用唐御製本。要之，荅布之荅，乃與晉八伯名實相當。字書宜於『荅』字下注云：『託合切，重厚貌，一作䮐。』」〔註8〕

3.3. 宋人王觀國曰：「《顏氏家訓》謂『晉羊曼稱爲䮐伯，䮐者多饒積厚。』又曰：『䮐䮐然無賢不肖之辨。』又曰：『從黑者亦無此字。』觀國案：黮從黑，䮐從重，二字雖同音榻，而義各不同。《玉篇》、《廣韻》皆曰：『黮，羊曼爲黮伯也。䮐，積厚也。』蓋羊曼爲黮伯，從黑。而《顏氏家訓》乃用從重之䮐，是以顏氏推其義不行也。顏氏所引，乃盛弘之《晉書》〔註9〕，用從重之䮐，已爲誤。今世所行《晉書》，乃唐太宗所修，於《羊曼傳》用從黑之黮，爲不誤矣。觀國案：《晉書‧羊曼傳》云云，以此觀之，則黮者乃美稱，是八儁之中居一儁也。若如《顏氏家訓》所稱，則多饒積厚，與夫黮黮無賢不肖之辨，皆非美稱矣。非美稱，則豈容在八儁之列耶？今按羊曼以任達頹縱好飲酒而得黮伯之名，則黮者豁達不拘小節之稱也。顏氏所訓，與此皆不合矣。又案《唐書‧常袞傳》云云，觀國考《常袞傳》，謂懲元載敗，窒賣官之路，一切以公議格之，蓋其進退人才，皆出於朝廷之公論，而以賄者不容於濫進，非文詞者皆擯不用，則俗吏不在所用也。爲宰相而能如此，是賢宰相也。而史乃以黮黮無賢不肖之辨而加之，何以史辭之自紊如此，蓋史臣引《顏氏家訓》釋黮伯之語，而不知於《常袞傳》之意則不合也。」〔註10〕

3.4. 清人臧琳曰：「《說文》：『沓，語多沓沓也。』臣鉉等曰：『語多沓沓，若水之流，故從水會意。』顏氏引俗間有『䮐䮐』之語，自注音沓，則䮐當作沓矣。語多沓沓，義與羊曼任俠誕節之行亦合。從水已爲多義，俗人復加『重』旁。煩沓則鮮有潔者，故又或從『黑』旁也。」〔註11〕

〔註7〕 盛弘之所撰爲《荊州記》，吳氏謂「盛洪（弘）之《晉書》」，誤也。

〔註8〕 吳仁傑《兩漢刊誤補遺》卷8，收入《叢書集成新編》第113冊，新文豐出版公司1985年版，第87頁。所稱「《顏氏家訓》云云」者，以原文已引見上，故略去，以避煩複。下同此。

〔註9〕 盛弘之所撰爲《荊州記》，王氏謂「盛洪（弘）之《晉書》」，亦誤也。

〔註10〕 王觀國《學林》卷4，中華書局1988年版，第118～119頁。

〔註11〕 臧琳《經義雜記》卷18「䮐、黮本沓字」條，收入《續修四庫全書》第172冊，上海古籍出版社2002年版，第179頁。

3.5. 蔣禮鴻曰：「《說文》：『舚，歠也。』他合切，音與噎羹之噎同，蓋即噎之異文。左右互易則為舚。《玉篇》：『舚，大食也。』……舚字舌旁或繁其筆劃，乃有誤為齸與黵者。縱飲誕節，噎羹似之，故謂之舚伯矣。」〔註12〕

3.6. 胡吉宣曰：「據顏說及《廣韻》，是俗別有從重之黵字，義為積厚。羊曼之號自當為黵，曼為人頹縱放誕，正合字從黑之義……簡憲雖號碩學，未必傅精字書，顧所據書悉為梁宮善本，又通達六書，黵從黑，度必非誤。」〔註13〕

4. 宋本《玉篇》「黵」音丑合切〔註14〕，《廣韻》、《龍龕手鑑》作「他合切」，《集韻》有託合切、達合切二音，《類篇》音託合切，《六書故》音達合切，《五音集韻》有吐盍切、徒合切二音，古無舌上音，音皆相轉也。《篆隸萬象名義》卷 21「黵」音勑合反，蓋日本釋空海據《玉篇》音丑合切而改作〔註15〕。「丑合切」蓋方言之音變，「被」字《玉篇》音他活切，《集韻》音徒活反，敦煌寫卷 P.3906《碎金》、《廣韻》、《龍龕手鑑》、《五音集韻》並音丑悅反，是其比也。

5. 「黵」、「舚」二字同音，皆當為「闒」之借音後出字。《說文》：「闒，樓上戶也。」章太炎曰：「今作闒，引申為小戶之稱。」〔註16〕復引申之，則為小、下賤、低劣。《玉篇》：「闒，下意也。」《集韻》：「闒，闒茸，意下。」《文選・報任少卿書》：「在闒茸之中。」《漢紀》卷 14 作「薾茸」。李善注：「闒茸，猥賤也。茸，細毛也。張揖《詁訓》以為『闒，獰劣也。』呂忱《字林》曰：『闒茸，不肖也。』」呂向注：「闒茸，小人不肖之類也。」《增韻》：「黵，猥茸貌。《晉書》：『兗州八伯，太山羊曼為黵伯。』」《常談》引注曰：「舚，猥冗不肖之貌也。」明人楊慎《轉注古音略》卷 5：「舚，唐李揆（常衮）号舚伯，昏憒貌。」〔註17〕《辭源》：「黵伯，稱人頹縱不羈。」《漢語大

〔註12〕蔣禮鴻《義府續貂》，收入《蔣禮鴻集》卷 2，浙江教育出版社 2001 年版，第 19 頁。
〔註13〕胡吉宣《玉篇校釋》，上海古籍出版社 1989 年版，第 4116～4117 頁。
〔註14〕元延祐二年圓沙書院刻本、元至正二十六年南山書院刊本、影澤存堂本、早稻田大學藏和刻本、四部叢刊本《大廣益會玉篇》並同。
〔註15〕呂浩《篆隸萬象名義校釋》未校讀音異文，學林出版社 2007 年版，第 345 頁。
〔註16〕王寧整理《章太炎說文解字授課筆記》，中華書局 2010 年版，第 485 頁。
〔註17〕楊慎《轉注古音略》，收入景印文淵閣《四庫全書》第 239 冊，臺灣商務印書館 1986 年初版，第 401 頁。《新唐書》之《常衮傳》接於《李揆傳》下，故

詞典》同〔註 18〕。斯皆得其誼也。《集韻》:「黯，黑也，《晉書》:『羊曼，州里稱爲黯伯。』」《五音集韻》:「黯，黑色。」《六書故》:「黯，墨也。」《正字通》:「黯，黑甚也。」皆以「黯」從黑旁，因說有「黑」義，臆說無所據也。《中華字海》從《集韻》訓黑〔註 19〕，承其誤說，而不知其非也。字亦借「沓」爲之，《國語・鄭語》:「其民沓貪而忍，不可因也。」韋昭注:「沓，黷也。」又「其民怠沓其君，而未及周德。」韋注:「言民慢黷其君，而未及於忠信。」「沓」爲輕慢、猥賤之義。朱駿聲謂沓叚借爲餂，我舊說謂沓訓貪〔註 20〕，皆非也。《新唐書・奸臣傳》:「敬宗饕沓，遂以女嫁蠻酋馮盎子，多私所聘。」又《王綝傳》:「部中首領沓墨，民詣府訴。」又《盧從史傳》:「從史貪沓猥，所玩悅必遺焉。」「沓墨」即「沓貪」,「沓猥」同義連文。朱起鳳謂沓即貪字訛損，《漢語大字典》、《漢語大詞典》謂沓訓貪〔註 21〕，亦皆非也。「沓」無貪義。

6.「闒」訓意下、下賤，古書常「闒茸」連言，《集韻》即以「闒茸」釋「闒」。《後漢書・公孫瓚傳》:「臣雖闒茸，名非先賢。」李賢注:「闒，猶下也。茸，細也。」《說文》:「茸，草茸茸貌。」本義是草細小之貌，故引申指細毛，復引申之，又指人之猥賤、不肖。《玉篇》:「茸，不肖也。」章太炎曰:「闒爲小戶，茸爲小艸，故並舉以狀微賤也。」〔註 22〕可知「闒茸」乃同義連文也。故又倒言爲「茸闒」，漢蔡邕《再讓高陽侯印綬符策》:「况臣螻蟻，無功德而散怠，茸闒，何以居之？」朱駿聲曰:「或曰闒茸蓋借爲雜宂，或曰借爲狎媟。」又曰:「或曰：茸借爲褻，亦通。茸、褻雙聲。」〔註 23〕朱氏三說皆未得。黃侃曰:「闒，闒茸，借爲墊。」〔註 24〕亦非也。

6.1 「闒茸」亦作「傝㑥」、「搨茸」、「毾㲪」、「毾㲪」、「傝茸」，蔣斧印

楊氏誤「常衮」作「李揆」也。

〔註 18〕《辭源》（縮印本），商務印書館 1988 年版，第 1951 頁。《漢語大詞典》（縮印本），漢語大詞典出版社 1997 年版，第 7697 頁。

〔註 19〕冷玉龍等《中華字海》，中國友誼出版公司 2000 年第 2 版，第 1732 頁。

〔註 20〕朱駿聲《說文通訓定聲》，武漢市古籍書店 1983 年版，第 110 頁。蕭旭《國語校補》，收入《群書校補》，廣陵書社 2011 年版，第 180 頁。

〔註 21〕朱起鳳《辭通》，上海古籍出版社 1982 年版，第 1916 頁。《漢語大字典》（第二版），第 1668 頁。《漢語大詞典》（縮印本），第 3132～3133 頁。

〔註 22〕章太炎《新方言》卷 2，收入《章太炎全集（7）》，上海人民出版社 1999 年版，第 25 頁。

〔註 23〕朱駿聲《說文通訓定聲》，武漢市古籍書店 1983 年版，第 152、60 頁。

〔註 24〕黃侃《說文段注小箋》，收入《說文箋識》，中華書局 2006 年版，第 218 頁。

本《唐韻殘卷》：「傝，傝儑，儜劣。」〔註 25〕《鉅宋廣韻》：「𤷾，不肖也。一曰傝𤷾，劣也。或作搚茸。又作毾毷。」又「傝，傝𤷾，儜劣。」𤷾，古逸叢書覆宋本、四部叢刊巾箱本、覆元泰定本、澤存堂本作「𤶇」，早稻田大學藏本作「𣎴」，符山堂藏板作「㣺」。儜，符山堂藏板、覆元泰定本作「獰」。「𤷾」同「瘩」，「儑」、「𤶇」、「𤷾」、「㣺」、「𣎴」並字之誤也〔註 26〕。《集韻》：「瘩，不肖也，一曰傝瘩，劣也。通作茸。」又「毷，毾毷，猥雜兒，一曰不肖。」《增韻》：「瘩，傝瘩，不肖，亦作『鬭茸』。」《六書故》：「茸，又上聲爲鬭茸之茸，言其鬭鬩猥茸也，與宂、氄通。」宋趙叔向《肯綮錄》：「不肖曰傝儑（瘩），或作鬭茸，或作茸（毾）毷，並音塔冗。」〔註 27〕唐韓琬《御史臺記‧趙仁獎》：「御史倪若水謂楊茂直曰：『此庸漢，妄爲傝茸。』」《續古尊宿語要》卷 6：「傝瘩杜禪和，識情爭卜度。」

6.2. 「鬭茸」又作「鬭茸」、「鬭瘩」，《漢書‧外戚傳》：「嫉妒鬭茸。將安程兮？」顏注：「鬭茸，眾賤之稱也。」《梁書‧賀琛傳》武帝敕責賀琛：「卿珥貂紆組，博問洽聞，不宜同於鬭茸。」《南史》、《通志》卷 142 作「鬭茸」。宋魏仲舉《五百家注昌黎文集》卷 8 唐韓愈《會合聯句》：「休跡憶沉冥，峨冠懃鬭𤶇。」注：「鬭字或作傝，𤶇字或作𤷾。」宋王伯大《別本韓文考異》卷 8 作「鬭瘩」，注：「鬭，或作鬭（？），或作濕。瘩，音冗，祝曰：不肖也，劣也。司馬遷云：『在鬭茸之中。』《楚辭》：『雜班駁與鬭茸。』皆以茸爲瘩。瘩，一作𤶇。」〔註 28〕宋廖瑩中《東雅堂昌黎集註》卷 8 作「鬭𤷾」，宋人文儻《新刊經進詳注昌黎先生文集》卷 8 作「鬭瘩」，宋洪邁《容齋四筆》卷 4 引作「鬭瘩」。「𤶇」、「𤷾」、「瘩」並「瘩」字之誤。《大慧普覺禪師語錄》卷 5：「靈利者葉落知秋，傝𤷾者忠言逆耳。」〔註 29〕傝𤷾，《續古尊宿語要》卷

〔註 25〕 蔣斧印本《唐韻殘卷》，收入周祖謨《唐五代韻書集存》，中華書局 1983 年版，第 717 頁。

〔註 26〕 《廣韻》：「宀，同『冗』」「宀」、「内」形近，故譌作「𤶇」、「𤷾」等形。黃侃、周祖謨、余迺永、趙少咸、蔡夢麒並失校異文，亦未能訂正錯字。黃侃《黃侃手批廣韻》，中華書局 2006 年版，第 624 頁。周祖謨《廣韻校本》，中華書局 2004 年版，第 539 頁。余迺永《新校互注宋本廣韻》，上海辭書出版社 2000 年版，第 537 頁。趙少咸《廣韻疏證》，巴蜀書社 2010 年版，第 3590 頁。蔡夢麒《廣韻校釋》，嶽麓書社 2007 年版，第 1274 頁。

〔註 27〕 趙叔向《肯綮錄》，中國科學院圖書館藏清嘉慶南匯吳氏聽彝堂刻藝海珠塵本。

〔註 28〕 「或作鬭」原文如此，當有誤，景印文淵閣《四庫全書》第 1073 冊，臺灣商務印書館 1986 年初版，第 373 頁。

〔註 29〕 《永樂北藏》本，線裝書局影印，第 156 冊，第 425 頁。

5、《禪林類聚》卷 14 並作「傴𤺄」，《教外別傳》卷 6 作「闒茸」。「𤺄」、「𤸷」並「瘇」字之誤。亦其比也。

6.3.「闒茸」又作「闒冗」、「沓冗」、「傴冗」、「踏冗」、「蹋冗」、「塌冗」，明焦竑《俗書刊誤》卷 8：「踏冗：闒茸，闒瘇。」《群書考索》後集卷 22：「則知漢之久任，固以吏之循良，而姦貪闒冗輩，亦豈容久病民哉？」又《續集》卷 39 作「沓冗」。元張伯淳《送葉亦愚》：「勸君遇事必謹言，吾恐媕阿類傴冗。」明歸有光《送張司訓序》：「蹋冗無能之徒，終身沉淪，而不敢有分外之思。」明馮夢龍《智囊補·明智》：「徐文貞此議，深究季世塌冗之弊。」

7. 傴、碣、蹋、溻、塌、闒、搨、鉈、黯、碏、沓、踏，諸字皆「闒」之同音借字，「蒚」則「闒」之從「茸」類化俗字。求諸音則得，拘於形則惑矣。

顧野王所見《晉書》作「黯」，顏之推所見《晉中興書》作「碏」，皆爲借字。顏之推謂「碏」字是而「黯」字非，王觀國、胡吉宣謂「黯」字是而「碏」字非，各執一偏，胥未得其誼也。王觀國又謂「黯者乃美稱，是八儁之中居一儁」亦非。時人以「八伯」擬古之「八儁」，蓋僅擬其數耳，非必擬其實也。若必謂羊曼爲碏伯是美稱，則阮孚爲誕伯又何說乎？《晉書·阮孚傳》載孚「蓬髮飲酒，不以王務嬰心……終日酣縱，恒爲有司所按」，又言「孚疏放」，故稱阮孚爲誕伯也。是「誕」取放誕不羈爲誼，斷非美稱。羊曼爲碏伯，亦阮孚之倫也。宋李新《謝循資啟》：「困值黯伯，退編逋翁。」又《謝張待制啟》：「則余豈敢進值黯伯，退呼漫郎？」宋孫覿《謝吏部侍郎兼權直學士院表》：「効涓塵之報，庶逃黯伯之譏。」皆用羊曼典，亦可見「黯伯」非美稱。張簡憲呼「碏」爲噎羹之噎，僅擬其音，非訓其義。蔣禮鴻斷「碏」、「黯」爲「碏」之形誤，缺乏證據。吳仁傑謂「碏」同「荅」，臧琳改「碏」作「沓」，皆未得厥誼。

8. 羊曼稱爲「碏伯」者，謂其猥賤低劣，無所作爲也；常袞亦呼爲「碏伯」者，是其遺意，鄙其凡庸、無所建樹也。字或省作「沓伯」，唐蘇鶚《杜陽雜編》卷上：「及常袞爲相，雖賄賂不行，而介僻自專，少於分別，故升降多失其人，或同列進擬稍繁，則謂之沓伯。」《太平廣記》卷 260、《說郛》卷 46 引同，《唐語林》卷 3 作「碏伯」。

（此文刊於《中國文字研究》第 18 輯，2013 年出版）

《廣韻》「壹，輩也」校疏

　　《廣韻·質韻》：「壹，輩也。」《漢語大字典》新、舊二版照鈔，皆解爲「等，同」，引《左傳·昭公十年》「而壹用之」杜預注「壹，同也，同人於畜牲」爲證〔註1〕。這個例子的「壹」是副詞，猶言「一樣、同樣」，是不恰當的。整理《廣韻》諸家，黃侃、周祖謨、趙少咸、余迺永、蔡夢麒等人皆無校說〔註2〕。

　　其實這是《廣韻》的誤錄，《鉅宋廣韻》、符山堂藏板、覆元泰定本、四部叢刊巾箱本、澤存堂本、古逸叢書覆宋重修本皆誤。「壹」當作「臺」，形近而譌〔註3〕；字亦作「儓」。《增修互註禮部韻略》、《五音集韻》、《洪武正韻》

〔註1〕　《漢語大字典》（縮印本），湖北辭書出版社、四川辭書出版社1992年版，第196頁；《漢語大字典》（第二版），崇文書局、四川辭書出版社2010年版，第501頁。

〔註2〕　黃侃《黃侃手批廣韻》，中華書局2006年版，第540頁；沈兼士主編《廣韻聲系》，文字改革出版社1960年版，第139頁；趙少咸《廣韻疏證》，巴蜀書社2010年版，第3238頁；周祖謨《廣韻校本（上）》，中華書局2004年版，第470頁；余迺永《新校互注宋本廣韻》，上海辭書出版社2000年版，第468頁；蔡夢麒《廣韻校釋》，嶽麓書社2007年版，第1085頁。

〔註3〕　中華本《史記·蘇秦列傳》《索隱》：「樂壹注《鬼谷子書》。」同文書局石印本作「樂臺」；日人瀧川資言《史記會注考證》本《索隱》亦作「樂臺」，又引《正義》佚文云：「《七錄》有蘇秦書，樂壹注云：『秦欲神祕其道，故假名鬼谷也。』《鬼谷子》三卷，樂壹注。樂壹字正，魯郡人。」水澤利忠《校補》指出「臺」字耿、彭等本作「壹」。《意林》卷2、《舊唐書·經籍志》、《新唐書·藝文志》、《通志》卷68、《子略》卷3、《事物紀原》卷2、《玉海》卷79並謂「樂臺」注《鬼谷子》。「壹」、「臺」形近，古代人的名、字相應，以其「字正」考之，「壹」字當是。《廣韻》：「壹，醇也。」「壹」爲專一、不雜義，故引申爲醇正。《隋書·經籍志三》：「《鬼谷子》三卷，樂一注。」「一」同「壹」。

皆承《廣韻》之誤，《增修校正押韻釋疑》、《古今韻會舉要》則刪去「輩也」之訓，蓋已疑其說。

《方言》卷 2：「臺、敵，匹也。東齊海岱之閒曰臺，自關而西秦晉之閒物力同者謂之臺敵。」戴震曰：「《爾雅·釋詁》：『敵，匹也，當也。』《廣雅》：『敵、儓，當也。匹、臺、敵，輩也。』義皆相因，臺、儓蓋通用。」〔註4〕《慧琳音義》卷 47、49、62、63 四引《方言》，皆作「同力者謂之敵」。華學誠曰：「蓋慧琳所見《方言》已脫『臺』字，或《方言》此句本無『臺』字，或宋本《方言》『敵』上『臺』下脫『或謂之』數字，無從徵考，存疑待質……『臺敵』連文難以索解，此處定有譌舛。」〔註5〕華說有可議者，尋《紺珠集》卷 8、《說郛》卷 11 引皆同今本作「臺敵」，慧琳所引，只爲解釋「怨敵」、「勍敵」、「斷敵」、「扞敵」詞條中的「敵」字，故刪去「臺」字。佛經《音義》書引小學類書，多有以意增刪以就己意者，不是嚴格的引用，不足盡信。「東齊海岱之閒曰臺」者，單用「臺」字；「自關而西秦晉之閒物力同者謂之臺敵」者，複用「臺敵」成詞，其義一也。

《廣雅·釋詁一》：「同、儕、等、匹、臺、敵，輩也。」王念孫曰：「臺之言相等也。故斗魁下六星，兩兩而比者，曰三台。台與臺同義。」并引《方言》以證之。錢大昭亦引《方言》以證〔註6〕。朱駿聲謂「臺」是「侍」字之借〔註7〕，非也。

《廣雅·釋詁三》：「敵、儓、對，當也。」王念孫曰：「儓者，《方言》：『臺，匹也。東齊海岱之閒曰臺，自關而西秦晉之閒物力同者謂之臺〔敵〕。』〔註8〕亦相當之意也。臺與儓通。」錢大昭曰：「儓者，上文釋臺敵爲輩，故又爲當也。」〔註9〕

此其譌誤之例。瀧川資言《史記會注考證》（附水澤利忠《史記會注考證校補》），上海古籍出版社 1986 年版，第 1362、1378 頁。

〔註4〕 戴震《方言疏證》，收入《戴震全集（5）》，清華大學出版社 1997 年版，第 2323～2324 頁。「匹也」原譌作「延也」，各家皆從戴校。

〔註5〕 華學誠《〈揚雄方言〉校釋匯證》，中華書局 2006 年版，第 126～127 頁。華說又見《揚雄〈方言〉校釋論稿》，高等教育出版社 2011 年版，第 237 頁。

〔註6〕 王念孫《廣雅疏證》，錢大昭《廣雅疏義》，並收入徐復主編《廣雅詁林》，江蘇古籍出版社 1992 年版，第 55 頁。

〔註7〕 朱駿聲《說文通訓定聲》，武漢市古籍書店 1983 年版，第 193 頁。

〔註8〕 王氏引用，以意刪去「敵」字。

〔註9〕 王念孫《廣雅疏證》，錢大昭《廣雅疏義》，並收入徐復主編《廣雅詁林》，江

「臺（儓）」訓匹、輩、當，皆取「相當」、「對等」爲義。《廣雅・釋言》：「臺，支也。」王念孫曰：「《方言》：『臺，支也。』《釋名》：『臺，持也。築土堅高，能自勝持也。』持與支同義。」〔註10〕《方言》見卷13，錢繹曰：「前卷二云：『臺，匹也。』《廣雅》：『儓，當也。』儓與臺同義，亦與支相近。」〔註11〕「支持」與「相當」義相因，即《釋名》「勝持」之義。

「臺（儓）」即「等」之借字。《說文》：「等，齊簡也。」引申之，即爲「齊同」、「齊等」義；復引申之，即有「輩類」之義。《玉篇》：「等，都肯、都怠二切，類也，輩也。」《廣韻》：「等，多改切，齊也，又多肯切。」其音都怠切、多改切者，與「臺」音相轉。董同龢《上古音韻表稿》「臺」音〖d'ə̂g〗〔註12〕，與「等」同音。章太炎曰：「《方言》：『臺，匹也。』《廣雅》：『臺，輩也。』蘄州謂我輩曰我臺，爾輩曰你臺，臺本借爲等字（等古音如待，與臺俱在之咍部）。《漢書・張良傳》曰：『今諸將皆陛下故等夷。』《急就章》曰：『豫飾刻畫無等雙。』是等亦訓匹訓輩。今書之紙帛者曰爾等、我等，皆從《廣韻》作多肯切矣。惟別語言臺，今不違古。匹、輩引伸，《方言》云：『物力同者謂之臺〔敵〕。』〔註13〕又云：『臺，支也。』今通謂同力舉物曰臺，臺亦持也（同從之聲）。《淮南・俶眞訓》：『臺簡以游太清。』注：『臺，猶持也。』」〔註14〕同力舉物之「臺」，俗作「擡」。俗言「擡扛」者，《說文》：「扛，橫關對舉也。」「擡」、「扛」同義連文，引申即爲言語之爭辯、頂撞。

蘇古籍出版社1992年版，第223頁。

〔註10〕王念孫《廣雅疏證》，收入徐復主編《廣雅詁林》，江蘇古籍出版社1992年版，第422頁。

〔註11〕錢繹《方言箋疏》，上海古籍出版社1984年版，第761頁。

〔註12〕董同龢《上古音韻表稿》，中央研究院歷史語言研究所1944年石印出版，第123頁。此承趙家棟博士檢示。

〔註13〕章氏引用，亦以意刪去「敵」字。

〔註14〕章太炎《新方言》卷2，收入《章太炎全集（7）》，上海人民出版社1999年版，第60頁。章氏所引《淮南子》的「臺」字，俞樾、金其源皆引《釋名》以證高注；惠士奇、錢坫、段玉裁、朱駿聲、呂傳元則皆以爲是「握」的古字「臺」之譌；何寧則從葉德炯説，謂古「握」、「臺」均從至得聲，本爲一字。惠士奇《易説》，收入阮元《皇清經解》卷211，上海書店1988年版，第2冊，第16頁。朱駿聲《説文通訓定聲》，武漢市古籍書店1983年版，第193頁。其餘各説皆轉引自張雙棣《淮南子校釋》，北京大學出版社1997年版，第170～171頁；又轉引自何寧《淮南子集釋》，中華書局1998年版，第114頁。

字亦借「待」爲之。《國語・周語中》：「其何以待之？」又《晉語八》：「厚戒箴國以待之。」上二例，韋昭注並曰：「待，猶備也。」又《楚語下》：「其獨何力以待之？」又《魯語下》：「其誰云待之？」上二例，韋昭注並曰：「待，猶禦也。」「待」訓備、禦，即「敵當」、「抵禦」之義，與《廣雅》「敵、儓，當也」相合。《易・繫辭下》：「上古穴居而野處，後世聖人易之以宮室，上棟下宇，以待風雨。」「待」亦抵禦之義。《文選・魏都賦》李善注引《周易》作「避」，又《魯靈光殿賦》李善注引作「庇」，皆以意改之，非其舊文也。考《新語・道基》：「於是黃帝乃伐木構材，築作宮室，上棟下宇，以避風雨。」《淮南子・氾論篇》：「聖人乃作爲之築土構木，以爲宮室，上棟下宇，以蔽風雨，以避寒暑，百姓安之。」《風俗通義・五帝》：「上棟下宇，以避風雨。」是二漢人已多以意改之矣。

字亦借「特」、「直」爲之。《詩・柏舟》：「髧彼兩髦，實維我特。」毛傳：「特，匹也。」《釋文》：「特，匹也，《韓詩》作『直』，云：『相當值也。』」「當值」即「匹偶」之誼。惠棟曰：「直猶犆也。」〔註15〕「犆」即「特」異體，是「獨特」義，惠說非也。范家相曰：「韓云當值，猶云遭此閔凶耳。」〔註16〕范氏以「遭」說之，亦非也。宋人呂祖謙、段昌武並引朱子曰：「特有孤特之義，而以爲匹者，古人用字多如此，猶治之謂亂也。」〔註17〕朱熹以反訓說之，未得通假之指。馬瑞辰曰：「特訓獨又訓匹者，猶介爲特又爲副，乘爲一又爲二、爲四，匹爲一又爲雙、爲偶，皆以相反爲義也。」〔註18〕胡承珙曰：「反言之，則孤特者必有偶，故又爲匹偶之稱。」〔註19〕皆本朱子之誤說也。朱駿聲謂「臺」是「特」字之借〔註20〕，傎矣。蔣禮鴻曰：「臺、敵、對、特、當等音皆舌頭，有齊等抗匹之義。」〔註21〕斯爲得之。

〔註15〕惠棟《九經古義》卷5《毛詩古義》，收入《叢書集成初編》第254冊，中華書局1985年影印，第52頁。

〔註16〕范家相《三家詩拾遺》卷4，收入《叢書集成初編》第1744冊，中華書局1985年影印，第58頁。

〔註17〕呂祖謙《呂氏家塾讀詩記》卷5，段昌武《毛詩集解》卷4，分別收入景印文淵閣《四庫全書》第73、74冊，臺灣商務印書館1986年初版，第387、516頁。今朱熹《詩經集傳》無此語。

〔註18〕馬瑞辰《毛詩傳箋通釋》，中華書局1989年版，第166頁。

〔註19〕胡承珙《毛詩後箋》，黃山書社1999年版，第234頁。

〔註20〕朱駿聲《說文通訓定聲》，武漢市古籍書店1983年版，第193頁。

〔註21〕蔣禮鴻《義府續貂》，收入《蔣禮鴻集》卷2，浙江教育出版社2001年版，第90頁。

《龍龕手鑑》「鉫」字考

1. 《龍龕手鑑》：「鉫，尼主、而遇二反。」〔註1〕《改併五音類聚四聲篇海》：「鉫，冗主、而遇二切。」〔註2〕《篇海類編》：「鉫，冗主切，音汝，又而遇切。」〔註3〕《康熙字典》列入《備考》〔註4〕，《中文大辭典》、《漢語大字典》皆云「義未詳」〔註5〕。有音無義，陳飛龍、鄭賢章二氏之《〈龍龕手鏡〉研究》皆未考〔註6〕。「鉫」字其義不明，要得知它的意義，須從考察同源字入手。

2. 我們先考查從「如」得聲之字的詞義。

2.1. 《說文》：「如，從隨也。」即順從之義。

2.2. 《說文》：「帤，一曰幣巾。」段注：「幣當爲敝，字之誤也。」〔註7〕《六書故》引正作「敝巾」。《繫傳》：「臣鍇按：《易》曰：『濡有衣帤。』又道家《黃庭經》曰：『人間紛紛臭如帤。』皆以塞舟漏孔之故帛也，故以喻煩臭。」

〔註1〕 釋行均《龍龕手鏡》（高麗版影遼刻本），中華書局 1985 年影印，第 16 頁。

〔註2〕 韓道昭《改併五音類聚四聲篇海》，收入《續修四庫全書》第 229 冊影印明成化刻本，上海古籍出版社 1996 年版，第 262 頁。

〔註3〕 宋濂編《篇海類編》，收入《續修四庫全書》第 230 冊，上海古籍出版社 2002年版，第 189 頁。

〔註4〕 《康熙字典》，收入景印文淵閣《四庫全書》第 231 冊，臺灣商務印書館 1986年初版，第 672 頁。

〔註5〕 《中文大辭典》，華岡出版有限公司出版 1979 年版，第 15002 頁。《漢語大字典》（第二版），崇文書局、四川辭書出版社 2010 年版，第 4526 頁。

〔註6〕 陳飛龍《〈龍龕手鑑〉研究》，文史哲出版社 1974 年初版。鄭賢章《〈龍龕手鏡〉研究》，湖南師範大學出版社 2004 年版。

〔註7〕 段玉裁《說文解字注》，上海古籍出版社 1981 年版，第 357 頁。

（1）《繫傳》所引《易》見《既濟》：「濡有衣袽。」《釋文》：「袽，王肅音如，《說文》作絮，《廣雅》云：『絮，塞也。』子夏作茹，京作絮。」馬王堆帛書本《周易》作「茹」，與子夏本同。《集解》引虞翻曰：「袽，敗衣也。」盧文弨曰：「絮，舊本作絮，案《說文》作絮，今從改補。」〔註8〕黃焯校云：「絮，宋本同，盧依《說文》改作絮，下『絮塞』同。」〔註9〕盧改非也，《周禮·夏官·司馬》、《考工記·弓人》鄭玄注二引《周易》，並作「絮」字，與京房本同。《考工記》《釋文》：「絮，本亦作帤，《周易》作袽。」毛奇齡曰：「敝絮名袽……若夫袽、絮、帤同音，同是敗絮塞舟漏之物，故徐鍇云『帛臭』。臭者，敗也。《黃庭經》云：『人間紛紛臭如帤。』亦指臭敗。」〔註10〕

（2）《繫傳》所引《黃庭經》，《雲笈七籤》卷12、宋陳田夫《南嶽總勝集》卷下《敘唐宋得道異人高僧》亦引之，《雲笈七籤》有注：「帤，弊惡之帛也。」宋·宋祁《七不堪詩》：「六不堪，不樂俗人共，聒聒沸蝸集。紛紛臭帑眾，怒遷多市色，禮煩方聚訟。」「帑」當作「帤」。

2.3. 《說文》：「絮，敝緜也。」又「絮，一曰敝絮也。《易》曰：『需有衣絮。』」又「袈，弊衣。」段注：「敝，各本作弊，誤。今正。袽者敝衣，帤者敝巾，絮者敝絮。各依所從而解之……晁說之曰：『袽又作袈。』玉裁謂：袽、袈皆袈之誤字耳。」〔註11〕考《廣韻》：「袈，衣敝。」「袈」同「袽」。絮、袈，當以作絮、袈為正，字從如得聲，非從奴得聲，《周易》《釋文》引《說文》正從如作絮字。《說文》誤收錯誤字形「袈」、「絮」。段氏謂「袽、袈皆袈之誤字」，黃侃謂「『絮』同『絮』」〔註12〕，皆非也。1922年《福建新通志》：「敝衣曰袈。」〔註13〕「袈」亦當作「袈」。可知此義猶存於近代閩語也。

2.4. 《說文》：「恕，仁也。」仁愛者，當取和弱為誼。《集韻》：「忞，度

〔註8〕 盧文弨《經典釋文考證》，收入《續修四庫全書》第180冊，上海古籍出版社2002年版，第197頁。

〔註9〕 黃焯《經典釋文彙校》，中華書局2006年版，第58頁。

〔註10〕 毛奇齡《仲氏易》卷26，收入阮元《清經解》第1冊，鳳凰出版社2005年版，第962頁。

〔註11〕 段玉裁《說文解字注》，上海古籍出版社1981年版，第395頁。

〔註12〕 黃侃《說文同文》，收入《說文箋識》，中華書局2006年版，第94頁。

〔註13〕 《福建新通志》，轉引自許寶華、宮田一郎《漢語方言大詞典》，中華書局1999年版，第5854頁。

也。」「忞」是個死字，他書未見。「忞」當從心如省聲，即「恕」俗字。《尸子・恕》：「恕者，以身爲度者也。己所不欲，毋加諸人。惡諸人，則去諸己；欲諸人，則求諸己。此恕也。」《文選・養生論》李善注引《聲類》：「恕，人心度物也。」

2.5. 《呂氏春秋・功名》：「以菇魚去蠅，蠅愈至。」高誘注：「菇，讀菇船漏之菇字。菇，臭也。」《文選・魏都賦》：「神崈形菇。」李善注：「菇，臭敗之義也。」呂向注：「物之自死曰菇。」《玄應音義》卷 13：「臭菇：案菇亦臭也。今謂腰敗爲菇也。」《廣韻》：「菇，臭也。」趙少咸《疏證》舉高誘、李善注爲證〔註14〕。《楚辭・離騷》：「攬菇蕙以掩涕兮，霑余襟之浪浪。」《文選・離騷》呂延濟注：「菇，臭也。」黃靈庚曰：「菇蕙，謂萎絕之芳草。」〔註15〕二氏說是。菇蕙，言臭敗之蕙也〔註16〕。「菇」訓敝敗、物之自死，敝敗斯臭矣，二義相因也，故高誘、李善訓「臭」也。《呂氏》高注「菇，讀菇船漏之菇字」，是高氏所見本亦同子夏作「菇」也。高注「菇船漏」者，謂以破布塞漏船之空隙也。塞漏船空隙之物，亦可用竹屑、竹皮，其專字作「筎」。《玉篇》：「筎，竹筎，以塞舟。」《集韻》：「筎，刮取竹皮爲筎。」《六書故》：「筎，刮取竹青也。」《備急千金要方》卷 12 有藥物「青竹筎」，又卷 16 有「生竹筎」，皆指竹皮。李實《蜀語》：「竹屑以塞舟曰筎，筎音如，『洳』仝。木桶盆亦曰筎。」〔註17〕下句謂以竹屑塞木桶盆亦曰筎，《漢

〔註14〕趙少咸《廣韻疏證》，巴蜀書社 2010 年版，第 1604 頁。
〔註15〕黃靈庚《楚辭章句疏證》，中華書局 2007 年版，第 318 頁。
〔註16〕王逸注：「菇，柔慄也。」朱子《集注》同。吳仁傑曰：「周少隱云：『菇之爲食也……此言菇蕙猶言食秋菊耳。』仁傑按：菇，香草名也。」錢杲之曰：「菇，猶藏也、納也。」汪瑗曰：「菇、蕙，二草名。」徐文靖曰：「按：《易・泰》初〔九〕云：『拔茅連茹。』王弼曰：『茹，相牽引貌。』程傳曰：『茹，根之相連者。』菇蕙，謂以連根之蕙而拭涕。連根則蕙多，乃以之拭涕，而涕尤多，故復霑衣襟而浪浪也……菇無柔奠之訓。」王闓運曰：「菇，萌也。」朱季海、姜亮夫並據晉灼所引訂作「菇蕙」，菇即荷字。胥未得也。吳仁傑《離騷草木疏》卷 2，收入《叢書集成新編》第 44 冊，新文豐出版公司 1985 年版，第 14 頁。錢杲之《離騷集傳》，收入《叢書集成新編》第 58 冊，第 577 頁。汪瑗《楚辭集解》，北京古籍出版社 1994 年版，第 68 頁。徐文靖《管城碩記》卷 14，中華書局 1998 年版，第 254 頁。王闓運《楚辭釋》，收入《續修四庫全書》第 1302 冊，上海古籍出版社 2002 年版，第 622 頁。朱季海《楚辭解故》，上海古籍出版社 1980 年版，第 52 頁。姜亮夫《楚辭通故》，收入《姜亮夫全集》卷 3，雲南人民出版社 2002 年版，第 425 頁。
〔註17〕李實《蜀語》，收入《叢書集成初編》第 1182 冊，中華書局 1985 年影印，第

語方言大詞典》誤讀之，竟謂「笝」有「木桶盆」義，不思之甚也〔註18〕。《魏書·食貨志》：「又其造船之處，皆須鋸材人功，並削船茹，依功多少，即給當州郡門兵，不假更召。」此所削之茹，即笝，竹皮也。《會稽志》卷17：「會稽往歲販羊臨安，渡浙江，置羊艎版下，羊齧船茹，舟漏而沈溺者甚眾。」羊所齧之茹，不是破布，就是竹皮。「茹」、「笝」皆指破布、竹皮，用來堵塞船漏，作動詞用，以破布、竹皮堵塞孔洞亦謂之茹、笝。名詞、動詞，其義相因也。《廣雅》：「絮，塞也。」王念孫曰：「絮，各本訛作絮。《既濟》《釋文》云：『袽，《說文》作絮，《廣雅》云：『絮，塞也。』子夏作茹，京房作絮。』今據以訂正。」〔註19〕「絮」字不誤，王說非是。《周易》《釋文》引《說文》、《廣雅》並作「絮」字，王氏所據本誤。《齊民要術》卷7：「及下釀，則茹甕。」又「冬釀者，必須厚茹甕，覆蓋。」又「十月初凍，尚煖，未須茹甕；十一月、十二月，須黍穰茹之。」又卷9：「小開腹，去五臟，又淨洗，以茅茹腹令滿。」黃生曰：「按：茹者，以物擁覆取煖之名。字書茹字無此義。《禮·樂記》：『煦嫗覆育萬物。』注：『以氣曰煦，以體曰嫗。』當用此嫗字。」黃承吉曰：「此正各條所云『凡同聲之字皆同義』，故茹之義即是嫗，古不必定書嫗。」〔註20〕黃氏以「嫗」為正字，非也。繆啓愉曰：「茹，《要術》中特用詞，作『包』、『裹』解釋。字書未載此義。高誘注《呂氏春秋·功名》的『茹』說：『茹，讀茹船漏之茹字。』字亦作袽，王弼注《易經·既濟》的『衣袽』說：『衣袽，所以塞舟漏也。』由塞這一義引申為外面包裹，就是『茹甕』。」〔註21〕繆氏釋義是也，而謂「字書未載此義」，則拘於字形，失檢《廣雅》「絮，塞也」之訓。《唐律疏義》卷27：「茹船，謂茹塞船縫。」蘇軾《杜處士傳》：「船破須笝，酒成於麴。」二例亦塞義。

  2.6. 《韓子·亡徵》：「緩心而無成，柔茹而寡斷。」《廣雅》：「茹，柔也。」太田方曰：「《字彙》『奆』字云：『楊升庵曰：「古篆頓硬之頓，畏儒

25 頁。

〔註18〕 參見許寶華、宮田一郎《漢語方言大詞典》，中華書局 1999 年版，第 6199 頁。

〔註19〕 王念孫《廣雅疏證》，收入徐復主編《廣雅詁林》，江蘇古籍出版社 1992 年版，第 199 頁。

〔註20〕 黃生《義府》卷下，黃生、黃承吉《字詁義府合按》，中華書局 1954 年版，第 207 頁。

〔註21〕 繆啓愉《齊民要術校釋》，農業出版社出版 1998 年版，第 494 頁。

之懦，老嫩之嫩皆作耎。」然是『茹』字與此數字一義也。」唐敬杲曰：「茹、懦古通用。」〔註22〕陳奇猷曰：「《離騷》王逸注：『茹，柔垠也。』蓋茹即懦之叚字。」〔註23〕「耎」、「需」皆從而得聲，而、如一聲之轉，各換聲符以製字，其實一也。從「耎」、「需」得聲之字，多爲軟弱、柔弱之義，無煩舉證也。《詩·民勞》：「柔遠能邇。」鄭氏曰：「能，猶伽也。順伽其近者。」能、如一聲之轉，「如」字本爲柔順之義。

2.7. 《淮南子·說山篇》：「故桑葉落而長年悲也。」高誘注：「桑葉時既茹落，長年懼命盡，故感而悲也。」于省吾、馬宗霍並引《呂氏春秋·功名》、《文選·魏都賦》注，謂茹落猶敗落〔註24〕。二氏說是。吳承仕謂「茹」爲「苑」字之誤，訓枯病〔註25〕，得其義，而未得其字。

2.8. 《方言》卷2：「敊，黏也。」訓黏者，當指爛、熟如糊漿，故有黏連之義。「敊」字從黍如省聲。

2.9. 《玉篇》：「朒，魚敗。」又「婑，魚敗也。」《廣韻》：「朒，魚不鮮。」《集韻》：「朒，肉敗曰朒。」胡吉宣謂「婑，字本作朒，從女聲，此變從女肉聲，形誼俱乖」，是也；但胡氏又謂「朒」、「婑」爲「胅」俗字〔註26〕，則非也。《福建通志》卷67載南宋阮元齡乾道元年作《愬旱魃文》：「流泉石之淵淵，窘蛟龍而就朒。」有注：「朒，音汝，魚不鮮也。」「朒」、「婑」並從肉如省聲，《玉篇》同音而煮切，當即一字。《玉篇》「朒」入肉部，而「婑」入女部，後者非是。「婑」字亦當歸於肉部。《玉篇》：「栮，臭草也。」臭草，言臭敗之草，非專名。《廣韻》：「臑，煮熟。胹，上同。胹，亦同。」又「胹，丸之熟也。」「熟爛」之義，與「敗」、「不鮮」義相因也。《賈子·道術》：「行善決苑謂之清，反清爲敊。」「敊」亦敗壞之義，當即「朒」異體字。別本作「敩」則形誤，又作「濁」則爲臆改。

2.10. 《玉篇》：「痴，痴病也。」《集韻》：「痴，病也。」今西南官話猶稱一種脹、麻、痛綜合症爲痴〔註27〕。字或作瘷，《玉篇》：「瘷，瘷病也。」

〔註22〕二說並轉引自張覺《韓非子校疏》，上海古籍出版社2010年出版，第284頁。
〔註23〕陳奇猷《韓非子新校注》，上海古籍出版社2000年版，第306頁。
〔註24〕于省吾《淮南子新證》，收入《雙劍誃諸子新證》，上海書店1999年版，第429頁。馬宗霍《淮南舊注參正》，齊魯書社1984年版，第345頁。
〔註25〕吳承仕《淮南舊注校理》，北京師範大學出版社1985年版，第101頁。
〔註26〕胡吉宣《玉篇校釋》，上海古籍出版社1989年版，第660、1534頁。
〔註27〕參見許寶華、宮田一郎《漢語方言大詞典》，中華書局1999年版，第5726頁。

字或作疒，《廣雅》：「疒，病也。」《廣韻》：「疒，病也，見《尸子》。」字或作痴，《玉篇》：「痴，病也。」《集韻》：「痴，病也，一曰僂劣。」胡吉宣曰：「痴，疑與疒、痴及瘴等同，儜弱病也。」〔註28〕胡氏說是，古如、乃、而一聲之轉也，亦各換聲符以製字，其實一也。

2.11. 《玉篇》：「籹，粔籹。餈，同上，俗。」〔註29〕《楚辭‧招魂》：「粔籹蜜餌。」王逸注：「言以蜜和米麵，熬煎作粔籹，搗黍作餌。」洪興祖注：「粔籹，蜜餌也，吳謂之膏環。」《御覽》卷860引《通俗文》：「干緰者謂之粔籹。」《慧琳音義》卷34：「粔餈，《蒼頡篇》：『粔餈，餅餌者也，江南呼爲膏糫。』《字苑》：『粔餈，膏糫果也。』」此卷爲《金色王經》卷1《音義》，檢經文作「油脂粔籹」。「粔籹」蓋謂熬煎爛熟所作之乾食也。籹之義取爛熟。「籹」從米，「如」省聲，故《玄應音義》卷5引《蒼頡篇》、《玉篇》、《集韻》或字即作「餈」。馬王堆漢墓竹簡《遣策》作「居女」，借音字也〔註30〕。黃侃曰：「粔，本作麩，或作秬。籹，本作茹。」黃焯曰：「《說文》：『麩，麥乾䴰也。』故知粔本作麩也。秬，《說文》：『黑黍也。』故秬亦可作粔也。茹，《方言》訓食，其語則由乳來，是籹本作茹也。」〔註31〕黃侃謂本作「秬茹」是也，黃焯引《方言》則非是。《爾雅》：「秬，黑黍。」《釋文》：「秬，或作粔字。」鈕樹玉曰：「粔籹，疑古作『臣黍』。《御覽》卷860引《通俗文》曰：『寒具謂之餲。』是於粔義有合。古『具』與『巨』通，故疑古作『巨』，後人加米旁。」〔註32〕其說非也。

3. 從「如」得聲之字，多有爛、熟之義，引申之，一則爲敝敗之義，一則爲軟弱、柔順之義。由敝敗再引申之，則爲臭腐之義。草木之腐敗爲茹、秱，故字從艸從禾；魚、肉之腐敗爲朊、胸，故字從肉（月）；敝衣爲袽、袈，故字從衣；敝巾爲帤，故字從巾；敝縣爲絮，故字從糸；破敝之竹皮竹屑爲笝，故字從竹；食物爛熟後製成的乾食爲粔籹（餈），故字從米；柔弱、柔順之義爲如、茹、伽；其義皆一也。物之敝敗，固其病也，故專字從疒作痴。

〔註28〕 胡吉宣《玉篇校釋》，上海古籍出版社1989年版，第2273頁。
〔註29〕 《龍龕手鑑》以「餈」爲正字，與《玉篇》相反。
〔註30〕 參見黃靈庚《楚辭與簡帛文獻》，人民出版社2011年出版，第26、346頁。
〔註31〕 黃侃《說文新附考原》，收入《說文箋識》，中華書局2006年版，第264～265頁。
〔註32〕 鈕樹玉《說文新附考》卷3，收入《續修四庫全書》第213冊，上海古籍出版社2002年版，第119頁。

以同源字考之，「鉰」字從金，當指金屬之軟化、融化也。本字當爲鍒，《說文》：「鍒，鐵之耎也。」即指熟鐵。字或作鑐、濡〔註33〕，《集韻》：「鑐，金鐵銷而可流者，通作濡。」又「鍒，或作鑐。」

4. 「鉰」字在文獻中僅檢得一例。高麗本《賢愚經》卷4：「寒地獄中，受罪之人，身肉冰燥，如燋豆散，腦髓白爆，頭骨碎破，百千萬分，身骨劈裂，如炰箭鉰。」據《校記》，「炰」一作「剖」，「鉰」一作「鉫」〔註34〕；據《大正藏校勘記》（cbeta），宋、元本作「如剖箭鉫」，明本作「如剖箭栝」；金藏廣勝寺本作「如刨箭鉰」〔註35〕。這一例「鉰」當爲「鉫」形誤，金藏廣勝寺本不誤。景宋本及高麗本《龍龕手鑑》、《改併五音類聚四聲篇海》並云：「鉫，音加，又古荷反。」四庫全書本《龍龕手鑑》作「鉫，音加，又古禾反」。皆失載其義，《康熙字典》亦列入《備考》〔註36〕。鉫音加者，是「枷」俗字〔註37〕。鉫音古荷、古禾反者，當是「筜」之俗字。箭筜，箭幹也。明本作「箭栝」者，蓋不得其字而臆改。《儀禮·鄉射禮》《釋文》：「三筜：劉古可反，矢幹也。《字林》云：『箭筜也。』」《廣韻》：「筜，古旱切，箭筜，又音哿。」又「筜，古我切，箭莖，又公旱切。」《集韻》：「筜，下可切，箭幹。」古音從可從加多通〔註38〕，《廣韻》筜音哿，尤爲顯證。「炰」當作「炰」，同「炮」。「剖」爲「刨」形誤。金藏廣勝寺本作「刨」，刨亦炮借字。《廣韻》：「炮，灼貌。」《集韻》：「炮，灼也。」古人製作箭幹，須烤燒烘乾材質，使之乾燥堅硬也。

〔註33〕《集韻》：「菜，香菜，菜名，或作蒩。」亦其比。

〔註34〕 高麗本《賢愚經》，收入《大正新修大藏經》第4冊，新文豐出版有限公司1983年印行，第378頁。

〔註35〕 金藏廣勝寺本《賢愚經》，收入《中華大藏經》（漢文部分）第51冊，中華書局1996年版，第57頁。

〔註36〕 景宋本《龍龕手鏡》，收入《四部叢刊》續編經部，第5頁。高麗本《龍龕手鏡》，中華書局1985年影印，第11頁。《改併五音類聚四聲篇海》，收入《續修四庫全書》第229冊影印明成化刻本，上海古籍出版社1996年版，第262頁。四庫本《龍龕手鑑》，收入景印文淵閣《四庫全書》第226冊，臺灣商務印書館1986年初版，第651頁。《康熙字典》，收入景印文淵閣《四庫全書》第231冊，第672頁。

〔註37〕《心性罪福因緣集》卷3：「或云鉫鑠繫縛手足。」《大方廣華嚴十惡品經》卷1：「鐵鉫鐵鈕鐵銜鐵鋑。」是「鉫」即「枷」。《大方廣華嚴十惡品經》卷1：「鐵枷、鐵鈕、鐵銜、鐵鋑。」正作「枷」字。

〔註38〕 參見張儒、劉毓慶《漢字通用聲素研究》，山西古籍出版社2002年版，第163～164頁。

三餘讀書雜記

《國語》「僬僥」語源考

1. 《國語・魯語下》：「僬僥氏長三尺，短之至也。」《史記・孔子世家》、《說苑・辨物》同。韋昭注：「僬僥，西南蠻之別名。」

「僬僥」亦作「焦僥」，《國語》之文，《山海經・大荒東經》郭注、《古文苑》卷 7《短人賦》章樵注引作「焦僥」，《家語・辨物》亦作「焦僥」，《御覽》卷 378 引《家語》作「僬僥」。《山海經・海外南經》：「周饒國在其東，其為人短小，冠帶。一曰焦僥國，在三首東。」郭璞注：「《外傳》云：『焦僥民（氏）長三尺，短之至也。《詩含神霧》曰：『從中州以東西四十萬里，得焦僥國，人長尺五寸也。』」《玉篇》「僥」字條引正文及郭注「焦僥」並作「僬僥」，又引「民」作「氏」。《後漢書・明帝紀》李賢注引「周饒」作「周僥」，「焦僥」作「僬僥」。《申鑒・俗嫌》注引正文及郭注亦作「僬僥」。郭注所引《外傳》，指《春秋外傳》，即《國語》也。《山海經・大荒南經》：「有小人，名曰焦僥之國，幾姓，嘉穀是食。」《申鑒・俗嫌》注引作「僬僥」。《說文》：「僥，南方有焦僥人，長三尺，短之極。」又「羌，西南僰人僬僥。」《廣雅》：「睍頌（䀹）、籧篨、侏儒、僬僥、痙瘲、僮昏、聾瞶、矇瞍，八疾也。」《廣韻》：「僬僥，國名，人長一尺五寸，一云三尺。」《列子・湯問》：「從中州以東四十萬里，得僬僥國，人長一尺五寸。」《類聚》卷 11 引《帝王世紀》：「焦僥氏來貢沒羽。」《御覽》卷 80 引作「僬僥」。汪遠孫曰：「段氏玉裁曰：『氏當是民之誤。』段說非也。僬當依《說文》、《山海經》、《淮南子》作焦，傳寫者誤涉僥字加人旁。」〔註1〕汪駁段說，是也；黃丕烈從段說〔註2〕，失之。

〔註1〕 汪遠孫《國語發正》，收入王先謙《清經解續編》，鳳凰出版集團 2005 年版，第 3095 頁。

汪氏又謂「僬當作焦」，則亦拘矣。《左傳·文公十一年》孔疏、《後漢書·明帝紀》李賢注、《初學記》卷 19、《法苑珠林》卷 8、《御覽》卷 612 引《國語》並作「僬僥」。《晉語四》亦作「焦」字，《說文》「羌」字條、《廣雅》、《廣韻》、《家語》、《史記》、《說苑》、《列子》並作「焦」字。王念孫曰：「焦，與僬通。『僬僥』、『周饒』聲相近。」〔註3〕朱起鳳曰：「饒、僥音相近，周、僬雙聲，故通叚。」〔註4〕徐復曰：「按『周饒』即『僬僥』，古音周、焦聲近，又同在幽部。」〔註5〕斯皆通人之言也。

字亦作「憔僥」，《酉陽雜俎》卷 10：「李章武有人臘，長三尺餘，頭項骨筋成就，云是憔僥國人。」《紺珠集》卷 6、《太平廣記》卷 480 引作「僬僥」。

郝懿行曰：「『周饒』亦『僬僥』，聲之轉。又聲轉為『朱儒』。民當為氏字之訛。郭注『西』字蓋衍文。」〔註6〕章太炎亦云：「銅音變為鉢、為朱，猶『侏儒』為『周饒』矣。」〔註7〕袁珂曰：「郭注『西』字蓋衍文。『周饒』、『焦僥』，並『侏儒』之聲轉。侏儒，短小人。周饒國、焦僥國，即所謂小人國也。《山海經·大荒南經》：『有小人，名曰焦僥之國，幾姓，嘉穀是食。』又云：『有小人，名曰菌人。』《大荒東經》亦云：『有小人國，名靖人。』疑『菌人』、『靖人』亦均『侏儒』之音轉。」又「靖人、焦僥、周饒、侏儒，並一聲之轉。」〔註8〕

郝氏謂「民當為氏字之訛，郭注『西』字蓋衍文。周饒、僬僥、朱儒聲轉」，皆是。袁氏說「『菌人』、『靖人』均『侏儒』之音轉」，不足取。《金樓子·興王篇》：「焦僥氏來獻沒羽。」許逸民引袁說而不置一辭〔註9〕，是許氏

〔註2〕　黃丕烈《校刊明道本韋氏解〈國語〉札記》，收入《叢書集成初編》第 3682 冊，中華書局 1985 年影印，第 249 頁。

〔註3〕　王念孫《廣雅疏證》，收入徐復主編《廣雅詁林》，江蘇古籍出版社 1992 年版，第 494 頁。

〔註4〕　朱起鳳《辭通》，上海古籍出版社 1982 年版，第 699 頁。

〔註5〕　徐復《變音疊韻詞纂例》，收入《徐復語言文字學叢稿》，江蘇古籍出版社 1990 年版，第 117 頁。

〔註6〕　郝懿行《山海經箋疏》，收入《續修四庫全書》第 1264 冊，上海古籍出版社 2002 年版，第 200 頁。郝懿行《山海經訂訛》亦云：「民當為氏，西字衍。」收入《山海經穆天子傳集成》第 2 冊，上海交通大學出版社 2009 年版，第 453 頁。

〔註7〕　章太炎《莊子解故》，收入《章太炎全集（6）》，上海人民出版社 1986 年版，第 154 頁。

〔註8〕　袁珂《山海經校注》，巴蜀書社 1993 年版，第 243、395 頁。

〔註9〕　許逸民《金樓子校箋》，中華書局 2011 年版，第 81 頁。

信從袁說矣。亟當一辨。「菌人」、「靖人」與「周饒」、「僬僥」、「侏儒」聲音絕遠，斷非音轉。

2. 「僬僥」係同義連文，高貌。章太炎曰：「《說文》有『僬僥』，『僥』本字也，『僬』則借音字……大抵古文以一字兼二音，既非常例，故後人旁駙本字，增注借音，久則遂以二字並書。亦猶『越』稱『于越』，『邾』稱『邾婁』，在彼以一字讀二音，自魯史書之，則自增注『于』字、『婁』字於其上下也。」〔註10〕「僬」、「僥」本一字音轉。

2.1. 僬又音轉為巢。《說文》：「巢，鳥在木上曰巢。」引申之，則有高義。《小爾雅》：「巢，高也。」《爾雅》：「大笙謂之巢。」《釋文》引孫炎注：「巢，高也。」〔註11〕《御覽》卷581引舍人曰：「大笙音聲眾而高也。」邢昺疏：「巢，高也，言其聲高。」《風俗通義‧聲音》作「大笙謂之簥」〔註12〕，「簥」為後出本字。《集韻》：「巢、簥，《爾雅》：『大笙謂之巢。』或從竹。」《淮南子‧俶眞篇》：「譬若周雲之龍蓯、遼巢、彭濞而為雨。」「遼巢」同「寮窲」。王念孫謂「寮」、「窲」皆訓高，「合言之則曰寮窲」〔註13〕。《文選‧吳都賦》：「陵絕寮嶕，聿越巉險。」「寮嶕」即「嶚窲」。《廣雅》：「嶚窲，高也。」「窲」、「嶕」二字，《廣韻》同音昨焦切，《集韻》同音慈焦切。此亦僬讀為巢之確證。《淮南子‧主術篇》：「擒之焦門。」高注：「焦，或作巢。」莊逵吉曰：「焦與巢古字通。」〔註14〕《漢書‧陳勝傳》：「獨守丞與戰譙門中。」顏注：「譙，亦呼為巢。譙、巢聲相近。」皆其證也。「窲」亦後出本字。俗字作䅦，《集韻》：「䅦，高也。」山高謂之窲，大笙音聲高謂之簥，樓高謂之樔，車高謂之輻，其義一也。《集韻》：「嘈，眾聲。」又「僬，長兒。」抄網謂之翼，耳中聲謂之膲，嶕為地名，亦皆當取高為義。各加義符以製專字也。

2.2. 僥之言堯也。《說文》：「堯，高也，從垚在兀上，高遠也。」《白虎

〔註10〕 章太炎《國故論衡》上卷《小學略說‧一字重音說》，上海中西書局1924年版，第50～51頁。

〔註11〕 《儀禮‧鄉射禮》賈公彥疏引孫炎注：「巢，高大。」「大」為「也」誤。沈廷芳曰：「『也』誤『大』。」沈廷芳《十三經注疏正字》卷35，收入景印文淵閣《四庫全書》第192冊，臺灣商務印書館1986年初版，第474頁。

〔註12〕 《通典》卷144：「大笙謂之簧。」「簧」為「簥」形譌。

〔註13〕 王念孫《廣雅疏證》，收入徐復主編《廣雅詁林》，江蘇古籍出版社1992年版，第334頁。

〔註14〕 莊逵吉《淮南子》校本，收入《諸子百家叢書》，上海古籍出版社影印浙江書局本1989年版，第88頁。

通義・號》：「堯，猶嶤嶤也，至高之貌。」《風俗通義・五帝》引《尚書大傳》：「堯者，高也，饒也。」《廣雅》：「堯，嶤也。」《方言》卷 6：「嶤，高也。」郭注：「嶕嶤，高峻之貌也。」《說文》：「顤，高長頭。」《廣雅》：「顤顤，高也。」《廣韻》：「顤，頭高長貌。」王念孫曰：「顤，與嶤同義。」〔註 15〕錢繹曰：「嶤之言堯也。」〔註 16〕《說文》：「驍，良馬也。」又「趬，行輕貌。一曰趬，舉足也。」《玉篇》：「趬，高也。」又「蹺，舉足也。」《集韻》：「趬，舉足高也。」人之高爲僥，故字從亻；山之高爲嶤、巍，故字從山；頭之高爲顤，故字從頁；馬之高爲驍，故字從馬；舉足高爲趬、蹺，故字從走或足；其義一也。亦各加義符以製專字也。

2.3. 短人而名之焦僥者，取相反爲義，所謂反稱也。《類聚》卷 69、《御覽》卷 710 引《漢武故事》：「武帝時，東郡獻短人，長五寸，上疑其山精，常令案上行。東方朔問曰：『巨靈，汝何以叛？阿母健否？』」《御覽》卷 378 引作「東郡送一短人，長七寸，衣冠具足，疑其山精，常令在案上行。召東方朔問，朔至，呼短人曰：『巨靈，汝何忽叛來？阿母還未？』短人不對」，《初學記》卷 19、《白帖》卷 21 引作「東郡送一短人，長七寸，名巨靈」。短人名爲巨靈，亦其比也。

3. 「焦僥」或作「焦嶤」，《說文》：「嶤，焦嶤，山高皃。」

字或作「嶕嶤」，《廣雅》：「嶕嶤，高也。」《玉篇》：「嶕，嶕嶤，山高。焦，同上。」《廣韻》：「嶤，嶕嶤，山危。」《集韻》：「嶕，嶕嶤，山峻貌。」《漢書・揚雄傳》《解難》：「泰山之高，不嶕嶤，則不能浡滃雲而散歊烝。」顏師古曰：「嶕嶤，高皃也。」錢繹曰：「焦，與嶕同。」〔註 17〕

字或作「崔巍」、「嶕巍」，《古文苑》卷 6 漢・黃香《九宮賦》：「登崔巍之鼇臺，闚天門而閃帝宮。」晉・陶潛《挽歌詩》：「四面無人居，高墳正崔巍。」《文選》、《樂府詩集》卷 27 作「嶕嶤」，《御覽》卷 552 引作「嶕巍」。李善注引《字林》：「嶕嶤，高貌也。」《集韻》：「嶤，《說文》：『焦嶤，山高貌。』或書作巍。」字或作「譙譊」、「焦嶤」，《玄應音義》卷 20：「譙譊，讙呼也。《蒼頡篇》：訟聲也。」此卷爲《佛說孛經抄》卷 1《音義》，檢經文作「讒賊喜鬥，焦嶤不媚」，宋、元、明、聖、聖乙本作「譙譊」。蓋謂高聲。

〔註 15〕 王念孫《廣雅疏證》，收入徐復主編《廣雅詁林》，江蘇古籍出版社 1992 年版，第 334 頁。

〔註 16〕 錢繹《方言箋疏》，上海古籍出版社 1984 年版，第 415 頁。

〔註 17〕 錢繹《方言箋疏》，上海古籍出版社 1984 年版，第 415～416 頁。

4.「僬僥」音轉則爲「岧嶢」、「岧巇」〔註18〕，《廣韻》：「岧，岧巇，山高。」《六書故》：「狀山之高者曰岧嶢、焦嶢。」

音轉又爲「鷦鷯」、「鳭鷯」、「刀鷯」，《玉篇》：「鷦，鷦鷯鳥，亦作鵖。鷯，鷦鷯，小鳥，在葦。」《爾雅》：「鳭鷯，剖葦。」郭注：「好剖葦皮，食其中蟲，因名云。」《說文》：「鷯，刀鷯，剖葦，食其中蟲。」《說苑·善說》：「臣見鷦鷯巢於葦苕，著之髮毛，建之女工，不能爲也，可謂堅完矣。」剖葦之鳭鷯，即巢於葦苕之鷦鷯也。方以智曰：「鷦鷯，鳭鷯，一聲之轉耳。」〔註19〕

音轉又爲「㖡嘄」，《呂氏春秋·求人》：「㖡嘄巢於林，不過一枝。」高注：「㖡嘄，小鳥。」《莊子·逍遙遊》作「鷦鷯」。朱起鳳曰：「㖡嘄即鷦鷯之轉音。」〔註20〕

音轉又爲「鵙鷯」，《廣韻》：「鵙，鵙鷯，黃鳥。鷯，鵙鷯，鳥名也，鵙音朝。」「鷦鷯」之作「鵙鷯」，亦可證「鷦鷯」即「僬僥」音轉也。

音轉又爲「蚸蟧」、「蛁蟧」、「蛁蟟」、「蛁勞」，《方言》卷11：「秦謂之蛥蚗，自關而東謂之蚸蟧。」《玉篇》：「蛁，蟪蛄也，即蛁蟧蟲也。蚸，同上。」《說文》：「蟪，蟪鹿，蛁蟟也。」《廣雅》：「蟪蛄，蛁蟟也。」《莊子·逍遙遊》《釋文》引《廣雅》作「蛁蟧」。《廣韻》：「蛁，蛁蟟，茆中小蟲。」又「蟧，小蟬。一曰蚸蟧，蟪蛄也。」《集韻》：「蛁、蚸，一曰蛁勞，小蟬。或省。」小鳥爲「鷦鷯」，小蟬或小蟲爲「蛁蟟」，短人爲「僬僥」，其義一也。

倒言則作「巇嶕」、「嶤嶕」、「嶤嶣」，《類聚》卷7晉·戴逵《山贊》：「蔚矣名山，亭亭洪秀。並基二儀，巇嶕雲構。」《剡錄》卷5作「嶤嶕」。宋·韓元吉《汪公墓誌銘》：「獎山嶤嶣，自營其藏。」上引「遼巢」、「寮巢」、「寮巢」、「嘹巢」，即「鷦鷯」之倒言也。

5.「僬僥」音轉又爲「朱儒」、「侏儒」、「朱孺」，《廣雅·釋詁二》：「侏儒，短也。」又《釋訓》：「侏儒，疾也。」《玉篇》、《廣韻》、《集韻》並曰：「侏儒，短人也。」《玄應音義》卷15：「侏儒曰矬，謂極短人也。」又卷2

〔註18〕《史記·李將軍列傳》：「不擊刁斗以自衛。」《集解》引孟康曰：「以銅作鐎器，受一斗，晝炊飯食，夜擊持行，名曰刁斗。」
〔註19〕方以智《通雅》卷45，收入《方以智全書》第1冊，上海古籍出版社1988年版，第1343頁。
〔註20〕朱起鳳《辭通》，上海古籍出版社1982年版，第698頁。

「矬人」條引《通俗文》：「侏儒曰矬。」《慧琳音義》卷 6 注引《韻英》：「侏儒，矬小也。」《國語·晉語四》韋昭注：「侏儒，短者。」《左傳·襄公四年》：「我君小子，朱儒是使。朱儒！朱儒！使我敗於邾。」杜注：「臧紇短小，故曰朱儒。」《釋文》：「朱，或作侏，亦音朱。」《家語·顏回》王肅注、《初學記》卷 19 引作「侏儒」。《戰國策·齊策五》：「故鐘鼓竽瑟之音不絕，地可廣而欲可成，和樂倡優侏儒之笑不乏，諸侯可同日而致也。」《史記·主父偃傳》：「金石絲竹之聲不絕於耳，帷帳之私俳優侏儒之笑不乏於前。」《漢書·徐樂傳》作「朱儒」。《淮南子·說山篇》：「朱儒問天高於脩人。」《意林》卷 2 引作「侏儒」。《太玄·童》：「脩侏侏，比于朱儒。」范望注：「朱儒，未成人也。雖長大而不學道，侏侏然若未成人也，故以朱儒爲諭焉。」《韓子·內儲說上》：「侏儒有見公者曰。」《文選·詠懷詩》李善注引作「朱孺」。

字或作「耘需」，上博簡（二）《容成氏》：「耘需爲矢。」李零曰：「『耘需』即『侏儒』。」〔註21〕

字或作「株櫨」，《淮南子·主術篇》：「短者以爲朱儒枅櫨。」高注：「朱儒，梁上戴蹲跪人也。」《記纂淵海》卷 1、55、60 引作「侏儒」〔註22〕。指蹲跪在屋梁短柱上的小木人。《釋名》：「棳儒，梁上短柱也。棳儒猶侏儒，短，故以名之也。」《爾雅》：「杗廇謂之梁，其上楹謂之棳。」郭注：「侏儒柱也。」《集韻》：「株，株櫨，短柱，通作侏。」又「櫨，梁上短木。」

字或作「朱獳」、「狖獳」，《廣韻》：「狖，狖獳。」又「獳，朱獳，獸名，似狐而魚翼，出則國有恐。」《集韻》：「狖，獸名，《山海經》：『耿山有獸，狀如狐而魚鱗，有翼，名曰狖獳。』通作朱。」《山海經·東山經》：「（耿山）有獸焉，其狀如狐而魚翼，其名曰朱獳，其鳴自叫，見則其國有恐。」《唐開元占經》卷 116 引作「朱儒」。

字或作「朱鱬」、「銖鱬」，《廣韻》：「鱬，朱鱬，魚名，魚身人面。」《龍龕手鑑》同。《集韻》：「銖，魚名，《山海經》：『銖鱬似蝦無足。』」《山海經·南山經》：「英水出焉，南流注于即翼之澤，其中多赤鱬，其狀如魚而人面，其音如鴛鴦，食之不疥。」作「赤鱬」者，蓋後人不得其誼而改。

字或作「朱襦」、「袾襦」，《儀禮·鄉射禮》：「君袒朱襦以射。」《增韻》：

〔註21〕馬承源主編《上海博物館藏戰國楚竹書（二）》，上海古籍出版社 2002 年版，第 251 頁。
〔註22〕《記纂淵海》卷 55、60 引出處作「《管子》」，蓋誤記。

「袾，袾襦，短衣。」

又音轉爲「梲儒」，《釋名》：「〔梲〕，梲儒也〔註 23〕，梁上短柱也，梲儒猶侏儒，短，故以名之也。」「梲儒」即「株襦」。章太炎曰：「凡周聲字得轉爲出，周聲字多訓爲短，『周饒』即『侏儒』，亦短義也。出聲字亦多訓短……是周聲、出聲相通也。朱、出亦通，《說文》：『袾，絳也。絀，絳也。』此一音之轉。朱、叕亦通，《釋名》曰『梲儒』，猶侏儒。《方言》：『鼅蝥。』郭璞曰『江東呼蝃蝥』是也。今北方叕聲出聲之字，多呼近朱聲，蓋有由也。」〔註 24〕檢《爾雅》：「鼅鼄，鼄蝥。」郭璞注：「今江東呼蝃蝥，音掇。」與《方言》注亦同。王國維曰：「鼄、掇古雙聲。」〔註 25〕徐復曰：「梲聲轉爲侏。」〔註 26〕

又音轉爲「蠾蝓」、「蠾蛸」，《方言》卷 11：「鼅鼄，自關而東趙魏之郊謂之鼅鼄，或謂之蠾蝓。蠾蝓者，侏儒，語之轉也。」郭注：「蠾蝓，燭、臾二音。」邢昺本作「蠾蛸」。

又音轉爲「傶儒」、「憁懦」、「傶儒」、「囑儒」、「傊儒」，《可洪音義》卷 23：「傶儒，矬短也。」《經律異相》卷 50 引《問地獄經》：「五十曰傶儒，獄鬼石砰人頭。」《華嚴經海印道場懺儀》卷 11 作「憁懦」。《摩訶僧祇律》卷 23：「侏儒者，或上長下短，或上短下長。一切最短者，是不應與出家。乃至越比尼罪，是名侏儒。」聖本作「囑儒」。《正法念處經》卷 7：「得侏儒身。」宋、元、明本作「傊儒」。

又音轉爲「茱萸」，《說文》：「茱，茱萸。」

6. 「僬僥」音轉又爲「朱愚」、「誅愚」，《莊子·庚桑楚篇》：「不知乎，人謂我朱愚；知乎，反愁我軀。」清人淨挺《漆園指通》卷 3：「朱愚，猶侏愚也。」郭嵩燾曰：「《左傳·襄公四年》杜注：『短小曰朱儒。』朱愚者，智術短小之謂。」〔註 27〕《商子·墾令》：「則誅愚亂農農（之）民無所於食而

〔註 23〕 「梲」字據《營造法式》卷 1 引補。盧文弨、段玉裁等人刪「也」字，非也。盧文弨等人意見轉引自任繼昉《釋名匯校》，齊魯書社 2006 年版，第 293 頁。

〔註 24〕 章太炎《新方言》卷 2，收入《章太炎全集（7）》，上海人民出版社 1999 年版，第 53 頁。另參見劉師培《左盦集》卷 4《釋「𪕭」》，收入《劉申叔遺書》，江蘇古籍出版社 1997 年版，第 1235 頁。

〔註 25〕 王國維《書〈爾雅〉郭注後》，收入《觀堂集林》卷 5，河北教育出版社 2001 年版，第 138 頁。

〔註 26〕 徐復《變音疊韻詞纂例》，收入《徐復語言文字學叢稿》，江蘇古籍出版社 1990 年版，第 121 頁。

〔註 27〕 轉引自郭慶藩《莊子集釋》，中華書局 1961 年版，第 782 頁。

必農。」俞樾曰：「誅通作朱。《莊子‧庚桑楚篇》：『人謂我朱愚。』即此文誅愚矣。《太玄‧童》次七：『修侏侏。』范望注曰：『侏侏，無所知也。』義與愚近。作誅作朱，並侏之叚字。《說文》：『鍸，鈍也。』亦聲近而義通。」〔註28〕孫詒讓、陳啓天、高亨並從其說〔註29〕。

《俗書刊誤》卷9：「侏儒，短人。袾襦，短衣。株櫧，短木。狨獳，獸名。」短人爲「朱儒」、「侏儒」；短柱亦爲「朱儒」、「侏儒」、「株櫧」；短衣爲「朱襦」、「袾襦」；短獸爲「朱獳」、「狨獳」；短魚爲「朱鱬」、「鮢鱬」；短智爲「朱愚」、「誅愚」，其義一也。

7. 「侏儒」音轉又爲「襜褕」、「袓褕」、「豎儒」，《方言》卷4：「襜褕，自關而西謂之襜褕，其短者謂之袓褕。」錢繹曰：「豎有短小之義，故童僕之未冠者謂之豎，襜褕之短小者亦謂之袓褕，事雖不同，義則一也。」〔註30〕《廣雅》：「複襦謂之禮。」王念孫曰：「古謂僮僕之未冠者曰豎，亦短小之意也。袓、豎，並與禮同。」〔註31〕《說文》：「襦，短衣也。」又「袓，豎使布長襦。」「禮」爲短衣，正取短小之意。《荀子‧大略》楊倞注：「豎褐，僮豎之褐，亦短褐也。」古從朱從豆之字或通〔註32〕。章太炎曰：「《說文》：『豎，豎立也。』凡人初能立者謂之童豎，豎有短義。故《方言》曰：『襜褕，短者謂之袓褕。』豎猶袓也……在人則曰侏儒，亦曰焦僥、周饒。《海外南經》：『周饒國，其爲人短小。』緯書言冠短周。周、朱聲通……短人淺小，童子蒙昏，故罵人昏愚謂之豎儒。《漢書‧張良傳》曰：『豎儒，幾敗乃公事！』豎儒即侏儒也。」〔註33〕

8. 袁珂所引《山海經》「菌人」、「靖人」、「周饒」，這裏附帶作些考證，以見袁氏之誤也。

8.1. 周饒，《後漢書‧明帝紀》李賢注、《天中記》卷21引作「周僥」，

〔註28〕俞樾《商子平議》，收入《諸子平議》，上海書店1988年版，第388頁。
〔註29〕孫詒讓《札迻‧商子》，中華書局1989年版，第141頁。陳啓天《商君書校釋》，（上海）商務印書館1935年版，第13頁。高亨《商君書注譯》，中華書局1974年版，第25頁。
〔註30〕錢繹《方言箋疏》，上海古籍出版社1984年版，第243頁。
〔註31〕王念孫《廣雅疏證》，收入徐復主編《廣雅詁林》，江蘇古籍出版社1992年版，第583頁。
〔註32〕參見張儒、劉毓慶《漢字通用聲素研究》，山西古籍出版社2002年版，第274頁。
〔註33〕章太炎《新方言》卷2，收入《章太炎全集（7）》，上海人民出版社1999年版，第43頁。

並爲「僬僥」之音轉，參見上引王念孫、郝懿行說。

　　8.2. 《大荒東經》：「有小人國，名靖人。」郭注：「靖，或作竫，音同。」
〔註34〕靖、竫古通〔註35〕。郝懿行曰：「《說文》：『靖，細皃。』蓋細小之義。
故小人名靖人也。」〔註36〕惠棟、段玉裁、桂馥、王筠並引此文以證《說文》。
惠棟又曰：「竫與靖通，故曰細皃。」桂、王二氏又云：「又借婧字，《思玄賦》：
『舒妙婧之纖腰兮。』舊注：『妙婧，細腰貌。』」朱駿聲謂「靖叚借爲精」，
故訓細貌〔註37〕。《廣雅》：「精，小也。」字或作「諍人」，《列子·湯問》：「東
北極有人，名曰諍人，長九寸。」張湛注：「見《山海經》。」《法苑珠林》卷
8、《御覽》卷 378 引《列子》作「竫人」，《御覽》有注：「竫，音靖。」《初
學記》卷 19 引郭璞《讚》：「僬僥極麼，竫人又小。」有注：「竫，音淨。」
鄭良樹曰：「靖與竫通，《列子》作諍，蓋借字也。」〔註38〕諸家說固備一通。
竊謂靖、竫並讀爲崝，字或作崢。《方言》卷 6：「崝，高也。」《文選·思玄
賦》李善注引作「崢，高貌也」。《淮南子·繆稱》：「城峭者必崩，岸崝者必
陀。」許注：「崝，峭也。」《太玄·銳》：「陵崝岸峭，陁。」《玉篇》：「崝，
崝嶸，高峻貌。崢，同上。」小人名爲靖人者，與「僬僥」取譬相同，亦取
相反爲義也。

　　8.3. 《大荒南經》：「有視肉，有小人，名曰菌人。」吳任臣引《抱朴子》
「芝有石芝、木芝、肉芝、菌芝，凡數百種，千歲蝙蝠，萬歲蟾蜍，山中見
小人，皆肉芝類也」以說之，云：「菌人疑即此。」〔註39〕是「菌」當讀如字
也。郝懿行曰：「『菌人』蓋『靖人』類也。」〔註40〕非是。

〔註34〕四庫本「竫」作「埩」。
〔註35〕《隸釋》卷1《帝堯碑》：「竫恭祈福。」「竫恭」即《詩·小明》「靖共爾位」
　　　　之「靖共」。《史記·秦本紀》：「賜謚爲竫公。」《毛詩譜·秦譜》孔疏引作「靖
　　　　公」。《左傳·定公八年》：「曹靖公。」《公羊傳》作「竫公」。
〔註36〕郝懿行《山海經箋疏》，收入《續修四庫全書》第 1264 冊，上海古籍出版社
　　　　2002 年版，第 226 頁。
〔註37〕惠棟《讀說文記》，段玉裁《說文解字注》，桂馥《說文解字義證》，王筠《說
　　　　文解字句讀》，朱駿聲《說文通訓定聲》，並收入丁福保《說文解字詁林》，中
　　　　華書局 1988 年版，第 10236～10237 頁。
〔註38〕鄭良樹《論〈列子·湯問〉的成書時代》，《中華文史論叢》第 64 輯，上海古
　　　　籍出版社 2000 年版，第 158 頁。
〔註39〕吳任臣《山海經廣注》，收入景印文淵閣《四庫全書》第 1042 冊，臺灣商務
　　　　印書館 1986 年初版，第 223 頁。
〔註40〕郝懿行《山海經箋疏》，收入《續修四庫全書》第 1264 冊，上海古籍出版社
　　　　2002 年版，第 232 頁。

《楚辭・九思》「閴眇窔」正詁

1. 《楚辭・九思・疾世》：「日陰曀兮未光，閴眇窔兮靡睹。」

「閴眇窔」有如下之說法：

（1）某氏注：閴，窺也。眇窔，幽冥也。一作「閴脗霼」〔註1〕。

（2）洪興祖注：閴，古覓切。眇，與宵同。窔，徒了切，深也。

（3）朱謀㙔曰：眇窔，幽闇也〔註2〕。

（4）朱起鳳曰：眇、蕭音近，條、霼一聲之轉〔註3〕。

（5）朱起鳳曰：霄、眇、陗從肖聲，霼、挑、窔從兆聲，古通用〔註4〕。

（6）姜亮夫曰：「蕭條」一語即空無所有，或寥落無所有之義，聲與「眇窔」同，故義亦相同。幽冥者指其深遠而言，空曠者指其平視而言……「眇窔」依聲韻求之，則雙聲之轉爲「蕭條」……《原道訓》以爲高峻者，自上視之爲高遠，自下視之爲幽冥，自平視之爲寂漠蕭條，其義一也。故「眇窔」即「霄霼」也〔註5〕。

（7）何劍熏曰：「閴」誤字，作「闃」更誤，當作「閴」。《廣韻》：「閴，靜也。」「眇窔」即《淮南子・俶眞訓》「蕭條霄霼，無有彷彿」之

〔註1〕 洪興祖云：「逸不應自爲注解，恐其子延壽之徒爲之爾。」

〔註2〕 朱謀㙔《駢雅》卷1，收入《叢書集成新編》第38冊，新文豐出版公司1985年版，第337頁。

〔註3〕 朱起鳳《辭通》卷7，上海古籍出版社1982年版，第678頁。

〔註4〕 朱起鳳《辭通》卷19，上海古籍出版社1982年版，第2036頁。

〔註5〕 姜亮夫《楚辭通故（四）》，收入《姜亮夫全集》卷4，雲南人民出版社2002年版，第524頁。姜說又見《詩騷聯綿字考》，收入《姜亮夫全集》卷17，惟有存目，正文佚失。

「霄霓」，「霄霓」與「蕭條」皆疊韻連詞，意同，當訓爲空靜貌，與今語「蕭條」略同。某氏釋爲幽，亦同。《淮南子・原道訓》：「上游於霄窕（霓）之野，下出於無垠之門。」高誘釋「霄霓」爲高峻貌，恐誤〔註6〕。

（8）湯炳正曰：閒，當作「閴」，靜〔註7〕。

（9）黃靈庚曰：王延壽注曰：「閒，窺也。」閴，《說文》訓「盛貌」，無窺義，當是誤字。洪氏閒音古覓切，蓋本作視義，字作闚。閒，闚之形訛字。《韻補》卷3「耦」條引作「閒睄窕」〔註8〕。

（10）黃靈庚曰：《五經文字》以「閒」、「閴」同，謂「上俗下正」。《易・豐》：「閴其無人。」《音義》：「馬、鄭云：『閴，無人貌。』《字林》：『閴，寂靜也。』」則無窺義。若訓窺，蓋通作闚。洪氏謂「睄與宵同」……《爾雅》：「宵，夜也。」《說文》：「窕，窫（深）肆極也。」睄窕，平列同義，幽冥貌也〔註9〕。

（11）王偉曰：「窕」疑爲「窈」之誤，而「閒」疑爲「暗（闇）」之形誤。「睄」無幽暗之義，「幽冥」當爲「窕」之釋言，而「窕」則爲「窈」之誤〔註10〕。

2.「閒」爲「閴」俗字，寂靜、空寂之貌。唐・顏元孫《干祿字書》：「閒、閴，上俗下正。」〔註11〕黃靈庚引作《五經文字》，失檢。宋・毛晃《增韻》卷5：「閴，寂靜，從門從臭，俗本作闃（閒），誤。」〔註12〕金・

〔註6〕何劍熏《楚辭拾瀋》，四川人民出版社1984年版，第168頁。何氏引「霄霓」誤作「霄窕」。

〔註7〕湯炳正《楚辭今注》，上海古籍出版社1996年版，第384頁。

〔註8〕黃靈庚《楚辭異文辯證》，中州古籍出版社2000年版，第1008頁。日本早稻田大學圖書館藏岡本保孝（1797～1878）據太田全齋藏本鈔本《韻補》卷3引作「閒睄窕」，四庫本《韻補》卷3引作「閒睄霓」，收入景印文淵閣《四庫全書》第237冊，臺灣商務印書館1986年版，第95頁。作「賄」當爲岡本氏誤書。

〔註9〕黃靈庚《楚辭章句疏證》，中華書局2007年版，第2873頁。黃氏引「深」誤作「窫」。

〔註10〕王偉《〈楚辭〉所載漢人作品校證》，《古籍整理研究學刊》2011年第1期，第68頁。

〔註11〕顏元孫《干祿字書》，收入《叢書集成新編》第35冊，新文豐出版公司1985年版，第622頁。

〔註12〕毛晃《增修互注禮部韻略》，收入景印文淵閣《四庫全書》第237冊，臺灣商務印書館1986年版，第576頁。下「閴」字據《古今韻會舉要》卷29引校

韓道昭《五音集韻》:「闃,寂靜也。閴,俗作。」〔註13〕明‧焦竑《俗書刊誤》卷4:「闃,俗作閴,非。」〔註14〕《易‧豐》:「窺其戶,闃其無人。」《淮南子‧泰族篇》、《論衡‧藝增》、《三國志》卷25《魏志‧楊阜傳》、《文選‧懷舊賦》李善注、《御覽》卷184引「闃」作「閴」〔註15〕,並作俗字。洪興祖「閴」音古覓切,正「闃」之讀音。《文選‧啓蕭太傅固辭奪禮》李善注:「闃,苦覓切。」〔註16〕「覓」爲「覓」俗字,見《玉篇》。唐‧何超《晉書》卷87、110《音義》:「闃,苦覓反。」〔註17〕遼‧釋行均《龍龕手鑑》:「閴,俗。闃,正,苦覓反,寂靜也。」〔註18〕《龍龕》以「闃」爲俗字,蓋誤;而音亦作「苦覓反」,則同於諸書。黃靈庚謂「閴,闃之形訛字」,王偉謂「閴疑爲閣之形誤」,並誤。某氏注「閴,窺也」者,蓋讀閴(闃)爲臭,《說文》:「臭,犬視貌。」與「窺」義合〔註19〕,然非此文之誼。

3.「睄窳」不誤。朱起鳳、姜亮夫、何劍熏謂「睄窳」即「蕭條」、「霄霓」之轉語,並是也。字或作「陟挮」,《廣雅》:「陟、挮,高也。」字或作「蕭蔟」,《隸釋》卷19晉‧夏侯湛《張平子碑》:「覩封樹之蕭蔟,觀高碑之稱美。」宋‧洪适曰:「碑以蕭蔟爲蕭條。」〔註20〕字或作「蕭滌」,《隸釋》卷5《稟長蔡湛頌》:「蕭滌而雲消。」楊愼曰:「蕭蔟:蕭條。霄霓、稺(梭)蔟,三同。」〔註21〕方以智說同〔註22〕。字或作「肅條」,古「肅」、「蕭」音

正,元‧黃公紹《古今韻會舉要》,收入景印文淵閣《四庫全書》第238冊,第816頁。

〔註13〕 韓道昭《五音集韻》,收入景印文淵閣《四庫全書》第238冊,臺灣商務印書館1986年版,第336頁。

〔註14〕 焦竑《俗書刊誤》,收入景印文淵閣《四庫全書》第228冊,臺灣商務印書館1986年版,第559頁。

〔註15〕 《淮南子》據道藏本,景宋本作「闃」。

〔註16〕 蕭統《文選》(李善注),中華書局1977年版,第557頁。

〔註17〕 何超《晉書音義》卷下,收入景印文淵閣《四庫全書》第256冊,臺灣商務印書館1986年版,第1036、1041頁。

〔註18〕 釋行均《龍龕手鏡》(高麗版影遼刻本),中華書局1985年影印,第95頁。

〔註19〕 《易》之「闃」,亦當訓靜。惠棟曰:「案《說文》無闃字,惟臭部云:『臭,低目視也,從臭門聲。』……闃,當借作臭,與闃義合。」惠氏訓窺視非也,且以「臭」爲本字,尤誤。惠棟《九經古義》卷2《周易古義》,收入阮元《清經解》第3冊,鳳凰出版社2005年版,第2811頁。

〔註20〕 洪适《隸釋》,中華書局1986年版,第195頁。

〔註21〕 楊愼《古音駢字》卷上,收入景印文淵閣《四庫全書》第228冊,臺灣商務

同。《淮南子・齊俗篇》：「故蕭條者，形之君；而寂漠者，音之主也。」許慎注：「蕭條，深靜也。」《文子・自然》作「肅條」。《淮南子・俶眞篇》：「虛無寂寞，蕭條霄霓，無有彷彿。」吳玉搢曰：「或以葆爲條，或以滌爲條，皆以形聲相近而借。『蕭條霄霓』四字連用，則『霄霓』似不與『蕭條』相同，然子書、騷賦多用疊字，合之則微分，離之則相似。『蕭條』、『霄霓』音義實相近也。」〔註23〕

4. 「睄窔」、「蕭條」爲近義連文。

4.1. 「蕭」、「睄」、「脩」、「霄」並讀爲揱〔註24〕，《說文》：「揱，人臂兒。《周禮》曰：『輻欲其揱。』」徐鍇《繫傳》曰：「人臂捎長纖好也。」《玉篇》：「揱，長也，又長臂兒。」字或作橚、槮、梢，《說文》：「橚，長木兒。」《集韻》：「橚、梢：長木兒，或作槮。」《類篇》：「槮、橚，木長兒。」木長爲橚、槮、梢，故字從木；手長爲揱、捎，故字從手。二字同源。從肖之字多有細長之義。《方言》卷12：「娋，孟姊也。」《玉篇》：「嫂，姊也。」《集韻》：「葤，藕根細者。」又「梢，梢櫂，木無枝柯長而殺者，或作蔩、葤。」又「魦，魦魦，體長兒。」又「嫂，長姊謂之嫂。」又「篛，竹枝長。」又「蕱，艸長兒。」又「髾，毛髮長。」皆取長義。《集韻》：「觕，牛角開貌。」又「觕、牮，角銳上，或從牛。」牛角細銳而上舉，故爲開貌，亦取細長之義。《龍龕手鑒》：「髾，髮毛〔長〕也。」「髾」當即「髾」俗字，釋文「髮毛」下脫「長」字。

4.2. 「葆」、「條」、「滌」、「霓」、「窔」並讀爲窱，《說文》：「窱，杳窱也。」《廣雅》：「窱，深也。」「蕭條」即取長遠、深長爲義，「高峻」與「長遠」義相因，高、遠一也。引申則有荒涼、冷清、寂靜之義。《楚辭・遠遊》：「山蕭條而無獸兮，野寂漠其無人。」與《淮南子・齊俗篇》同，亦以「寂

印書館1986年版，第409頁。

〔註22〕方以智《通雅》卷6，收入《方以智全書》第1冊，上海古籍出版社1988年版，第256頁。

〔註23〕吳玉搢《別雅》卷2，收入景印文淵閣《四庫全書》第222冊，臺灣商務印書館1986年初版，第644頁。《漢書・揚雄傳》《羽獵賦》：「秋秋蹌蹌入西園，切神光。」宋祁曰：「秋秋，淳化本作啾啾。」《文選》作「啾啾」。「蹌蹌」即「啾啾」之音轉。《漢書・司馬相如傳》《上林賦》：「柴池茈虒。」又《揚雄傳》《甘泉賦》：「柴虒參差。」《文選・洞簫賦》：「阿那腲腇者已。」亦其比。賦家疊用同詞，固不足怪也。

〔註24〕《史記・司馬相如傳》《上林賦》：「紛容蕭蔘。」《漢書》作「箾蔘」，《周禮・考工記》鄭司農注：「揱讀爲紛容揱參之揱。」此其相通之證。

漠」與「蕭條」對舉，義同。《淮南子·原道篇》：「上游於霄霓之野，下出於無垠之門。」高注：「霄霓，高峻貌也。」「蕭條」、「睄窕」多見於《楚詞》、《淮南》，頗疑是楚語，後轉爲通語。《廣雅》「挑」訓高，有三說：（a）王念孫曰：「挑亦陜也，方俗語有輕重耳。」〔註 25〕（b）錢大昕曰：「挑疑挑之譌，挑之言超也，超有高義。」〔註 26〕（c）朱駿聲曰：「挑叚借爲嶢。」〔註 27〕皆未得其語源。何劍熏謂「高誘釋霄霓爲高峻貌，恐誤」，猶未能會通，不知「高峻」、「長遠」是其本義，「空靜貌」是其引申義。楊樹達曰：「『霄霓』與『逍遙』同……高說非是。」〔註 28〕未確。

5.「闃睄窕」猶言寂然幽靜。「闃」與「睄窕」義相因。明·魏學洢《攄懷賦》：「敻睄窕以無人兮，殆猿蜼之所家。」敻，長也，遠也。「敻」與「睄窕」義亦相因。黃靈庚以「宵」爲正字，訓夜，非也。王偉氏改「窕」爲「窈」，「闃」爲「闇」，率意輕改古書，甚不足取。

〔註 25〕王念孫《廣雅疏證》，收入徐復主編《廣雅詁林》，江蘇古籍出版社 1992 年版，第 334 頁。

〔註 26〕轉引自錢大昭《廣雅疏義》，收入徐復主編《廣雅詁林》，江蘇古籍出版社 1992 年版，第 335 頁。

〔註 27〕朱駿聲《說文通訓定聲》，武漢市古籍書店 1983 年版，第 328 頁。

〔註 28〕楊樹達《淮南子證聞》，上海古籍出版社 2006 年版，第 6 頁。「逍遙」亦作「消搖」，《莊子·逍遙遊》《釋文》：「逍一作消，遙一作搖。」《禮記·檀弓上》：「負手曳杖，消搖於門。」《釋文》：「消搖，本又作『逍遙』。」或作「捎搖」，又倒作「搖捎」。《廣韻》：「捎，捎搖，動也。」《原本廣韻》作「捎搖」。「逍遙」的本義是「搖動」，非此文之誼。

《大戴禮記》拾詁

　　《大戴禮記》13 卷，漢戴德所編撰，宋代與十三經並列，合稱十四經。有清一代，訓詁大明，清儒董理此經，不遺餘力矣。今人黃懷信、方向東各撰專著，彙校宋元明清各刻本之異同，並將前人注釋彙爲一編〔註1〕，甚便學者。撰著者自己亦各有發明，疑難之處，去其太半。其有功學林，自不待言。

　　我多年前撰有《大戴禮記解詁札記》一稿，蒙方向東先生不棄，曾在《大戴禮記匯校集解》中引用過十數條。舊稿僅據王聘珍《大戴禮記解詁》立說〔註2〕，當時其他資料皆未能見，故甚簡質，今擇數條，補充證據以申述之。

　　本文爲省繁雜，徵引諸家說，如未注明出處，並轉引自黃懷信主編《大戴禮記彙校集注》、方向東《大戴禮記匯校集解》。

（1）所謂君子者，躬行忠信，其心不買；仁義在己，而不害不志，聞志廣博而色不伐（《哀公問五義篇》）

　按：「買」字有五說：（a）戴震曰：「案：置，他本訛作買。考後卷《文王官人篇》有『施而不置』，注云：『不形於心色也。』可證『其心不置』之義。今從劉本。」孔廣森亦從元本改「買」爲「置」字。汪喜孫曰：「此言不以己之盡忠信于人置諸心，而責人以忠信也。」戴禮曰：「徐注《說文》云：『置從直，與罷同意，置之則去也。』與躬行之意正

〔註1〕　黃懷信主編《大戴禮記彙校集注》，三秦出版社 2005 年版。方向東《大戴禮記匯校集解》，中華書局 2008 年版。
〔註2〕　王聘珍《大戴禮記解詁》，中華書局 1983 年版。

相足。王氏念孫、王校本均從《荀子》作『德』，亦非。」黃懷信從戴校作「置」字，云：「置，放也。心不置，言自己不放置於心。行忠信無所謂德（感德），故不當爲古德字之誤。」（b）王樹枏謂「買」爲「置」字之誤，「置」爲「悳」字之誤，「悳」爲「德」古文。孫星衍、孫詒讓、汪照說同。（c）王念孫謂「置」讀爲「德」，云《荀子》作「言忠信而心不德，仁義在身而色不伐」。方向東申證之。（d）王聘珍曰：「『買』義不詳，或云『買』當爲『置』。」（e）方向東曰：「蕭旭說：買蓋借爲䁑，《說文》：『䁑，小視也。』其說可參。」我舊說無旁證，今申述之。《廣韻》：「䁑，視兒。」《太玄經・眾》：「師孕唁之，哭且䁑。」范望注：「竊視稱䁑。」宋・林希逸《太玄精語》曰：「䁑，竊視之貌。」〔註3〕「䁑」訓小視、竊視者，言其視之漫不經心也〔註4〕。今各地方言謂閑望爲「賣呆」〔註5〕，當作此「䁑」字。不買，猶言不輕視、不輕怠。《禮記・曲禮上》：「博聞強識而讓，敦善行而不怠，謂之君子。」與此文可互證。「不買」即「不怠」也，「不伐」即「讓」也。以《小戴》證《大戴》，固無疑矣。梁武帝《子夜四時歌・冬歌》：「賣眼拂長袖，含笑留上客。」李白《越女詞》：「賣眼擲春心，折花調行客。」二例「賣眼」皆小視義，正字亦當作「䁑」。《荀子・哀公篇》作「德」字者，轉當據此篇校正。《大戴禮記・文王官人》：「行忠信而不疑。」〔註6〕「不怠」即「不疑」〔註7〕，義相因也。「行忠信」與「不疑怠」之意正相足，而與「不德」不相接也（黃懷信已指出「行忠信無所謂德」）。《家語・五儀解》：「所謂君

〔註3〕　林希逸《太玄精語》，《竹溪鬳齋十一藁》續集卷25，收入景印文淵閣《四庫全書》第1185冊，臺灣商務印書館1986年初版，第808頁。

〔註4〕　馬敘倫曰：「《見部》：『覵，小見也。』與此雙聲轉注。䁑、瞥、䁾皆脣音。疑小視謂仔細看，如短視者然。亦眄音之衍也。」馬氏解爲「仔（仔）細看，如短視者然」，恐非是。馬敘倫《說文解字六書疏證》，轉引自李圃主編《古文字詁林》第3冊，上海教育出版社2001年版，第817頁。

〔註5〕　參見許寶華、宮田一郎《漢語方言大詞典》，中華書局1999年版，第3134頁。吳語也稱作「望呆」，可證「䁑」、「望」同義。「呆」正字當作「眙」，章太炎曰：「今淮南謂久立不前曰站眙，注意晞視曰望眙，亦讀如殆。」章太炎《新方言》卷2，收入《章太炎全集（7）》，上海人民出版社1999年版，第75頁。

〔註6〕　《逸周書・官人解》同。

〔註7〕　怠猶疑也，字或作殆，參見王引之《經義述聞・通說上》「殆」字條，江蘇古籍出版社1985年版，第740頁。

子者，言必忠信而心不怨，仁義在身而色無伐。」王肅注：「怨，怨
咎。」蓋《家語》作者不得其解，臆改作「怨」字。《長短經》卷1：
「所謂君子者，言必忠信而心不忌，仁義在身而色不伐。」有注：「忌，
怨害也。」《皇王大紀》卷69：「心不忌，色無伐，辭不專……者，君
子也。」唐、宋間人又臆改作「忌」，去其真愈遠矣。

（2）寡人憃愚冥煩，子識之心也 《哀公問於孔子篇》

按：《禮記·哀公問》與此文同。《國語·楚語上》：「若民煩，可教訓。」韋
昭注：「煩，亂也。」王念孫曰：「民讀爲泯，泯、煩皆亂也。」王氏又
引此文，云：「『泯棼』與『民煩』聲近而義同……『冥煩』與『民煩』
聲義亦相近。」〔註8〕朱起鳳曰：「冥字作民，同聲借用。」〔註9〕裴學
海引《賈子·大政》「夫民之爲言也，冥也」，《禮記》「冥煩」，謂原文
自通，不必如王氏讀民爲泯〔註10〕。王說是而未盡，裴說未達本字。其
本字爲怋，「泯」亦借字。《說文》：「怋，恢也。恢，亂也。」《廣韻》：
「怋，亂也。」字或作惛，《集韻》：「怋，或作惛。」字又或作𢠇、眠，
《廣雅》：「𢠇、眠，亂也。」《禮記》鄭注：「冥煩者，言不能明理。」
《禮記》孔穎達疏以「冥煩」屬下句。汪照曰：「冥，幽也。」戴禮曰：
「冥，昧也。」陳澔、孫希旦並云：「冥者，暗於理。」王樹枏曰：「『冥』
字句絕，『煩』字屬下讀。」于鬯曰：「煩蓋讀爲頑。」〔註11〕諸說並失
之〔註12〕。《家語·大婚解》作「寡人且愚冥，幸煩子之於心言」，非也。

（3）怒之而觀其不懼也，喜之而觀其不誣也 《曾子立事篇》

按：盧辯注：「誣，妄也。」王念孫、汪照並謂「誣」爲「輕」字之誤，阮
元、黃懷信從之。方向東曰：「《四部叢刊》本盧注作『誣，吏也』。疑
『吏』爲『戾』，義爲曲爲背，與『誣』訓加訓陵義通。」諸說並非是。
誣，讀爲侮，輕侮也。《國語·周語上》：「拜不稽首，誣其王也。」上
文曰：「相晉侯不敬。」不敬，即輕侮之也。《國語·周語下》：「迂則誣

〔註8〕 轉引自王引之《經義述聞》卷21，江蘇古籍出版社1985年版，第514頁。
〔註9〕 朱起鳳《辭通》，上海古籍出版社1982年版，第522頁。
〔註10〕 裴學海《評高郵王氏四種》，《河北大學學報》1962年第2期，第107頁。
〔註11〕 于鬯《香草校書》卷46，中華書局1984年版，第922頁。
〔註12〕 參見蕭旭《國語校補》，收入《群書校補》，廣陵書社2011年版，第183頁。

人。」《漢書・賈誼傳》同；《賈子・禮容語下》「誣」作「無」，潭本作「侮」。《賈子・耳痺》：「誣神而逆人。」建本「誣」作「無」。「無」爲「憮」省文，實亦讀爲侮〔註13〕，《爾雅》：「憮，傲也。」《周語上》「誣王無民」、「故晉侯誣王，人亦將誣之」之「誣」字義並同〔註14〕。《墨子・天志上》：「中誣鬼。」王樹枏曰：「誣即侮之音借字。」〔註15〕《韓子・十過》：「聽楚之虛言而輕誣強秦之實禍。」輕誣即輕侮。松臯圓曰：「誣，猶言侮也。」〔註16〕陳啓天曰：「輕誣，猶言輕視。」〔註17〕《文選・養生論》：「固不可誣也。」劉良注：「誣，輕也。」誣亦讀爲侮。《大戴禮記・文王官人篇》：「喜之以物以觀其不輕，怒之以觀其重。」《逸周書・官人解》：「喜之以觀其輕，〔怒〕之以觀其重。」〔註18〕與此文正可互參，尤可證「誣」當讀爲侮，輕也。《大戴禮記・本命篇》：「誣文武者，罪及四世。」又「誣鬼神者，罪及二世。」亦此用法。《家語・五刑解》作「誣文武」、「謀鬼神」，敦煌寫卷 S.1891《孔子家語》、《御覽》卷 641 引《家語》「謀」並作「誣」，謀亦讀爲侮〔註19〕。

（4）諸大夫對曰：「未得聞也。」（《武王踐阼篇》）

按：未得，猶言未嘗、未曾。《說苑・立節》：「曾子布衣緼袍，未得完；糟糠之食，藜藿之羹，未得飽。」《韓詩外傳》卷 2 作「曾子褐衣緼緒，未嘗完也；糲米之食，未嘗飽也」。《文子・上德》：「蘭芷以芳，不得見霜。」《淮南子・說林篇》作「未嘗見霜」。皆其例〔註20〕。

〔註13〕 參見蕭旭《賈子校補》。

〔註14〕 參見蕭旭《國語校補》，收入《群書校補》，廣陵書社 2011 年版，第 80～81 頁。

〔註15〕 王樹枏《墨子斠注補正》，轉引自張純一《墨子集解》，成都古籍出版社 1988 年版，第 177 頁。

〔註16〕 松臯圓《定本韓非子纂聞》，昭和 8 年崇文院出版，收入《叢書集成續編》第 40 冊，新文豐出版公司 1988 年印行，第 108 頁。

〔註17〕 陳啓天《增訂韓非子校釋》，臺灣商務印書館 1994 年版，第 681 頁。

〔註18〕 「怒」字原缺，據《治要》卷 8 所引及《大戴禮記》補。

〔註19〕 從「某」從「母」古字多通用，參見張儒、劉毓慶《漢字通用聲素研究》，山西古籍出版社 2002 年版，第 7 頁。「某」爲「梅」之初文，楚璽、包山楚簡、信陽楚簡「梅」多寫作「某」，參見何琳儀《戰國古文字典》，中華書局 1998 年版，第 131～132 頁。

〔註20〕 得猶嘗也、曾也，參見蕭旭《古書虛詞旁釋》，廣陵書社 2007 年版，第 198 頁。

（5）觴豆之銘曰：「戒之憍，憍則逃。」（《武王踐阼篇》）

按：王聘珍曰：「逃，亡也。」方向東曰：「逃，通『窕』。《廣雅》：『窕，婬也。』《方言》卷 10：『窕，淫也。沅湘之間謂之窕。』諸家說非。」王說誤，方說可備一通。竊謂逃讀爲佻，輕佻也。《淮南子·道應篇》：「憍則恣，恣則極。」《文子·道德》、《呂氏春秋·適威》、《韓詩外傳》卷 10「憍」作「驕」，古字同。恣，放縱。其義並相因。《呂氏春秋·驕恣》：「亡國之主必自驕，必自智，必輕物；自驕則簡士，自智則專獨，輕物則無備。」高誘注：「簡，傲也。」簡傲亦即輕侮，與輕佻亦相因也。

（6）矛之銘曰：「造矛造矛，少間弗忍，終身之羞。」（《武王踐阼篇》）

按：盧辯注：「重言造矛，見造矛之不易也。」王聘珍曰：「造，作也。」高本漢從之，謂造即製造〔註 21〕。孫詒讓曰：「疑造當讀爲酋。」方向東曰：「造，讀爲稍，字又作䐢，讀若笮。……盧、孫皆未切。蕭旭說，造讀爲操，操矛在手，當有所忍，否則終身蒙羞，此戒鬥之辭。可備一說。」我舊說無旁證，今申述之。黃懷信亦釋之云：「造，疑讀爲操，操持也。」《淮南子·泰族篇》：「故因（困）其患則造其備，犯其難則得其便。」又《氾論篇》：「故民迫其難則求其便，困其患則造其備。」王本、吳本及《文子·上禮》、《路史》卷 4「造」作「操」。俞樾曰：「言困於患難則造作其備也。」〔註 22〕失之。《文子·上仁》：「是舍其所以存，造其所以亡也。」《呂氏春秋·先職》「舍」作「棄」，《淮南子·氾論篇》「舍」作「釋」，義同。「造」與「舍」、「棄」、「釋」對舉，正當讀爲操。《文子》舊注：「造，音操。」《治要》卷 41 引《氾論篇》「造」作「就」，就猶取也。《漢書·王吉傳》：「寡人造行不能無惰。」造行猶言操行，亦其例。

（7）幼而慧齊（《五帝德篇》）

按：孔廣森曰：「慧，勤也。齊，疾也。」《素問·上古天眞論篇》、《史記·五帝本紀》「慧齊」作「徇齊」，王冰注：「徇，疾也。」《史記》《集解》：

〔註 21〕 高本漢《先秦文獻假借字例（下冊）》（陳舜政譯），中華叢書編審委員會中華民國 63 年版，第 271 頁。
〔註 22〕 俞樾《諸子平議》，上海書店 1988 年版，第 654 頁。

「徐廣曰：『墨子曰：年踰十五則聰明，心慮無不徇通矣。』駰案：徇，疾。齊，速也。」《索隱》：「今案：徇、齊，皆德也。《書》曰：『聰明齊聖。』《左傳》曰：『子雖齊聖。』齊謂聖德齊肅。又按《孔子家語》及《大戴禮》並作『叡齊』，一本作『慧齊』。叡、慧，皆智也。太史公採《大戴禮》而爲此紀，今彼文無作徇者，《史記》舊本亦有作『濬齊』，蓋古字假借徇爲濬。濬，深也。義亦並通。《爾雅》齊、速俱訓爲疾，《尙書大傳》曰：『多聞而齊給。』鄭註云：『齊，疾也。』今裴氏註云：『徇亦訓疾』，未見所出，或當讀徇爲迅。『迅』於《爾雅》與『齊』俱訓疾，則『迅』、『濬』雖異字而音同也。又《爾雅》曰：『宣、徇，遍也。濬，通也。』是遍之與通，義亦相近。言黃帝幼而才智周徧且辯給也。故《墨子》亦云：『年踰五十則聰明心慮不徇通矣。』」諸說惟《索隱》「徇、齊，皆德也」得之。張介賓注：「徇，順也。」張志聰注同〔註23〕。高士宗注：「徇、循同。循，順也。」吳國泰曰：「齊訓齊肅。」〔註24〕方向東曰：「疑作『徇齊』是。『徇』通『恂』，信也，敬也。齊，敬也。徇、齊同義連文。」徇指順服，齊讀爲齋，指恭敬，皆就美德言之；下句「長而敦敏」，才言及智慧。《金樓子・興王》作「循齊」，循、徇古字通〔註25〕。《大戴禮記・衛將軍文子篇》：「其幼也恭而遜。」王聘珍曰：「恭，敬。遜，順也。」〔註26〕又《文王官人篇》：「其少觀其恭敬好學而能弟也。」弟同悌，亦順也。徇齊，即「恭而遜」、「恭敬而能弟」之誼。此文作「慧齊」，《家語・五帝德》作「齊叡」，《索隱》所見一本作「叡齊」、「慧齊」，當據《史記》及《素問》訂正。張介賓、張志聰並注曰：「齊，中正也。」高士宗注：「齊，正也。」方以智曰：「智按《爾雅》：『宣、狥，徧也。疾、齊，速也。』狥乃徇之訛。言聖恕徧知而神速也。」〔註27〕黃生曰：「齊，當讀爲

〔註23〕明・張介賓《類經》卷1引此文，有注：收入景印文淵閣《四庫全書》第776冊，臺灣商務印書館1986年初版，第5頁。張志聰《黃帝内經素問集注》，轉引自宗福邦主編《故訓匯纂》，商務印書館2003年版，第745頁。
〔註24〕吳國泰《史記解詁》，1933年成都居易簃叢著本，第1冊，第1頁。
〔註25〕參見王叔岷《史記斠證》，中央研究院歷史語言研究所專刊之七十八，中華民國72年版，第26頁。
〔註26〕王聘珍《大戴禮記解詁》，中華書局1983年版，第113頁。
〔註27〕明・方以智《通雅》卷7，收入《方以智全書》第1冊，上海古籍出版社1988年版，第273頁。

資。資，給也。言天性捷給也。今讀本音似誤。」〔註28〕汪照曰：「叡、慧皆智也。濬，深也。」王樹枏曰：「齊，當訓辯。」吳玉搢《別雅》卷1：「叡齊、彗齊，徇齊也。」李笠曰：「徇、叡義同字通。」〔註29〕吳國泰說同。查德基曰：「徇當作侚，《說文》：『侚，疾也。』徐鍇《繫傳》引《史記》『幼而侚齊』，《治要》引同。」〔註30〕王叔岷說同，張家英申證之〔註31〕。並未得。《古今韻會舉要》引亦作「侚」，「侚」當讀爲徇，訓順服。《廣雅》「侚，疾也」條王念孫《疏證》云：「侚者，《說文》：『侚，疾也。』《史記・五帝紀》：『幼而徇齊。』《集解》云：『徇，疾。齊，速也。言聖德幼而疾速也。』《索隱》云：『《孔子家語》及《大戴禮》竝作叡齊。』《史記》舊本亦作濬齊，竝聲近而義同。《爾雅》：『迅，疾也。駿，速也。』郭璞注云：『駿猶迅也。』亦與侚聲近義同。《商子・弱民篇》：『齊疾而均速。』〔註32〕均與侚亦聲近義同。鄭注《內則》云：『旬當爲均，聲之誤。』是其例也。」〔註33〕恐未得之。

（8）**華如誣，巧言令色，足恭，一也**（《文王官人篇》）

按：王聘珍曰：「華，不實也。如，讀曰而。誣，妄也。」戴禮曰：「《正韻》『華』音誇，不正也。」方向東曰：「蕭旭說：《淮南子・俶眞訓》：『於是博學以疑聖，華誣以脅眾。』《繆稱訓》：『華誣生於矜，矜則蓋眾矣。』華當讀爲誇。華誣猶言虛誇。高誘注云：『設虛華之言，以誣聖人。』未確。王聘珍云亦未是。」今另補旁證：《說文》「雩（華）」字或體作「荂」。《爾雅》：「華，荂也。」郭注：「今江東呼華爲荂。」又「秦有楊陓。」《呂氏春秋・有始》作「陽華」。《方言》卷1：「華、荂，晠也。齊楚之間或謂之華，或謂之荂。」郭注：「荂亦華別名，音夸。」皆其相通之證。《漢書・楊王孫傳》：「夫飾外以華眾，厚葬以鬲眞。」

〔註28〕黃生《字詁》，黃生、黃承吉《字詁義府合按》，中華書局1954年版，第37頁。
〔註29〕李笠《廣史記訂補》，復旦大學出版社2001年版，第1～2頁。
〔註30〕轉引自瀧川資言《史記會注考證》，北岳文藝出版社1999年版，第79頁。張文虎《校刊史記集解索引正義札記》說同，中華書局1977年版，第3頁。
〔註31〕張家英《史記十二本紀疑詁》，黑龍江教育出版社1997年版，第1～2頁。
〔註32〕《商子》原文作「齊疾而均，速若飄風」，王氏誤以「速」字屬上句。
〔註33〕王念孫《廣雅疏證》，收入徐復主編《廣雅詁林》，江蘇古籍出版社1992年版，第51頁。

《說苑·反質》「華」作「誇」。《管子·大匡》：「出不仕，處不華。」《晏子春秋·內篇問上》：「不掩君過，諫乎前，不華乎外。」又「是以賢者處上而不華，不肖者處下而不怨。」又《內篇問下》：「通人不華，窮民不怨。」又「不以傲上華世，不以枯槁爲名。」《荀子·子道》：「奮於言者華，奮於行者伐。」〔註34〕皆其例〔註35〕。字或作譁，《韓詩外傳》卷3作「夫愼於言者不譁，愼於行者不伐」。字或作嘩，郭店楚簡《語叢二》：「未有嘩（華）而忠者，未有善事人而不返者。」字或作芋，上博五楚簡《弟子問》：「吾未見芋而信者，未見善事人而惪（貞）者。」〔註36〕芋讀爲華〔註37〕。字或作訏，郭店楚簡《尊德義》：「教以言，則民話（訏）以寡信。」陳偉讀「話（訏）」爲「誇」，云：「《說文》：『誇，諏也。』《逸周書·諡法解》：『華言無實曰誇。』」〔註38〕馮勝君曰：「芋，讀爲訏。」蘇建洲指出「誇、華、訏大概有同源的關係」〔註39〕，是也。字或作「迂」、「諝」、「宇」〔註40〕。《逸周書·官人解》作「華廢而誣」，盧文弨曰：「廢，大也。」〔註41〕

（此篇刊於《澳門文獻信息學刊》第5期，2011年10月出版，此次略有增補。）

〔註34〕 《家語·三恕》同。

〔註35〕 參見劉如瑛《詞典釋文與詞義探討》，《語言研究集刊》第3輯，江蘇教育出版社1989年版，第141頁。

〔註36〕 二「者」字整理者釋爲「絕」，茲從陳偉改釋。馬承源主編《上海博物館藏戰國楚竹書（五）》，上海古籍出版社2005年版，第280頁。陳偉《上博五〈弟子問〉零釋》，簡帛網，http://www.bsm.org.cn/show_article.php?id=215。「惪」字整理者釋爲「惪（憂）」，茲從蘇建洲改釋。蘇建洲《〈弟子問〉簡21「未見善事人而貞者」解》，http://www.guwenzi.com/SrcShow.asp?Src_ID=1238。

〔註37〕 參見蘇建洲：《〈上博五〉補釋五則》，簡帛網，http://www.bsm.org.cn/show_article.php?id=814。又參見何有祖《上博五〈弟子問〉校讀札記》，簡帛網。

〔註38〕 陳偉《郭店簡書〈尊德義〉校釋》，《中國哲學史》2001年第3期，第114頁。另參見陳劍《試說戰國文字中寫法特殊的「充」和從「充」諸字》，收入《出土文獻與古文字研究》第3輯，復旦大學出版社2010年版。

〔註39〕 馮勝君、蘇建洲二氏意見參見http://www.guwenzi.com/SrcShow.asp?Src_ID=1238。

〔註40〕 參見王引之《經義述聞》卷20《國語·周語下》「其語迂」條，江蘇古籍出版社1985年版，第483頁。

〔註41〕 轉引自黃懷信等《逸周書彙校集注（修訂本）》，上海古籍出版社2007年版，第774頁。

《莊子》拾詁

一、《莊子》「迳庭」正詁

1. 《莊子・逍遙遊》：「肩吾問於連叔曰：『吾聞言於接輿，大而無當，往而不反，吾驚怖其言，猶河漢而無極也，大有迳庭，不近人情焉。』」

《釋文》：「李云：『迳庭，謂激過也。』」成玄英疏：「迳庭，猶過差，亦是直往不顧之貌也。」〔註1〕林希逸注：「迳音徑，庭音趁。迳庭，只言疆界遙遠也。大有，甚有也。」〔註2〕《增韻》：「庭，迳庭，隔遠貌。」要之，「迳庭」為差異很大之義，然何以有此義，諸家多未能明之。治《莊》諸家，各以意測之。

晉・惠達《肇論疏》卷1：「《逍遙》云：『……太有迳庭，不近人情。』……謂迳庭直往，不付人情者也。」唐・釋元康《肇論疏》卷3：「大甚迳廷。迳，遠也。廷，直也。言如一物迳廷，然直去不可迴轉。」明・方以智曰：「迳廷，即『迳庭』，舊說激過也。又曰：隔遠貌。或曰：迳庭，言迳路之與中庭，偏正殊絕，猶言霄壤也。」〔註3〕馬其昶、胡遠濬、錢穆並取方氏「迳路與中庭」之說〔註4〕。清・王先謙曰：「宣穎云：『迳，門外路。庭，

〔註1〕 「過差」猶言過甚、過分，與薛綜注「過度」同義，參見蕭旭《古書虛詞旁釋》，廣陵書社 2007 年版，第 390～391 頁。

〔註2〕 「趁」當作「殄」。

〔註3〕 方以智《通雅》卷7，收入《方以智全書》第1冊，上海古籍出版社 1988 年版，第 272 頁。

〔註4〕 馬其昶《莊子故》，黃山書社 1989 年版，第 5 頁。胡遠濬《莊子詮詁》，中國書店 1988 年版，第 5 頁。錢穆《莊子纂箋》，臺灣東大圖書股份有限公司 1985

堂外地。』」〔註5〕劉武從宣說〔註6〕。清·王夫之曰：「逕外而庭內，隔遠之意。」〔註7〕鍾泰曰：「逕，同『徑』，衺也。庭，直也。衺直參差，故曰『大有逕庭』。」〔註8〕朱桂曜曰：「徑，直也。庭亦有直義。『徑庭』連文，即有激直之義。《呂氏春秋·安死篇》：『孔子徑庭而趨，歷級而上。』徑庭而趨猶言激直而趨。由激直義引申而爲激過義。」〔註9〕于省吾曰：「《文選·西京賦》、《辯命論》並作『徑廷』。逕與徑應讀作梗，庭應讀作莛，『梗莛』乃疊韻連綿字，其義則謂大小之懸殊也。」〔註10〕馬敘倫曰：「有，讀爲爲。『逕庭』疊韻連語。《方言》曰：『姪，欺謾之語也。』又曰『姪，謾也。』此庭義亦爲欺謾，然姪、庭二字並無欺謾義，蓋借爲誕，庭、誕並舌頭音也。大有逕庭，言大爲歎（欺）誕也。」〔註11〕朱起鳳曰：「徑庭之義，與『歷級』同。《釋文》訓『逕庭』爲激過，亦謂跳躍而過耳。二字並讀去聲，求深而反失之。」〔註12〕

諸家說「逕庭」詞義，惟惠達、成玄英、朱桂曜說得之。「庭」朱起鳳讀去聲，是也。清·胡鳴玉《訂譌雜錄》卷1：「逕庭音聽，隔遠貌，又激過也。俗誤讀爲家庭之庭。」〔註13〕

道之直爲徑（逕、俓），波之直爲涇，絲之直爲經，骨之直爲脛（踁），頏直爲頸，枝之直爲莖，言之直爲誙，視之直爲睘，病之急爲痙，性之狠直爲悻，力之強直爲勁，女之長而美好爲婞，器之圓而直上爲鋞，其義一也。《說文》：「俓，長貌。」長、直義相因〔註14〕。桂馥曰：「長貌者，《廣韻》：『俓俓，直也。』《通俗文》：『平直曰俓。』」王筠說同〔註15〕。《廣雅》：「俓，直

年第5版，第5頁。

〔註5〕 王先謙《莊子集解》，中華書局1987年版，第5頁。

〔註6〕 劉武《〈莊子集解〉內篇補正》，中華書局1987年版，第19頁。

〔註7〕 王夫之《莊子解》，中華書局1964年版，第6頁。

〔註8〕 鍾泰《莊子發微》，上海古籍出版社2002年版，第18頁。

〔註9〕 朱桂曜《〈莊子〉內篇證補》，上海商務印書館中華民國24年版，第19～20頁。

〔註10〕 于省吾《雙劍誃諸子新證》，上海書店1999年版，第347頁。

〔註11〕 馬敘倫《莊子義證》卷1，收入《民國叢書》第5編，據商務印書館中華民國19年版影印，第18頁。

〔註12〕 朱起鳳《辭通》，上海古籍出版社1982年版，第968頁。

〔註13〕 胡鳴玉《訂譌雜錄》，商務印書館中華民國25年版，第3頁。

〔註14〕 符定一曰：「長與平直之義相近。」符定一《聯緜字典》，中華書局1954年版，子集第245頁。

〔註15〕 桂馥《說文解字義證》，齊魯書社1987年版，第686頁。王筠《說文解字句

也。」《玉篇》:「侹,正直皃。《說文》云:『長皃。』」《廣韻》:「侹,長也、直也。」古字作頲、庭,《爾雅》:「頲、庭,直也。」《玄應音義》卷 11、13:「侹直:古文頲,同。《通俗文》:『平直曰侹。』經文作艇,非也。」「艇」為俗字,玄應以為誤,則拘矣。《龍龕手鑑》:「艇,俗。正作侹,身長直也。」字或作挺,《慧琳音義》卷 12 引《考聲》:「挺,直也。」《集韻》:「挺,直也。」《六書故》:「挺,攘臂申直之也,因之則凡長物亦謂之挺。」字或作廷,《後漢書·郭太傳》李賢注:「《蒼頡篇》曰:『廷,直也。』《風俗通》:『廷,正也。』」字或作娗,《廣韻》:「娗,長好皃。」故女美為娗(婷、亭),大圭為珽(理),直行為徎(逞),草莖為莛(筳),大杖為梃,小舟為艇,直流為涏,皆取其長直之誼,其義亦一也。「逕庭」同義連文,長直貌也。引申之,則為「隔遠」;復引申之,則為「激過」、「過差」。錢毅指出:「『逕庭』乃疊韻聯綿詞,直正之貌,引申為『激直』、『過激』、『偏激』。」〔註16〕得之矣。趙小剛謂「逕庭」音轉為「經易」、「輕易」、「輕佻」、「輕窕」,云:「『逕庭』實際是『輕佻』,『大』即誇大,『有』是『又』的通假字。」〔註17〕非也。

2.「逕庭」在文獻中有許多異形字,通過對異形字的考察,有助於我們對「逕庭」一詞作出正確的詮釋。

字或作「莖庭」,《莊子》《釋文》:「逕,司馬本作莖。」是司馬本作「莖庭」。

字或作「逕廷」、「逕侹」,《集韻》:「庭、廷:逕庭,激過也,一日不近人情,或省。」敦煌寫卷 P.2495《莊子》作「有大逕聽廷」,蓋寫手先誤書同音字「聽」,又改作「廷」,而忘標刪除符號也。是敦煌本作「逕廷」。梁·釋僧祐《弘明集》卷 10《吏部郎王泰答》:「一日曲蒙讜私,預聞范中書有神形俱滅之論,斯人逕廷,不近人情,直以下才,未能折五鹿之角耳。」宋、元、明、宮本作「逕侹」。《因明入正理論疏》卷 1:「初之所陳前未有說,逕廷持體,未有屈曲生他異解。」《廣弘明集》卷 18 後秦主姚興《答安成侯姚嵩》:「吾常以為殊太逕廷,不近人情,若無聖人,知無者誰也?」

字或作「徑廷」、「徑庭」,《文選·西京賦》:「望窈窱以徑廷,眇不知其所返。」薛綜注:「徑廷,過度之意也。」《韻補》「返」字條引作「逕庭」。

讀》,中華書局 1988 年版,第 295 頁。
〔註16〕 錢毅《莊子札記三則》,《殷都學刊》2005 年第 4 期。
〔註17〕 趙小剛《成語音釋二則》,《固原師專學報》1989 年第 1 期。

姚範曰：「注云：『過度之意』，非也。當如《莊子》，言其遼闊耳。」〔註 18〕高步瀛曰：「姚說未確。」〔註 19〕「過度」即成疏「過差」之義，薛注是也。《文選・辨命論》：「如使仁而無報，奚爲修善立名乎？斯徑廷之辭也。」李善注引《莊子》作「徑廷」，又引司馬彪曰：「徑廷，激遏（過）之辭。」〔註 20〕劉良注：「徑廷，激過也。」《梁文紀》卷 12 作「徑庭」。黃侃曰：「徑廷猶徑逞，直遂之意也，猶今云快心之談。」〔註 21〕《呂氏春秋・安死篇》：「孔子徑庭而趨，歷級而上。」《論衡・薄葬》：「魯人將以璵璠斂，孔子聞之，徑庭麗級而諫。」此二例，宋慈裒曰：「謂行步迅速激過規矩也。」〔註 22〕王利器說同〔註 23〕。符定一曰：「徑庭，過度之意也。」〔註 24〕三氏並引《莊子》以證之，是也。陶鴻慶曰：「徑庭者，自西階下，越中庭而東也。」〔註 25〕范耕研說同陶氏。許維遹從陶說，陳奇猷從范說〔註 26〕。曹庭棟曰：「徑，謂斜過也。」〔註 27〕並失之。魏・曹植《驅車篇》：「發舉蹈虛廓，徑庭升窈冥。」趙幼文《校注》引《莊子》成疏，又云：「則直往不顧之貌，疑如今語筆直之義。逕庭，疊韻謰語。」〔註 28〕《樂府詩集》卷 64 作「徑廷」，聞人倓曰：「薛綜《西京賦》注：『徑廷，過度之意也。』廷與庭古通。」〔註 29〕聞說失之，當訓徑直。唐・王勃《上絳州上官司馬書》：「是敢陳其徑庭。」《肇論》卷 1：「吾常以爲太甚徑庭，不近人情。」《肇論新疏》卷 3 作「逕庭」。宋・遵式

〔註 18〕姚範《援鶉堂筆記》卷 37，收入《續修四庫全書》第 1149 冊，上海古籍出版社 2002 年版，第 28 頁。

〔註 19〕高步瀛《文選李注義疏》，中華書局 1985 年版，第 328 頁。

〔註 20〕「過」爲「過」形誤，參見梁章鉅《文選旁證》，福建人民出版社 2000 年版，第 1210 頁。

〔註 21〕黃侃《文選平點》，中華書局 2006 年版，第 603 頁。

〔註 22〕宋慈裒《呂氏春秋補注》，轉引自陳奇猷《呂氏春秋新校釋》，上海古籍出版社 2002 年版，第 556 頁。

〔註 23〕王利器《呂氏春秋注疏》，巴蜀書社 2002 年版，第 1010～1011 頁。

〔註 24〕符定一《聯緜字典》，中華書局 1954 年版，寅集第 387 頁。

〔註 25〕陶鴻慶《讀諸子札記》，浙江人民出版社 1998 年版，第 118 頁。

〔註 26〕許維遹《呂氏春秋集釋》，中華書局 2009 年版，第 229 頁。陳奇猷《呂氏春秋新校釋》，上海古籍出版社 2002 年版，第 557 頁。范耕研《呂氏春秋補注》，轉引自《新校釋》。范耕研引馬敘倫《莊子義證》誤說以駁宋說，顯爲不當。

〔註 27〕轉引自王利器《呂氏春秋注疏》，巴蜀書社 2002 年版，第 1010 頁。

〔註 28〕趙幼文《曹植集校注》，人民文學出版社 1984 年版，第 406 頁。

〔註 29〕轉引自黃節《漢魏樂府風箋》，中華書局 2008 年版，第 321 頁。

《注肇論疏》卷 4：「『太甚逕庭』出《莊子》。李頤音云：『逕庭，激過也。』著空過甚，不近人之情解也。」明・釋德清《肇論略註》卷 5：「《莊子》語。意謂太甚邈遠。」二氏解爲「過甚」、「邈遠」，皆得之。考《廣弘明集》卷 18《姚興答》：「吾常以爲殊太遙遠，不近人情。」元、明本「遙遠」作「逕廷」。可證「逕廷」、「徑庭」、「逕庭」即「遙遠」之義也。《台宗十類因革論》卷 3：「其立言似徑庭，故今所不用。」

字或作「逕挺」，《列子・楊朱篇》張湛注：「此一篇辭義大逕挺抑抗，不似君子之音氣。」《釋文》本作「逕廷」，云：「廷音聽。」盧文弨曰：「《釋文》作『逕廷』。案：《莊子》作『逕庭』，又作『俓侹』。」〔註 30〕《法苑珠林》卷 55：「斯言逕廷，衣同雨穀，不近人情。」《唐護法沙門法琳別傳》卷 3 作「逕挺」。《禪林寶訓》卷 4：「至道逕挺，不近人情。」

字或作「徑侹」、「徑涏」、「俓侹」、「涇涏」，《爾雅》：「直波爲徑。」郭璞注：「言徑侹。」《釋文》本作「俓侹」，云：「俓，字或作徑。侹，字又作挺。俓侹，直也。」單疏本、注疏本作「徑涏」，《詩・伐檀》孔疏引亦作「徑涏」。《廣韻》：「侹，俓侹，直也。」《集韻》：「侹，徑侹，直也。」《集韻》：「涇，涇涏，直流也。」《釋名》：「水直波曰涇。涇，徑也，言如道徑也。」郝懿行曰：「直，徒也，徒波無風自波。」〔註 31〕劉、郝二氏說皆非是，繆楷已駁之〔註 32〕。《止觀輔行助覽》卷 3 宋・有嚴注：「徑侹：語出《莊子》……注云：『逕庭，激過也。』謂言語宏大，不近人情。彼云激過，今云越次，義亦同。」《摩訶止觀》卷 7：「次家徑侹，不待開權，即自顯實。」又卷 8：「如是深達，實不曲辨於三界，亦不徑侹而入空。」《北山錄》卷 10：「凡是非徑侹之論，何有窮乎？」元・耶律楚材《和謝招宣韻》：「俓侹松柏操，磊落英雄資。」

字或作「徑挺」、「俓挺」、「徑艇」，《釋名・釋船》：「二百斛以下曰艇，其形徑挺，一人、二人所〔乘〕行也。」〔註 33〕《類聚》卷 71 引作「徑艇」。又《釋形體》：「頸，俓也，俓挺而長也。」《御覽》卷 369 引「俓」作「徑」。

〔註 30〕盧文弨《群書拾補》，收入《叢書集成新編》第 3 冊，新文豐出版公司 1985
        年版，第 189 頁。
〔註 31〕郝懿行《爾雅義疏》，上海古籍出版社 1983 年版，第 903 頁。
〔註 32〕繆楷《爾雅稗疏》，收入《續修四庫全書》第 189 冊，上海古籍出版社 2002
        年版，第 31 頁。
〔註 33〕「乘」字據《類聚》卷 71、《御覽》卷 771 引補。

《御覽》卷 9 鄭玄《相風賦》：「體正直而無撓，度徑挺而不傾。」〔註34〕唐・孫過庭《書譜》：「便以爲姿質直者則徑挺不遒，剛很者又崛強無潤。」明・張丑《清河書畫舫》卷 3 引作「俓侹」。《文苑英華》卷 104 佚名《衡賦》：「材徑挺以繩直，星連綿而珠攢。」又卷 105 崔護《屈刀爲鏡賦》：「初徑挺以繩直，終青熒而月圓。」又卷 119 王損《通犀賦》：「犀有異角，其名通天，外徑挺以孤聳，內清明而自全。」《宋高僧傳》卷 10：「謂抗俗之志，當徑挺如是邪？」《林泉老人評唱投子青和尙頌古空谷集》卷 3：「假達磨不契鈍滯之事，而比大士徑挺，不近人情，亦相類也。」符定一曰：「徑廷，一作『逕庭』，一作『徑涏』，一作『徑挺』，一作『俓侹』，一作『徑庭』。」皆是也，但符氏又謂「轉爲『徑易』、『徑踰』」〔註35〕，則非也。

字或作「勁挺」、「勁逞」，梁・何遜《七召》：「假氏先生，負茲勁挺。」《昭明太子集》卷 2 亦收此文，作「假是先生，負茲勁逞」。寒山《男兒大丈夫》：「勁挺鐵石心，直取菩提路。」《新唐書・五王列傳》：「太子少保韋倫曰：『（袁）高言勁挺，自是陛下一良臣，宜加優禮。』」《禪林寶訓》卷 2：「佛鑑曰：『佛眼弟子，唯高菴勁挺，不近人情。』」《禪林寶訓音義》卷 1：「勁挺，至公而無私也。」《禪林寶訓順硃》卷 2：「勁，健也。挺，直也。言梗直的意思。宜『逕庭』，隔遠貌。取《莊子》『大有逕庭』，方貫下句。」雖得其誼，而改字則失之，未達通假之誼也。《博山參禪警語》卷 1：「做工夫，要中正勁挺，不近人情。」

字或作「脛脡」，《佛說罵意經》卷 1：「下有尻肉血，兩脛脡、兩足肌肉消盡。」又「骨鎖節節解墮，脛脡礭正白，髀骨如車輻。」〔註36〕此條《慧琳音義》卷 57 釋云：「孔注《論語》云：『脛，腳也。』《說文》『脛，腳胻也。』鄭注《禮記》：『脡，直也。』何注《公羊》云：『〔屈曰〕朐，申曰脡。』」慧琳「脛」、「脡」分訓爲二義，未得。宋・阮閱《詩話總龜》卷 7：「脛脡化爲紅玳瑁，眼睛變作碧琉璃。」宋・華岳《怒題》：「脛脡未甘纏吏鞚，髑髏不信誤儒冠。」宋・韋居安《梅磵詩話》卷下：「犬衛脛脡筋猶軟，鴉啄骷髏血

〔註34〕　《類聚》卷 68 引，作者爲「傅玄」，當是。《書鈔》卷 130、《類聚》卷 68 引作「經高」，「高」疑「亭」誤，「經亭」即「徑挺」。宋本《類聚》卷 68 引晉・陶侃《相風賦》：「擢孤莖而時挺，若芙蓉于水裔。」蓋是仿作，陶氏雖把「徑挺」理解錯成「孤莖時挺」，但可證明作「經高」是錯的。

〔註35〕　符定一《聯緜字典》，中華書局 1954 年版，寅集第 386 頁。

〔註36〕　《法觀經》卷 1「礭」作「確」，古字通。

未乾。」「脛脡」指腿，取其長直之誼而名之也。

字或作「脛亭」、「脛停」，《齊民要術》卷 6：「馬有雙腳脛亭，行六百里，廻毛起跂膝是也。」雙腳脛亭，指雙腳長而直也。繆啓愉曰：「《〔療馬集・〕相良馬論》：『雙腳脛停者，六百里。』說明『雙腳脛亭（或「停」）』是一專門名稱，從下文『回毛起跂膝』的說明，『脛亭』應是跂膝間旋毛的名稱。」〔註37〕繆說非也。石聲漢於「脛」字斷句，云：「亭行：『亭』可作『直』講，即『一口氣、不停』。」〔註38〕亦非是。

字或作「桱桯」、「桱程」、「經程」、「檠程」，皆「徑挺」之音變，其物爲酒器，乃截取大竹節爲之，圓而直上，故名爲「桱桯」也〔註39〕。

3. 通過對「逕庭」同源詞的考察，也有助於我們對「逕庭」一詞的理解。

音轉爲「洴涏」〔註40〕，《玉篇》：「洴，洴涏，小水皃也。」又「涏，洴涏。」《集韻》：「涏，洴涏，小水，一曰波直皃。」波直，故爲小水皃也。二義正相因。

又音轉爲「徑請」、「經請」、「徑情」，《鶡冠子・世兵篇》：「欲驗九天之高者，行不徑請。」陸佃注：「徑，或作經。」朱起鳳曰：「庭、請聲相近，故字亦通叚。」〔註41〕朱說是也，「徑請」、「經請」即「逕庭」，猶言徑直，言欲驗九天之高者，其行不能徑直而測量也。孫人和曰：「請，當作情。」張之純曰：「徑，路之小者。九天之高，必由己推算，而得非有行徑可請問也。」張金城曰：「徑，邪也。請者，干求之義。徑請者，由邪徑以請求也。」黃懷信曰：「孫說是。徑，由也。請，謂常情。」〔註42〕諸說皆非。《鶡冠子・著希篇》：「故君子弗徑情而行也。」古注：「君子以禮讓爲本，不敢徑情直往也。」張之純曰：「徑情，猶直情也。」吳世拱曰：「徑，縱易也。」張金城曰：「徑情者，斜曲其情也。」黃懷信曰：「徑，徑直、不曲。徑情，猶言任情、由情。」〔註43〕諸說皆非。

〔註37〕 繆啓愉《齊民要術校釋》，農業出版社出版 1982 年版，第 308 頁。《療馬集》，明・喻仁、喻傑同撰，繆啓愉謂此書出自《齊民要術》。
〔註38〕 石聲漢《齊民要術今釋》，科學出版社 1957～1958 年版，第 365～366 頁。
〔註39〕 參見蕭旭《〈說文〉「桱桯」補考》。
〔註40〕 古從井從巠多通用，參見張儒、劉毓慶《漢字通用聲素研究》，山西古籍出版社 2002 年版，第 555 頁。
〔註41〕 朱起鳳《辭通》，上海古籍出版社 1982 年版，第 2147 頁。
〔註42〕 諸說並見黃懷信《鶡冠子彙校集注》，中華書局 2004 年版，第 277 頁。
〔註43〕 諸說並見黃懷信《鶡冠子彙校集注》，中華書局 2004 年版，第 19 頁。

　　又音轉爲「蜻蜓」、「蜻蚅」、「蜻蜓」、「蜻虹」、「青亭」、「星蜓」、「蜻蛉」、「青蛉」、「青蜓」，《爾雅》：「虹蛵，負勞。」郭璞注：「或曰即蜻蛉也。」鄭樵注：「即蜻蜓也，亦謂之青蛉。」《釋文》本作「青蛉」。《說文》：「蛉，蜻蛉也。」又「蛵，丁蛵，負勞也。」《廣韻》：「蜓，蜻蜓。」《玄應音義》卷 17：「蜻蜓：《廣志》作蜻蚅，音青庭。《莊子》作蜻蛉。」〔註44〕《六書故》：「蜻蛉，亦曰蜻蜓、星蜓。」《淮南子・說林篇》高誘注：「蟌，青蜓也。」《博物志》卷 4：「五月五日，埋蜻蜓頭于西向戶下，埋至三日不蝕，則化成青眞珠。」《太平廣記》卷 473 引作「青蜓」，《事類賦注》卷 9 引作「青蛉」，又卷 30 作「蜻蛉」，《本草綱目》卷 40 引作「蜻蛉」。宋・陸佃《爾雅新義》卷 15 以「虹」字屬上條，云：「此蟲（蛵）大略如螳螂……螳螂似義，蛵（輕）利而已。」〔註45〕宋・陸佃《埤雅》卷 11：「蜻蜓……亭午則亭，名之曰蜓。以此字或作蜓，廷亦直也。一名蜻蛉……《字說》云：『蛉，蜻蛉也。動止常廷，故又謂之蛉，令出於廷者也。』《古今註》曰：『蜻蛉，一曰青亭。色青而大者是也。』」〔註46〕《本草綱目》卷 40：「蜻蛉：蜻虹、蜻蜓、虹蛵、負勞、蟌。時珍曰：蜻、蟌言其色青蔥也。蛉、虹言其狀伶仃也。或云：其尾如丁也，或云其尾如亭而挺，故曰蜓曰蛵。」自注：「蜓，亦作蜓。」王闓運曰：「丁、亭、停一字也。蜻蜓飛好停，色青，故曰青停。」〔註47〕郝懿行曰：「『蜻蛉』、『虹蛵』聲相近也。」〔註48〕劉師培曰：「『蜻蛉』、『虹蛵』聲近……虹之省文爲丁……蜻蛉以青得名。」〔註49〕黃侃曰：「『虹蛵』合聲即蜓也。《古今注》云：『蜻蛉，一名青亭。』案『虹蛵』合聲即亭。『虹蛵』又俱言經，赤也。」〔註50〕諸家說「蜻蜓」命名之

〔註44〕今本《莊子》無「蜻蛉」，《御覽》卷 950 引《莊子》：「童子埋蜻蛉頭而化爲珠。」考《太平廣記》卷 473 引《感應經》：「司馬彪《莊子注》言童子埋青蜓，不食而舞，曰：『此將爲珠。』人笑之。」則是司馬彪注語佚文也。張鉉謂「《御覽》及（《玄應》）此條所引爲《莊子》佚文」，失考。張鉉《佛經音義三種引子部書考》，浙江大學 2008 年博士學位論文。

〔註45〕陸佃《爾雅新義》，收入《叢書集成新編》第 37 冊，第 650～651 頁。「蛵利」與「義」字相承，蓋當作「輕利」。

〔註46〕陸佃《埤雅》，收入《叢書集成新編》第 38 冊，第 306 頁。

〔註47〕王闓運《爾雅集解》，轉引自朱祖延主編《爾雅詁林》，湖北教育出版社 1996年版，第 3815 頁。

〔註48〕郝懿行《爾雅義疏》，上海古籍出版社 1983 年版，第 1142 頁。

〔註49〕劉師培《爾雅蟲名今釋》，收入劉師培《劉申叔遺書》，江蘇古籍出版社 1997年版，第 453 頁。

〔註50〕黃侃《爾雅音訓》，上海古籍出版社 1983 年版，第 261 頁。

由，胥失之矣。「蜻蜓」可省言「蜻」〔註51〕，則以青得名之說，尤不足信也。「虹蛵」、「丁蛵」即「蜓蛵」〔註52〕，爲「蜻虹」、「蜻蜓」之倒言，其語源即「徑侹」。朱起鳳曰：「『虹蛵』即『蜻蜓』之叚，依義當作『蛵虹』。」〔註53〕此說近之。「蜻蜓」命名之由，當以其身長，故又名爲「蟧螂」也〔註54〕。李海霞謂「青亭」即「蜻蜓」、「蜻蛉」，「蜓」、「蛉」聲轉，「蜓」、「蛉」、「虹」、「蛵」皆取長義，蜻蜓身體直長，均是也；而謂「蜻」即「青」，蜻蜓身體多爲藍綠色〔註55〕，則失之。事實上蜻蜓還有紅色、霜白色、褐色、藍色、黑色的。

二、《莊子·養生主》「批大郤」正詁

1. 《莊子·養生主》：「批大郤，導大窾。」「批大郤」有二說：

(a) 郭象注：「有際之處，因而批之令離。」成玄英疏：「間郤交際之處，用刀而批戻之，令其筋骨各相離異。」

〔註51〕《呂氏春秋·精諭》：「海上之人，有好蜻者，每居海上，從蜻遊，蜻之至者百數而不止，前後左右盡蜻也。」高誘注：「蜻，蜻蜓。」《玉篇》：「蜻，蜻蛉。」《廣韻》：「蜻，蜻蜓蟲。」

〔註52〕《集韻》：「娗、婷：或從亭。」又「鰑、鯅：或从廷。」《廣雅》：「娗娗，容也。」王念孫曰：「蔡邕《青衣賦》：『停停溝側，嫰嫰青衣。』義與『娗娗』同。」指長好兒。《史記·蘇秦傳》：「長姣美人。」《論衡·齊世篇》：「語稱『上世之人，侗長佼好，堅強老壽，百歲左右；下世之人，短小陋醜，夭折早死。』」是古以身長爲美好也。《廣雅》：「玼玼，盡也。」王念孫曰：「《論衡·語增篇》云：『傳語曰：町町若荊軻之閭。言荊軻爲燕太子丹刺秦王，後誅軻九族，其後志恨不已，復夷軻之一里。一里皆滅，故曰町町。』義與『玼玼』同。」「町町」訓盡，由平直之義引申而來。《釋名》：「鄭，町也。其地多平，町町然也。」《關尹子·八籌》：「草木俄茁茁，俄停停，俄蕭蕭。」「停停」同「侹侹」，長直貌也。方以智曰：「停停，言樸遫不長也。」方說失之。「亭亭」訓高聳貌、直立貌，語源亦爲「侹侹」、「挺挺」。《左傳·襄公五年》：「《詩》曰：『周道挺挺，我心扃扃。』」杜預注：「挺挺，正直也。」此皆從丁從廷相通之證。王念孫《廣雅疏證》，收入徐復主編《廣雅詁林》，江蘇古籍出版社1992年版，第464、481頁。方以智《通雅》卷10，收入《方以智全書》第1冊，上海古籍出版社1988年版，第411頁。

〔註53〕朱起鳳《辭通》，上海古籍出版社1982年版，第969頁。

〔註54〕《廣韻》：「蟧，蟧螂，蜻蜓。」「蟧螂」即「䗧蜋」，《廣韻》：「䗧，䗧蜋，身長。」《類篇》：「䗧，長身謂之䗧蜋。」或作「康㝗」、「廉㝗」、「㝩㝗」、「濂㝗」、「阬閬」、「閌閬」、「榔梁」、「糠梁」，也倒言作「㝗康」、「蜋䗧」、「㝗㝩」、「狼抗」等形，爲高大空虛之義。在表示「身長」之義時，與「徑侹」相合。另參見蕭旭《「狼抗」轉語記》。

〔註55〕李海霞《漢語動物命名考釋》，巴蜀書社2005年版，第526～527頁。

（b）《釋文》：「批，《字林》云：『擊也。』」

《廣雅》：「摣、批，擊也。」王念孫《疏證》引《莊子》此條，云：「『摣』與『批』字同，《說文》：『摣，反手擊也。』」〔註56〕錢大昭、馬敘倫說同〔註57〕。治《莊》諸家，並從《釋文》訓擊〔註58〕。

郭注、成疏可取。郭注所謂「批之令離」，即指批削之使離異也。成疏所謂「用刀而批戾之」，「戾」字甚晦澀，諸家皆未及。戾讀爲剓，《集韻》：「剓，割也。」《文選・射雉賦》：「前剓重膺，傍截疊翮。」徐爰注：「剓，割也。」呂延濟注同。《古今事文類聚》後集卷44、《古今合璧事類備要》別集卷70引作「捩」，亦借字。《文選・笙賦》：「剓生枒，裁熟簧。」李善註：「剓，割也」張銑註：「剓，揉也。」張說失之。字或作蠡、劙、劚，《方言》卷6：「蠡，分也。」《玉篇》：「劙，解也，分割也。」《廣韻》：「劙，割破。劚，上同。」字或作剌，《玉篇》：「剌，削也。」字或作梨、劙，《漢書・揚雄傳》《長楊賦》：「分梨單于。」顏師古注：「梨與劈同，謂剺析也。」《廣雅》：「劙，劈也。」本字爲劈、剕、鑗，《玉篇》：「劈，剝也。剕，同上。」《說文》：「劈，剝也，劃也。」又「鑗，一曰剝也。」《玉篇》：「劈，剝也。剕，同上。」批戾猶言批削、剖割。

明・岳元聲《方言據》卷上：「削竹木令銳曰批，蒲結切。《相如賦》：『批巖衝擁。』《莊》：『批大郤。』『批逆鱗。』皆作入聲。」〔註59〕胡式鈺《語竇》：「薄切曰批，批削之義。」〔註60〕

〔註56〕 王念孫《廣雅疏證》，收入徐復主編《廣雅詁林》，江蘇古籍出版社1992年版，第228頁。

〔註57〕 錢大昭《廣雅疏義》，收入徐復主編《廣雅詁林》，江蘇古籍出版社1992年版，第230頁。馬敘倫《莊子義證》卷3，收入《民國叢書》第5編，據商務印書館中華民國19年版影印，第3頁。

〔註58〕 林希逸《莊子鬳齋口義》（周啓成校注），中華書局1997年版，第50頁。王先謙《莊子集解》，中華書局1987年版，第29頁。馬其昶《莊子故》，黃山書社1989年版，第22頁。屈復《南華通》，收入《叢書集成續編》第38冊，新文豐出版公司1991年印行，第586頁。胡遠濬《莊子詮詁》，中國書店1988年版，第26頁。劉文典《莊子補正》，收入《劉文典全集（2）》，安徽大學出版社、雲南大學出版社1999年版，第95頁。錢穆《莊子纂箋》，臺灣東大圖書股份有限公司1985年第5版，第25頁。王叔岷《莊子校詮》，中華書局2007年版，第106頁。

〔註59〕 岳元聲《方言據》，收入《續修四庫全書》第193冊，上海古籍出版社1995年版，第393頁。

〔註60〕 胡式鈺《竇存》卷4《語竇》，收入《叢書集成續編》第23冊，新文豐出版公

姜亮夫《昭通方言疏證》：「昭人謂以刀削竹木曰批，音讀如皮（陽平）。」列舉岳氏的說法及例證，又補舉杜甫《曹胡馬》詩：「竹批雙耳峻」〔註61〕。賈克非曰：「『批大郤』等語是庖丁自述解牛經驗的話，他反對用刀砍擊，認為那是『族庖』——一般廚師的笨辦法……所以『批』決不是用刀砍擊，而是削刺之意。杜甫《房兵曹胡馬》的『竹批雙耳峻』，正是此義。」〔註62〕

《齊民要術》卷3：「兩樓重橫，竅瓠下之，以批契繫腰曳之。」「批」亦為削刺之意。

2. 岳元聲、姜亮夫所引「批巖衝擁」、「批逆鱗」二例未允。論證尚不充分，有必要補充疏證。

2.1.「批」當讀為披，《說文》：「披，一曰折（析）也。」段玉裁注：「析各本譌折，今正。葉石君寫本及《類篇》正作析。按披析字見經傳極多，而版本皆譌為手旁之披，披行而披廢矣。《左傳》曰：『披其地以塞夷庚。』《韓非子》曰：『數披其木，毋使木枝扶疏。』《戰國策》范雎引《詩》曰：『木實繁者披其枝，披其枝者傷其心。』《史記・魏其武安傳》曰：『此所謂枝大於本，脛大於股，不折必披。』《方言》曰：『披，散也。東齊聲散曰廝，器破曰披。』此等非披之字誤，即披之假借。手部披訓從旁持，木部披乃訓分析也。」〔註63〕朱珔說略同〔註64〕。「披」為「披」借字，段氏前說謂「譌為手旁之披」，則拘矣。「披」謂削割而分離之也。

2.2. 字或作皮，《說文》：「皮，剝取獸革者謂之皮。」段玉裁注：「皮，披。披，析也。因之所取謂之皮矣。引伸凡物之表皆曰皮，凡去物之表亦皆曰皮，《戰國策》言『皮面抉眼』，《王褒僮約》言『落桑皮椶』，《釋名》言『皮瓠以為蓄』皆是。」〔註65〕陳詩庭曰：「皮為剝皮之名，非獸革之名。」〔註66〕劉賡

司1988年版，第774頁。

〔註61〕姜亮夫《昭通方言疏證》，收入《姜亮夫全集》卷16，雲南人民出版社2002年版，第266頁。

〔註62〕賈克非《〈庖丁解牛〉中的「批」、「善」》，《黃石師院學報》1981年第3期。

〔註63〕段玉裁《說文解字注》，上海古籍出版社1981年版，第242頁。

〔註64〕朱珔《說文假借義證》，黃山書社1997年版，第310頁。

〔註65〕段玉裁《說文解字注》，上海古籍出版社1981年版，第122頁。段氏所引《王褒僮約》，《古文苑》卷17章樵註：「割取椶櫚之皮，可為繩索。」《初學記》卷19、《錦繡萬花谷》前集19、《古今事文類聚》後集卷17、《古今合璧事類備要》前集卷54引「皮」並作「披」。《釋名》作「瓠蓄，皮瓠以為脯」，段氏誤引。

〔註66〕陳詩庭《讀〈說文〉證疑》，轉引自丁福保《說文解字詁林》，中華書局1988

引段、陳二說，因云：「按此說是也，皮蓋披之古字。」〔註67〕睡虎地秦簡《日書》甲種：「以牡刀皮而衣。」《鹽鐵論·散不足》：「皮黃口。」張敦仁曰：「黃口者，鳥之小者也……皮，剝也，見《廣雅》。」〔註68〕

段氏所引《戰國策》，見《韓策二》：「（聶政）因自皮面抉眼，自屠出腸，遂以死。」皮面，《史記·刺客傳》、《通鑑》卷1同，《續列女傳》作「披面」，《古今事文類聚》別集卷17作「披面」。《史記索隱》：「皮面，謂以刀刺其面皮，欲令人不識。」《戰國策》鮑彪注：「皮面，去面之皮。」《通鑑》胡三省註：「皮面，以刀劈面而去其皮。」宋·王觀國曰：「當用披面而用皮字者，省文也。」〔註69〕吳師道《戰國策補正》誤倒作「面皮」，吳氏云：「皮，《列女傳》作『披』，蓋以刀劈面而去其皮也。抉，《史》作『決』。」黃丕烈曰：「皮、披同字。」〔註70〕金正煒曰：「《廣雅》：『皮，剝也。』《廣韻》：『披，裂也。』鮑注、《索隱》並失『皮』之字義。」〔註71〕朱起鳳曰：「『皮』字假作動詞，與『披』同義通叚。」〔註72〕范祥雍曰：「《列女傳》卷8作『自披其面，抉其目』。《水經·濟水注》（朱箋本）亦作『披面』。《廣雅》：『皮，剝也。』『皮』乃『披』之借字。敦煌本《後語》作『破面決眼』，披與破字亦通。」〔註73〕錢大昭《廣雅疏義》正引《策》以證之〔註74〕。王照圓曰：「披，分離也。《戰國策》、《史記》俱作『皮』，皮即披字耳。」〔註75〕趙一清《水經注箋刊誤》卷3：「披字誤。」趙說非也。《文選·別賦》六臣本李善注引《史》作「破面決眼」〔註76〕，《白帖》卷18引作「破面抉目」，《御

年版，第3605頁。

〔註67〕劉賾《劉賾小學著作二種》，上海古籍出版社1982年版，第1006頁。

〔註68〕張敦仁《鹽鐵論考證》，收入《叢書集成新編》第26冊，新文豐出版公司1985年版，第482頁。

〔註69〕王觀國《學林》卷9，中華書局1988年版，第315頁。

〔註70〕轉引自范祥雍《戰國策箋證》，上海古籍出版社2006年版，第1583頁。

〔註71〕轉引自諸祖耿《戰國策集注匯考》，鳳凰出版社2008年版，第1453頁。

〔註72〕朱起鳳《辭通》，上海古籍出版社1982年版，第2009頁。

〔註73〕范祥雍《戰國策箋證》，上海古籍出版社2006年版，第1583頁。

〔註74〕錢大昭《廣雅疏義》，收入徐復主編《廣雅詁林》，江蘇古籍出版社1992年版，第361頁。

〔註75〕王照圓《列女傳補注》，收入《續修四庫全書》第515冊，上海古籍出版社2002年版，第742頁。

〔註76〕《四部叢刊》本影印宋本《六臣注文選》，浙江古籍出版社1999年版，第289頁。《文選》李善注胡刻本作「皮面決眼」，中華書局1977年版，第238頁。

覽》卷 376、517 二引並作「披面抉眼」。敦煌寫卷 P.2569《春秋後語》、《冊府元龜》卷 848 亦作「破面」。「破」、「披」通假，同在段玉裁《六書音韻表》第十七部。《玉篇》：「破，解離也。」《莊子・天地》：「百年之木，破爲犧樽。」破謂削其皮。考《淮南子・俶眞篇》：「百圍之木，斬而爲犧尊。」「斬」亦砍削之義。鍾泰曰：「破猶剖也。」〔註77〕王海根曰：「破，通『剖』。」〔註78〕則未允。《韓詩外傳》卷 6：「夫電雷之起也，破竹折木。」《晉書・杜預傳》：「今兵威已振，譬如破竹，數節之後，皆迎刃而解，無復著手處也。」「破木」、「破竹」之「破」即「削竹木曰批」之「批」，析也。《玉篇》：「莛，小破竹也。」按《楚辭・離騷》：「索藑茅以莛篿兮。」王逸注：「莛，小折竹也，楚人名結草折竹以卜曰篿。」《文選》李善註引王注作「莛，小破竹也」。《集韻》：「莛，一曰楚人結草折竹卜曰莛篿。」「折」並當作「析」，與「破」同義。《通鑑》卷 287：「又捕村民，誣以爲盜，披面抉目斷腕。」又卷 206：「抉眼剺面，披腹出心。」「皮面」、「披面」即「剺面」也，亦言「梨（犁）面」、「剺面」。《後漢書・耿秉傳》：「或至梨面流血。」李賢注：「梨即剺字，古通用。剺，割也。」《御覽》卷 239、365、375 引《東觀漢記》並作「犁面」。

聶政皮面事亦見載於《法言》，《法言・淵騫篇》：「（政）爲嚴氏犯韓，刺相俠累，曼面爲姊，實壯士之靡也。」宋・司馬光註：「《音義》曰：『曼，謨官切，塗面。』」宋・吳祕註作「鈹面決眼」，又引《小爾雅》：「曼，無也。」俞樾曰：「曼當讀爲鏝。《爾雅》：『鏝謂之杇。』鏝面者，塗面也。《音義》說得之。祕曰：『曼，無也。使他人無所認識。』則不可通矣。」〔註79〕汪榮寶曰：「《傳》作『皮面』，《韓策》同，蓋『披』之假。《說文》：『披，析也。』謂破析其面，不欲令人識之。此云『曼面』者，曼謂曼漶。」〔註80〕「曼」字諸家說並非是。曼當讀爲鏝、挽，剺離也。《廣雅》：「剝、脫、鏝、皮，離也。」《玉篇》：「鏝，皮脫也。亦作挽。」《集韻》：「鏝，離也。」《集韻》、《類篇》：「鏝，《博雅》：『離也。』謂皮脫離。」《廣雅》「鏝」字條王念孫、錢大昭等諸家皆無說，據此可補。王念孫《廣雅疏證》亦引《策》以證「皮」字之義〔註81〕。「皮」、「披」汪

〔註77〕 鍾泰《莊子發微》，上海古籍出版社 2002 年版，第 281 頁。

〔註78〕 王海根《古代漢語通假字大字典》，福建人民出版社 2006 年版，第 621 頁。

〔註79〕 俞樾《諸子平議》，上海書店 1988 年版，第 701 頁。

〔註80〕 汪榮寶《法言義疏》，中華書局 1987 年版，第 440 頁。

〔註81〕 王念孫《廣雅疏證》，收入徐復主編《廣雅詁林》，江蘇古籍出版社 1992 年版，第 276 頁。

說是，「鈹」亦爲「披」借字〔註82〕。王泗原曰：「『皮』乃『鈹』之假借，爲動詞。……自以鈹割毀其面。」〔註83〕王氏轉以段氏「皮」字注爲誤，未得本字。「嫚面」、「皮面」同義。

2.3. 字或作劇，《玉篇》：「劇，剝也。」《集韻》：「劇，刀析也。」《龍龕手鑑》：「劇，劇剝也。」明·焦竑《俗書刊誤》卷11：「開肉曰劇，音披。」《慧琳音義》卷75：「皮剝：《考聲》云：『皮亦剝也。』經文從刀作劇，俗字也。」又卷94：「劇析：按劇析即皮剝之謂。析猶分析、支解也。字書並無從刀作劇字，蓋俗用字者也。」《希麟音義》卷1：「劇剝：上劇字相承音皮，檢字書無此字，未達。案合作破，音疋靡反，傷也，打折也。」慧琳、希麟謂字書無「劇」字，是失檢《玉篇》也；希麟謂與「破」同雖是，但釋爲「傷也，打折也」，則非。「劇」字《大正藏》中用例甚多。《佛說罪業應報教化地獄經》卷1：「生劇牛羊，痛不可堪。」宋、元、明、宮本「劇」作「剝」。《佛說奈女耆婆經》卷1：「便以金刀，劇破其頭。」宋、元本「劇」作「披」。《五陰譬喻經》卷1：「分劇而解之。」宋、元、明本「劇」作「皮」。《長阿含經》卷7：「皮剝死人而求識神。」宋、元、明本「皮」作「劇」。又卷19：「劇剝臠割。」宋、元本「劇」作「皮」。《菩薩本緣經》卷3：「利刀劇剝。」《正法念處經》卷14：「手執利刀，劇地獄人。」劇，宋、宮本作「鈹」，明本作「披」。考《弘明集》卷1牟子《理惑論》：「豫讓吞炭漆身，聶政劇面自刑。」宋、元、明、宮本「劇」作「皮」，此正言聶政事，尤爲切證。

2.4. 字或作破、破、撋、擺，《漢書·匈奴傳》：「破堅拔敵。」《漢紀》卷29作「披堅敗敵」。《廣韻》：「破，開肉。」《集韻》：「破，剖肉也，或作撋。」《玄應音義》卷13：「開披：正字作破，同。《纂文》云：『破，折也。』披猶分也。亦披折也。經文作擺，反手擊也。擺非此義。」「折」當作「析」，形之誤也。經文作擺，是借音，即《集韻》之「撋」字。《慧琳音義》卷57轉錄「破」作「破」。《玄應音義》卷22：「破折：《纂文》云：『破，折也。』破猶分也。」《磧》本「折」並作「析」。《慧琳音義》卷48轉錄「破」作「破」。「破」、「破」亦爲通假字。「折」亦當作「析」〔註84〕，形之誤也。「破析」

〔註82〕 參見朱駿聲《說文通訓定聲》，武漢市古籍書店1983年版，第499頁。
〔註83〕 王泗原《古語文例釋》，上海古籍出版社1988年版，第381頁。
〔註84〕 《慧琳音義》卷57徐時儀《校記》：「折，據文意似當作『析』。」徐時儀《一切經音義三種校本合刊》，上海古籍出版社2008年版，第1527頁。而《玄應

即「剫析」。下條爲《瑜伽師地論》卷 84《音義》，檢經文：「殹折葉者」。折，明本作「拆」，宮本作「析」。宮本是也，明本亦誤。《古今韻會舉要》：「殹，折也。《廣韻》：『枝折。』通作『披』。」「折」字亦誤〔註85〕。

2.5. 字或作剕、劕，《玉篇》：「剕，削也。」敦煌寫卷 P.5431《開蒙要訓》：「鎪刮剕捋。」〔註86〕《集韻》：「剕、劕：削也，或從毘。」又「剕，割也，或作劕。」明·岳元聲《方言據》卷下：「側刃削物令薄曰剕，篇迷切，通作『批』。」〔註87〕《陀羅尼集經》卷 12：「豎者批上頭，橫者鑿孔。」元、明本「批」作「剕」。

2.6. 字或作皵，敦煌寫卷 P.3906《碎金》：「物皵剝：音披。」S.619《碎金》：「物皵剝：音批。」「皵剝」即「披剝」〔註88〕，亦即「皮剝」、「剫剝」。

2.7. 字或作鮍、鰥，《集韻》：「鮍、鰥：一曰破魚，或從披。」《齊民要術》卷 8：「作湆魚法，凡生魚悉中，用唯除鮎鱧耳。去直鰓，破腹作鮍。」破魚爲鮍，因此所破之魚亦名爲鮍。

2.8. 字或作攽（攽）、陂，《方言》卷 6：「癬、披，散也。東齊聲散曰癬，器破曰披。秦晉……器破而未離謂之璺，南楚之間謂之攽。」錢繹曰：「經傳皆借披爲柀，此亦同。」〔註89〕《廣韻》、《集韻》引《方言》「攽」作「攲」，《集韻》又謂同「陂」，云：「或從皮」。「攲」當爲「攽」形誤，「攽」同「攽」。《玉篇》：「攽，器破也。」《廣韻》：「陂，器破而未離。」明·焦竑《俗書刊誤》卷 11：「器破而未離曰陂，音披。」

2.9. 字或作狓，《玉篇》：「狓，張也，亦作披。」《廣韻》：「披，又作狓，開也，分也，散也。狓，羽張之兒。」《漢書·揚雄傳》《甘泉賦》：「狓桂椒，

音義》卷 13、22、《慧琳音義》卷 48 皆失校，第 270、463、1359 頁。

〔註85〕《廣韻》之「枝折」，周祖謨依段玉裁説校爲「披析」，周祖謨《廣韻校本》（下），中華書局 2004 年版，第 237 頁。據《玄應音義》卷 13：「亦披折（析）也」語，段説可從。「披析」爲中古常用詞，《大藏經》中習見。余迺永駁段説，校爲「殹析」，又謂「殹析」不詞，應作「殹，析也」。此説轉爲失之。余迺永《新校互注宋本廣韻》，上海辭書出版社 2000 年版，第 735 頁。

〔註86〕捋讀爲剫，《廣雅》：「剫，削也。」

〔註87〕岳元聲《方言據》，影印上海辭書出版社圖書館藏清道光十一年晁氏木活字印學海類編本，收入《續修四庫全書》第 193 冊，上海古籍出版社 1995 年版，第 410 頁。

〔註88〕參見蕭旭《敦煌寫卷〈碎金〉補箋》，收入《群書校補》，廣陵書社 2011 年版，第 1316～1317 頁。

〔註89〕錢繹《方言箋疏》，上海古籍出版社 1984 年版，第 396 頁。

鬱栘楊。」顏師古注：「翍，古披字。」《文選》李善註：「翍與披同。」

3. 考《說文》：「詖，辨論也。」段注：「皮，剝取獸革也。柀，析也。凡從皮之字皆有分析之意，故詖爲辨論也。」〔註90〕《廣韻》：「詖，辯詞。」《廣雅》：「耚，耕也。」《玉篇》：「耚，亦作畈，耕也。」《廣韻》、《集韻》同。耚訓耕，蓋亦取分析、分開之義。《急就篇》卷3：「鈒、戟、鈹、鎔、劒、鐔、鍭。」顏師古註：「鈹，大刀也。刃端可以披決，因取名云。」諸字並同源。

4. 今吳語猶謂削爲批、皮刂、殔，謂削皮爲批皮，其他方言區亦然〔註91〕。民國刊本《定海縣志》：「俗謂薄切魚肉等曰皮刂，通作『披』，亦作『批』。」〔註92〕此可徵之今日方言者。

（此文曾提交中國訓詁學會2010年年會論文，刊於《中國語學研究·開篇》第30卷，日本好文2011年9月出版。此次有所增補。）

〔註90〕段玉裁《說文解字注》，上海古籍出版社1981年版，第91頁。

〔註91〕參見許寶華、宮田一郎《漢語方言大詞典》，中華書局1999年版，第2532、3018、3924頁。

〔註92〕轉引自許寶華、宮田一郎《漢語方言大詞典》，中華書局1999年版，第3291頁。

《荀子・大略》「藍苴路作」解詁

1. 《荀子・大略》:「藍苴路作,似知而非;懦弱易奪,似仁而非;悍戇好鬬,似勇而非。」其中「藍苴路作」有以下的說法:

(1)楊倞註:未詳其義。或曰:苴讀爲姐,慢也。趙蕤注《長短經・知人篇》曰:「姐者類智而非智。」或曰讀爲狙,伺也。姐,才野反。

(2)劉師培曰:藍,當作濫。苴,當作狙。路,當作略。作,當作詐……是「濫」爲盜竊之義。苴讀爲狙,當從或說……是暗伺掩取均謂之狙。略、路均從各聲,略訓爲智,引伸之則爲強取、獲、奪。作、詐均從乍聲,詐訓爲欺、僞,引伸之則爲譎、詭。故《荀子》均謂其似智而非也〔註1〕。

(3)朱起鳳曰:苴,當作怚,即「慢」字之訛缺〔註2〕。

(4)金其源曰:竊謂「藍苴」即「濫竽」也……濫竽志在求食,今作于路,行人不過聽之,仍不得食,故曰似智而非〔註3〕。

(5)冢田虎曰:「藍」、「濫」通。苴,麤也。路,《富國篇》曰:「田疇穢,都邑路。」《管子》曰:「國家乃路。」皆不堅固之意。此蓋謾有所作爲之謂與?

(6)豬飼彥博曰:藍苴路作,當作「監狙詒作」。

(7)久保愛曰:知,音智〔註4〕。

〔註1〕劉師培《荀子補釋》,收入《劉申叔遺書》,江蘇古籍出版社1997年版,第981～982頁。

〔註2〕朱起鳳《辭通》,上海古籍出版社1982年版,第2004頁。

〔註3〕金其源《讀書管見》,(上海)商務印書館1957年初版,第360頁。

〔註4〕上冢田虎、豬飼彥博、久保愛三說並轉引自王天海《荀子校釋》,上海古籍出

（8）于省吾曰：按劉以苴爲狙，以作爲詐，是也；以藍爲濫，以路爲略，非也。豬飼彥博謂當作「監狙詒作」，狙、詐二字與劉讀同，以藍爲監，是也；以路爲詒，非也。路應讀作樂……監，察也。狙，伺也。監狙樂詐，言監察狙伺而樂詐也〔註5〕。

（9）蔣禮鴻曰：今按「藍苴」當作「鹽且」，藍爲鹽字形近之誤，苴又蒙鹽誤爲藍而誤加艸頭也。鹽且，即姑且、苟且也。《方言》卷13：「鹽，且也。」……「路」與「略」通……「鹽且」即苟且略作，略亦苟也……路作者，謂作之粗略也〔註6〕。

（10）郭在貽曰：「藍苴路作」與下文「懦弱易奪」、「悍戇好鬭」爲同例句，則其語法結構亦應相似。劉師培釋「藍苴路作」爲「濫狙略詐」，在語法結構上與下文顯然不一律，是以知其不然也。蔣先生釋「路作」爲「略作」，爲狀謂結構，與下文「易奪」一律，似可信矣；唯「藍苴」之義，蔣先生之說猶可斟酌。今考《晏子春秋‧內篇問上》云：「緩密不能麤苴不學者詘」（原文作「緩密不能麤苴學者詘」，今從王念孫校改。）……今謂《荀子》書之「藍苴」，殆即《晏子春秋》之「麤苴」，其義爲麤粗（猶今之粗疏）、荒率。荀子之意，殆謂粗疏、荒率作之粗略者，即不免於似知而非也〔註7〕。

（11）楊柳橋曰：姐，乃「嫭」之借字，驕也。驕、慢義近〔註8〕。

（12）劉如瑛曰：《禮記‧喪服小記》：「苴杖，竹也。」孔穎達疏：「苴者，黯也……故（破）貌必蒼苴，所以衰裳絰杖，俱備苴色也。」《哀公》：「資衰苴杖。」楊注：「苴謂蒼白色。」路，當爲「務」。作，變也。藍苴務作，意爲忽藍忽蒼，務爲變詐，蓋與「蒼黃反覆」意近，疑乃當時方言〔註9〕。

版社2005年版，第1096頁。

〔註5〕 于省吾《荀子新證》，收入《雙劍誃諸子新證》，上海書店1999年版，第335頁。

〔註6〕 蔣禮鴻《義府續貂》，收入《蔣禮鴻集》卷2，浙江教育出版社2001年版，第80頁。

〔註7〕 郭在貽《荀子札記》，收入《郭在貽文集》卷3，中華書局2002年版，第7～8頁。

〔註8〕 楊柳橋《荀子詁譯》，齊魯書社1985年版，第797頁。

〔註9〕 劉如瑛《諸子箋校商補》，山東教育出版社1995年版，第32頁。

2. 「藍苴路作」四字甚爲難解，王念孫、郝懿行、洪頤煊、劉台拱、王紹蘭、俞樾、孫詒讓、于鬯、陶鴻慶、鍾泰、楊樹達、高亨、徐復、徐仁甫、王叔岷、駱瑞鶴、李中生諸家於此皆無說〔註10〕；章詩同注爲「不詳」〔註11〕；梁啓雄、張覺採劉師培說，又引豬飼彥博說〔註12〕，無所裁斷；王天海謂「諸說皆不可信，存疑可也」〔註13〕。郭在貽謂三句句式一律，是也；但郭氏謂「藍苴」即《晏子》之「麤苴」，亦非是（參見下文）。劉師培、金其源、冢田虎、于省吾、劉如瑛所釋，皆不合於句法，其說非也。豬飼彥博、蔣禮鴻改字，尤無依據，亦不合句法，決不可信。

2.1. 藍讀爲欿，《說文》：「欿，欲得也。讀若貪。」《玉篇》：「欿，貪惏曰欿。」字或作濫，《大戴禮記・文王官人》：「淹之以利，以觀其不貪；藍之以樂，以觀其不寧。」盧辯注：「藍，猶濫也。」《逸周書・官人解》藍作濫，寧作荒。《淮南子・俶眞篇》：「勢利不能誘也，辯者不能說也，聲色不

〔註10〕 王念孫《荀子雜志》、《荀子補遺》，並收入《讀書雜志》，中國書店1985年版。郝懿行《荀子補注》，收入《郝氏遺書》。洪頤煊《讀書叢錄》，收入《續修四庫全書》第1157冊，上海古籍出版社2002年版，第690～691頁。劉台拱《荀子補注》，收入《劉氏遺書》，《叢書集成續編》第15冊，新文豐出版公司1991年版，第483頁。王紹蘭《荀子雜記》，收入《讀書雜記》，《叢書集成續編》第18冊，第113～114頁。俞樾《荀子平議》，收入《諸子平議》，上海書店1988年版，第295～298頁。孫詒讓《札迻》，中華書局1989年版，第192頁。于鬯《荀子校書》，收入《香草續校書》，中華書局1963年版，第168～170頁。陶鴻慶《讀〈荀子〉札記》，收入《讀諸子札記》，浙江人民出版社1998年版，第275～276頁。鍾泰《荀注訂補》，商務印書館1936年版，第190～197頁。楊樹達《讀〈荀子〉小箋》，收入《積微居讀書記》，上海古籍出版社2006年版，第177～187頁。高亨《荀子新箋》，收入《諸子新箋》，齊魯書社1980年版，第183～186頁。徐復《荀子臆解》，收入《語言文字學叢稿》，江蘇古籍出版社1990年版，第133～136頁。徐復《荀子雜志》，收入《後讀書雜志》，上海古籍出版社1996年版，第77頁。徐復《荀子臆解補》，收入《徐復語言文字學晚稿》，江蘇教育出版社2007年版，第261～263頁。徐仁甫《荀子辨正》，收入《諸子辨正》，成都出版社1993年版。王叔岷《荀子斠理》，收入《諸子斠證》，中華書局2007年版，第249～252頁。駱瑞鶴《荀子補正》，武漢大學出版社1997年版，第184～197頁。李中生《荀子校詁叢稿》，廣東高等教育出版社2001年版。

〔註11〕 章詩同《荀子簡注》，上海人民出版社1974年版，第313頁。

〔註12〕 梁啓雄《荀子簡釋》，中華書局1983年版，第382～383頁。張覺《荀子譯注》，上海古籍出版社1995年版，第631頁。張覺《荀子校注》，嶽麓書社2006年版，第381頁。

〔註13〕 王天海《荀子校釋》，上海古籍出版社2005年版，第1097頁。

能淫也，美者不能濫也，智者不能動也，勇者不能恐也。」高誘注：「濫，觀也。」《玉篇》：「觀，欲也。」《呂氏春秋・權勳》：「虞公濫於寶與馬，而欲許之。」高誘注：「濫，欲得也。」《韓子・十過》濫作貪。字又或作噛，《玉篇》：「噛，荊吳芳香，以噛其口。噛，貪也。」今本《淮南子・齊俗篇》作「荊吳芬馨，以噛其口」，許慎注：「噛，貪求也。」又《兵略篇》：「不貪於貨，不淫於物，不噛於辯。」噛亦貪也。《戰國策・楚策四》：「橫人噛口利機。」鮑彪注：「《集韻》：『噛，聲也。』」失之。字又或作憼、嚂，《玉篇》：「憼，貪憼也。」《廣韻》：「憼，貪也。」又「嚂，貪也，俗作濫，從水。」《集韻》：「憼、噛：貪憼，嗜也，或從口。」字又或作賧，《集韻》：「賧，賧賋，貪財也。」〔註14〕俗字亦作噛，《龍龕手鑑》：「噛，貪噛也。噛，俗，同上。」

2.2. 《淮南子・氾論篇》：「故狠者類知而非知，愚者類仁而非仁，戇者類勇而非勇。」高注：「狠者自用，像有知，非眞知。」《淮南子》之文，顯然從《荀子》化出。今本《淮南子》爲高誘注本。狠，讀爲艮，很戾不聽從也〔註15〕。《治要》卷 41 引《淮南子》注作：「狠，慢也。」《治要》所引爲許慎注本。「狠」無慢訓，許本蓋本作「狙」字。《長短經・知人篇》：「狙者類智而非智也，愚者類君子而非君子也，戇者類勇而非勇也。」自注：「狙，音自舒反，慢也。」《長短經》「狠」作「狙」，「仁」作「君子」〔註16〕，皆與高本不同，當即許本。楊倞註引《長短經》作「姐」字，「姐」、「狙」通。敦煌寫卷 P.2011 王仁昫《刊謬補缺切韻》：「姐，慈野反，嫚也。」《廣韻》：「姐，慢也。」趙少咸正引楊倞註爲證〔註17〕。《荀子》「苴」即《淮

〔註14〕 「賧賋」同「婪酣」，唐宋俗語詞。唐・韓愈《月蝕詩效玉川子作》：「婪酣大肚遭一飽，飢腸徹死無由鳴。」宋・陳造《謝韓幹送絲糕》：「婪酣得飽問便腹，如汝平生相負何？」

〔註15〕 《說文》：「艮，很也。」字或作很、詪，《說文》：「很，不聽從也，一曰盭也。」又「詪，很戾也。」黃侃曰：「詪，同『艮』、『很』。」黃侃《說文同文》，收入《說文箋識》，中華書局 2006 年版，第 15 頁。「艮」爲初文，「很戾」之見於行爲者爲很，見於言語者爲詪，二字同源。高注「自用」，正讀爲很。《爾雅》卷 8 宋邢昺疏引正作「很」。沈廷芳曰：「很誤犬旁作，仁並誤作君子二字。」未是。沈廷芳《十三經注疏正字》卷81，收入景印文淵閣《四庫全書》第 192 冊，臺灣商務印書館 1986 年初版，第 1063 頁。

〔註16〕 《爾雅》卷 8 宋邢昺疏、《續博物志》卷 7 引二「仁」字亦並作「君子」。宋・黃仲元《愚丘記》：「愚之號，類君子而非君子。」是黃氏所見本亦作「君子」也。

〔註17〕 趙少咸《廣韻疏證》，巴蜀書社 2010 年版，第 2179 頁。

南子》許愼本、《長短經》之「狙」，亦即楊倞註引《長短經》之「姐」，斷無可疑。本字當爲悒、嫭，《說文》：「悒，驕也。」又「嫭，嬌也。」《廣韻》：「嫭，憍也。悒，上同。」「驕」同「嬌」、「憍」，亦慢也。《廣雅》：「悒、慢，傷也。」「悒」、「慢」同訓傷，悒亦慢也。《賈子‧道術》：「克行遂節謂之必，反必爲悒。」《潛夫論‧述赦》：「孺子可令姐。」汪繼培曰：「姐乃嫭之省。」〔註18〕《文選‧幽憤詩》：「恃愛肆姐，不訓不師。」李善注：「《說文》曰：『姐，嬌也。』」李善改「嫭」作「姐」字以從正文，即以爲「姐」同「嫭」也。《集韻》：「嫭，《說文》：『嬌也。』或作姐。」正可印證李氏。又《琴賦》：「時劫捺以慷慨，或怨嫭而躊躇。」李善注：「嫭，嬌也，子庶切，或作姐，古字通，假借也。姐，子也切。」《六臣注文選》本「嫭」作「嫭」，誤從「旦」，並有注：「嫭，五臣作沮，慈預切。」〔註19〕又《與魏文帝牋》：「謇姐名倡。」李善注：「謇姐，蓋亦當時之樂人。《說文》曰：『嫭，字或作姐。』古字假借也。姐，子也切。」〔註20〕稱婦人爲「姐」、「小姐」，取其嬌縱可愛之義，故樂人名爲「謇姐」也。薛傳均據李善三注，謂「姐」借爲「嫭」〔註21〕。朱珔曰：「姐即嫭之省借。」〔註22〕章太炎曰：「嫭，將預切；姐，茲也切。魚、模轉麻，故嫭爲姐。蘇州謂小兒恃愛而驕爲姐，齒音歸舌，爲丁也切。」〔註23〕吳語「姐」正讀子也切，音近「假」。字或作駔，《呂氏春秋‧審應》：「使人戰者，嚴駔也。」高注：「嚴，尊。駔，驕。」畢沅曰：「駔，與悒、姐同。」〔註24〕楊柳橋謂「姐乃嫭之借字」得之。朱起鳳得其義，未得其字；「苴」爲「悒」借字，訓慢，而非訛缺。藍苴，猶

〔註18〕　汪繼培、彭鐸《潛夫論箋校正》，中華書局1985年版，第188頁。

〔註19〕　《六臣注文選》，浙江古籍出版社1999年版，第318頁。

〔註20〕　《文選》唐鈔本正文及注之「姐」作「姐」，「嫭」作「嫭」，皆誤從「旦」。《唐鈔文選集注彙存》第2冊，上海古籍出版社2000年版，第457～458頁。王利器謂「姐」字是，本當作「但」，即後世「花旦」之「旦」，其說非也。王利器《文子疏義》，中華書局2000年版，第283頁。宋‧吳曾《能改齋漫錄》卷2「婦女稱姐」條引正文及注皆作「姐」，不誤。

〔註21〕　薛傳均《文選古字通疏證》，收入《叢書集成續編》第103冊，新文豐出版公司1988年版，第591～592頁。

〔註22〕　朱珔《說文假借義證》，黃山書社1997年版，第695頁。

〔註23〕　章太炎《新方言》卷2，收入《章太炎全集（7）》，上海人民出版社1999年版，第55頁。

〔註24〕　畢沅《呂氏春秋新校正》，收入《叢書集成新編》第20冊，新文豐出版公司1985年版，第572頁。

言貪很、貪慢。《史記‧龜策列傳》：「欲無猒時，舉事而喜高，貪很而驕。」

  2.3. 《爾雅》：「路，大也。」作，讀爲詐〔註 25〕。路作，大詐。詐者巧言，似智而非智也。

  2.4. 久保愛謂知讀爲智，是也。《長短經》正作「智」字。

  3. 藍苴路作，謂貪婪傲慢大詐者，此固似智而非智也。

〔註25〕 參見王海根《古代漢語通假字大字典》，福建人民出版社 2006 年版，第 48 頁。

《孟子》「挾太山以超北海」義疏

　　《孟子‧梁惠王上》:「挾太山以超北海，語人曰我不能，是誠不能也。」
《墨子‧兼愛下》:「吾譬兼之不可爲也，猶挈泰山以超江河也。」

　　二例語義相同，蓋爲先秦古成語。

　　《孟子音義》云:「超，或作趠。」蔣仁榮曰:「案超隸作趒，趠俗作趐，
因形近，傳寫者或誤爲趒。」〔註1〕

　　對《孟子》「超」字的音義，《中文大辭典》、《漢語大詞典》並讀敕宵
反，前者引《釋名》「超，卓也，舉腳有所卓越也」訓卓，後者釋爲「越過」
〔註2〕。對《墨子》「超」字的音義，《漢語大字典》亦讀敕宵反，釋爲「越、
跳過」〔註3〕。

　　《孟子》「超」字，漢‧趙岐《章句》、北宋‧孫奭《注疏》都沒有音注。
南宋‧朱熹《集註》:「挾，以腋持物也。超，躍而過也。」南宋‧蔡模《孟
子集疏》、南宋‧趙順孫《孟子纂疏》、元‧胡炳文《孟子通》、元‧詹道傳
《孟子纂箋》並從朱子說。朱子超訓躍而過，得其正解。《說文》:「超，跳
也。」《呂氏春秋‧悔過》:「超乘者五百乘。」高誘注:「超乘，巨踊車上也。」
《國語‧周語中》:「超乘者三百乘。」韋注:「超乘，跳躍上車。」《左傳‧
襄公二十三年》:「遂超乘。」杜注:「跳上獻子車。」《史記‧王翦傳》:「投

〔註1〕　蔣仁榮《孟子音義考證》卷1，收入王先謙《清經解續編》，鳳凰出版社2005
　　　　年版，第6743頁。
〔註2〕　《中文大辭典》，華岡出版有限公司出版1979年版，第13965頁。《漢語大詞
　　　　典》(縮印本)，漢語大詞典出版社1997年版，第5778頁。
〔註3〕　《漢語大字典》(縮印本)，湖北辭書出版社、四川辭書出版社1992年版，第
　　　　1452頁。

石超距。」《索隱》：「超距，猶跳躍也。」又《蘇秦傳》：「韓卒超足而射。」《索隱》：「超足，謂超騰用勢，蓋起足蹋之而射也。」《正義》：「超足，齊足也。」《正義》說誤。《玉篇》：「超，恥驕切，超越也，出前也。」《玄應音義》卷 4：「超卓：恥驕反。跳上車也。超，越也，踰也。」《慧琳音義》卷 12：「超挺：上恥朝反。《方言》：『遠也。』《蒼頡篇》：『踰也。』《廣雅》：『度也。』王逸注《楚辭》云：『超，越也。』《說文》：『跳也。』」《集韻》：「超，抽廟切，踰也。」並可印證《說文》之說。桂馥《說文解字義證》正引《孟子》此文以證《說文》〔註4〕。

超，同「趒」。朱駿聲曰：「超，按：趒也。」〔註5〕《說文》：「趒，雀行也。」段玉裁曰：「今人概用『跳』字。」〔註6〕王筠曰：「雀不能步，故曰雀躍。」〔註7〕桂馥曰：「馥案雀行，雀躍也。」〔註8〕徐灝曰：「『趒』與『跳』音義同。」〔註9〕黃侃曰：「『超』同『跳』、『趒』。」〔註10〕《說文》：「跳，蹶也，一曰躍也。」又「蹶，一曰跳也。」互訓。

字或作踔、趠、逴、掉，《說文》：「趠，遠也。」段玉裁曰：「辵部曰：『逴，遠也。』音義同。《上林賦》：『捷垂條，逴希間。』《玄應》引如是，《史記》作踔，郭璞曰：『踔，懸擿也。』《吳都賦》：『狖鼯猓然，騰趠飛超。』按許云遠者，騰躑所到遠也。」〔註11〕所引《上林賦》，《玄應音義》卷 5：「趠第：丑挍、他吊二反。《上林賦》：『趠稀間。』郭璞曰：『懸擲也。』」段氏失檢。《慧琳音義》卷 34「趠足」條、「趠第」條引《上林賦》亦並作「趠」。《漢書》、《文選》作「掉」。《史記集解》引郭璞注作「踔，縣蹢也」，《文選》李善注引郭璞注作「掉，懸擿也」。所引《吳都賦》，《古今事文類聚》後集卷 37 引「趠」作「踔」。《玄應音義》卷 9：「趒小：又作趠，同。他吊反。謂趒躑也。《韻集》云：『趒，越也。』亦懸躑也。論文作踔，敕挌、敕角二反。」此條為《大智度論》卷 4《音義》，檢經文作「譬如少力人跳

〔註4〕 桂馥《說文解字義證》，齊魯書社 1987 年版，第 138 頁。
〔註5〕 朱駿聲《說文通訓定聲》，武漢市古籍書店 1983 年版，第 321 頁。
〔註6〕 段玉裁《說文解字注》，上海古籍出版社 1981 年版，第 67 頁。
〔註7〕 王筠《說文解字句讀》，中華書局 1988 年版，第 55 頁。
〔註8〕 桂馥《說文解字義證》，齊魯書社 1987 年版，第 143 頁。
〔註9〕 轉引自《漢語大字典》（縮印本），湖北辭書出版社、四川辭書出版社 1992 年版，第 1452 頁。
〔註10〕 黃侃《說文同文》，收入黃侃《說文箋識》，中華書局 2006 年版，第 7 頁。
〔註11〕 段玉裁《說文解字注》，上海古籍出版社 1981 年版，第 65 頁。

小渠尚不能過，何況大河？」聖本「跳」作「趠」。《玄應音義》卷 12：「趠牆：他吊反。跳躑也。《韻集》：『趠，越也。』經文作超，非體也。」又卷 13：「踔擲：今宜借音他吊反，字體作趠。趠擲也。《韻集》：『趠，越也。』」《慧琳音義》卷 35：「趠驀：上祧嘯反，《韻英》云：『趠，越也。』或作趠。經文從足作跳，音調，非經義。」又卷 40、63：「跳躑：上徒聊反。《蒼頡篇》云：『踊也。』《廣雅》：『跳，上也。』《說文》：『蹶也。』經文從卓作踔，非也。」《廣韻》：「踔，知教切，猨跳。」《集韻》：「趠、趠、超、踔，他弔切，越也，或從兆，亦作超、踔。」又「踔，徒弔切，遠騰兒。」明・方以智《通雅》卷 5：「京山曰：『挾泰山以超北海，超即掉字，聲轉有之。』」〔註 12〕黃侃曰：「『趠』同『逴』。」又「『逴』同『趠』。」〔註 13〕《別譯雜阿含經》卷 15：「舉足一踔能渡大海。」宋、元、明本「踔」作「趠」。《成實論》卷 14：「踔心中行精進。」宋、元、明、宮本「踔」作「掉」。《大智度論》卷 39：「譬如人中力士，趠不過三四丈。」元、明本「趠」作「踔」，石本「趠」作「超」。中原官話謂邁、跨跳爲超，粵語、中原官話謂跨越、跳躍爲趠，閩語謂跳躍爲踔〔註 14〕，蓋古語之遺存，而音有轉移也。

字亦作「趙」，《穆天子傳》卷 2：「天子北征，趙行口舍。」郭璞註：「趙猶超騰。」《大智度論》卷 28：「自知心力大能舉其身，譬如學趠。」石本「趠」作「趙」。

字亦作「踃」，《玉篇》：「踃，先聊切，跳踃。」《龍龕手鑑》：「踃，蘇凋反，跳也。」《文選・舞賦》：「簡惰跳踃，般紛挐兮。」李善註：「簡惰，疏簡怠惰也。《埤蒼》曰：『踃，跳也。』」呂向註：「跳踃，動足貌。」

《墨子・兼愛中》：「雖然，不可行之物也，譬若挈泰山越河濟也。」與上引《墨子》、《孟子》二例語義亦相同，尤可證超爲踰越、跳躍之義。《後漢書・馮衍傳・遺田邑書》：「欲搖泰山而蕩北海。」李賢注：「言不可也。《孟子》曰：『挾泰山而超北海也。』」蕩讀爲逿，《玉篇》：「逿，過也。」《根本說一切有部毘奈耶雜事》卷 38：「諸鹿羸弱不能浮趠。」宋、元、明、宮本「趠」作「越」。「趠」同「超」，此亦皆爲超訓越過之佐證。

〔註 12〕 方以智《通雅》，收入《方以智全書》第 1 冊，上海古籍出版社 1988 年版，第 220 頁。
〔註 13〕 黃侃《說文同文》，收入黃侃《說文箋識》，中華書局 2006 年版，第 7、10 頁。
〔註 14〕 參見許寶華、宮田一郎《漢語方言大詞典》，中華書局 1999 年版，第 5965、7006、7081 頁。

「超」有四音：（1）chāo，敕宵反、恥朝反、恥驕反；（2）chào，抽廟反；

（3）tiào，他弔反；（4）diào，徒弔反。

「趒」音 tiào，他弔反、桃嘯反；

「趠」有二音：（1）tiào，他弔反；（2）chāo，丑絞反

「踔」有四音：（1）tiào，他弔反；（2）zhào，知教反（3）chuò，敕角反；

（4）chè，敕挌反。

「超」的上古音在透（徹）母、宵部。他弔反、桃嘯反，中古音在透母嘯韻；上古音在透母、宵部，音同。丑絞反，中古音在徹母效韻。知教反，中古音在知母效韻。按爲後起字，無上古音，知教反的上古音在宵部。古無舌上音，可知徹、透同紐。亦與「超」同。敕角反（屋部），中古音在徹母覺韻。敕挌反（鐸部），中古音在徹母陌韻、鐸韻。中古音轉。聲同，韻可旁轉。

司馬遷《報任安書》「茸以蠶室」新解

　　司馬遷《報任安書》，收錄於《漢書·司馬遷傳》；又收錄於《文選》，題《報任少卿書》。

　　《報任安書》：「李陵既生降，隤其家聲，而僕又茸以蠶室，重爲天下觀笑。」茸以蠶室，《文選》作「佴之蠶室」。對句中的「茸（佴）」字，舊有二種解釋：

　　（1）《漢書》顏師古注：「蘇林曰：『茸，次也，若人相俾次。』師古曰：『此說非也。茸，音人勇反，推也。謂推致蠶室之中也。』」劉奉世曰：「讀如『闒茸』之茸。」〔註1〕

　　（2）《文選》李善注：「如淳曰：『佴，次也，若人相次也。人志切。』今諸本作『茸』字。顏監云：『茸，推也，人勇切。推置蠶室之中。』」張銑注：「佴，次也。」〔註2〕

　　對這二種解釋，宋代學者王觀國有過裁斷，《學林》卷 10：「觀國案：班固作《司馬遷傳》，去司馬遷未遠，必據司馬遷文用『茸』字，其義如顏師古注，文意通也。《字書》曰：『摍，人勇切，推也。』當用『摍』字，班固省其偏旁，故用『茸』字耳。自班固作漢史，後又歷四百餘年，梁昭明太子始集《文選》，既不依《司馬遷傳》作『茸』字，而變爲『佴』字，是必得於它書也。它書所傳司馬遷文，歷年既久，豈無訛謬？然則『茸』、『佴』二字，義雖均通，猶當以《漢書》爲正，況『佴』之義偏乎？」〔註3〕王觀國從顏說，

〔註1〕　王先謙《漢書補注》，書目文獻出版社 1995 年版，第 1231 頁。
〔註2〕　《六臣注文選》，浙江古籍出版社 1999 年版，第 749 頁。
〔註3〕　王觀國《學林》，收入《叢書集成新編》第 12 冊，新文豐出版公司 1985 年版，

並進而指出本字爲「揣」，朱珔、楊樹達、高步瀛並從之〔註4〕。

後代學者，多或從顏注，或從如淳、蘇林說。章太炎從顏說，謂「茸」同「軵」，訓「推」〔註5〕。我舊作亦從顏說〔註6〕。段玉裁、王念孫、錢大昭、桂馥、王筠、郭嵩燾、梁章鉅、黃侃並從如淳、蘇林說，釋爲「次」、「隨」、「副貳」〔註7〕；朱駿聲、胡紹煐則二說並存〔註8〕。《辭源》「佴」字訓「隨後、居次」，取如淳、蘇林說；「茸」字訓「推入」，取顏說。《漢語大字典》、《漢語大詞典》、《王力古漢語字典》採取同樣的做法〔註9〕。

晚清以來，學者又提出幾種新說：

（3）胡紹煐引如、顏兩說，又曰：「茸，許作『揸』。揸亦訓收。《廣雅》曰：『揸，收也。』此謂收之蠶室也。」高步瀛謂「其說亦通」〔註10〕。

（4）章太炎引《墨經》「佴，自作也」，謂茸、佴訓自作〔註11〕。

第 93 頁。

〔註4〕 朱珔《說文假借義證》，黃山書社 1997 年版，第 65 頁。楊樹達《漢書窺管》，收入《楊樹達文集（十）》，上海古籍出版社 1984 年版，第 480 頁。高步瀛《兩漢文舉要》，中華書局 1990 年版，第 99 頁。

〔註5〕 章太炎曰：「佴當作茸。《淮南·氾論訓》：『大祖軵其肘。』注：『軵，擠也。讀近茸。』然則茸之蠶室者，軵之蠶室也。擠與推同誼。謂推之蠶室，其誼塙矣。」章太炎《膏蘭室札記》，收入《章太炎全集（一）》，上海人民出版社 1980 年版，第 126 頁。此條材料承友人龐光華博士檢示，謹致謝忱。

〔註6〕 蕭旭《敦煌賦校補（下）》《〈燕子賦（一）〉校補》「左推右聳」條，收入《群書校補》，廣陵書社 2011 年版，第 853 頁。

〔註7〕 段玉裁《說文解字注》，上海古籍出版社 1981 年版，第 372 頁。王念孫《廣雅疏證》，錢大昭《廣雅疏義》，並收入徐復主編《廣雅詁林》，江蘇古籍出版社 1992 年版，第 190 頁。桂馥《說文解字義證》，齊魯書社 1987 年版，第 690 頁。王筠《說文解字句讀》，中華書局 1988 年版，第 297 頁。郭說轉引自王先謙《漢書補注》，書目文獻出版社 1995 年版，第 1231 頁。梁章鉅《文選旁證》，福建人民出版社 2000 年版，第 944 頁。黃侃《文選平點》，中華書局 2006 年版，第 480 頁。

〔註8〕 朱駿聲《說文通訓定聲》，武漢市古籍書店 1983 年版，第 185 頁。胡紹煐《文選箋證》，黃山書社 2007 年版，第 753 頁。

〔註9〕 《辭源》（縮印本），商務印書館 1988 年版，第 112、1437 頁。《漢語大字典》（縮印本），湖北辭書出版社、四川辭書出版社 1992 年版，第 61、1333 頁。《漢語大詞典》（縮印本），漢語大詞典出版社 1997 年版，第 559、5456 頁。王力等《王力古漢語字典》，中華書局 2000 年版，第 26、1054 頁。

〔註10〕 胡紹煐《文選箋證》，黃山書社 2007 年版，第 753 頁。高步瀛《兩漢文舉要》，中華書局 1990 年版，第 99 頁。

〔註11〕 章太炎《新方言》，收入《章太炎全集（七）》，上海人民出版社 1980 年版，第 72 頁。

（5）裘錫圭、李解民、楊琳謂茸（佴）讀爲恥〔註12〕。

（6）熊飛謂作「佴」字則從如淳、蘇林說；作「茸」字則取其本義「草茸茸貌」，「指塡塞蠶室所用的細草或獸毛之屬，這裏名詞用如動詞」〔註13〕。

（7）方有國謂熊飛說不可信，「佴」爲「居次」義，猶今言「判處」〔註14〕。

舊說訓「次」、「推」確爲不當，熊說毫無理據，尤不足信；章氏引《墨經》，難以理解〔註15〕；裘說可備一通。我認爲「茸」、「佴」並當借爲「咡」，指蠶吐絲。茸以蠶室、佴之蠶室，即「咡于蠶室」，司馬遷把自己比喻成蠶室中吐絲的老蠶，猶言吐絲於蠶室。「以」、「之」用爲介詞，猶于也〔註16〕。

咡，蠶吐絲，把絲含弄於口中，或借「珥」、「餌」字爲之。《淮南子·覽冥篇》：「蠶咡絲而商弦絕。」高注：「老蠶上下絲於口，故曰咡絲。……咡或作珥，蠶老時，絲在身中正黃，達見於外如珥也。」《淮南子·天文篇》：「蠶

〔註12〕李解民《讀〈墨經〉一則》，《文史》第 12 輯。此條材料亦承友人龐光華博士檢示，謹致謝忱。裘錫圭《考古發現的秦漢文字資料對於校讀古籍的重要性》，《中國社會科學》1980 年第 5 期，收入《古代文史研究新探》，江蘇古籍出版社 1992 年版，第 34 頁；又收入《中國出土文獻十講》，復旦大學出版社 2004 年版，第 129 頁。楊琳《古漢語詞語雜考》，《古漢語研究》1993 第 3 期。

〔註13〕熊飛《司馬遷〈報任安書〉校讀札記》，《語文研究》2002 年第 1 期。

〔註14〕方有國《司馬遷〈報任安書〉詞語訓注補正》，《西南師範大學學報》2006 年第 6 期。

〔註15〕關於《墨經》之「佴」字，俞樾曰：「作，疑『佐』字之誤，佴，貳也。佐與貳義相近。」孫詒讓曰：「『作』疑當作『仳』，即『比』之借字。佴、比並訓次。」張純一曰：「佴之爲名，猶備也、助也。作，興起也。」吳毓江曰：「佴，伏也。伏，助也。」譚戒甫曰：「疑『佴』當作『狂』。」高亨曰：「佴者即今語所謂退縮無勇氣也……作疑借爲怍。」李解民謂「佴」讀爲恥，裘錫圭從李解民說。俞樾《諸子平議》，上海書店 1988 年版，第 201 頁。孫詒讓《墨子閒詁》，中華書局 1986 年版，第 283 頁。張純一《墨子集解》，成都古籍出版社 1988 年版，第 277 頁。吳毓江《墨子校注》，中華書局 1993 年版，第 492 頁。譚戒甫《墨辯發微》，中華書局 1964 年版，第 95 頁。高亨《墨經校詮》，科學出版社 1958 年版，第 40 頁。李解民《讀〈墨經〉一則》，《文史》第 12 輯。裘錫圭《〈墨經〉「佴」、「䛊」、「廉」、「令」等四條校釋》，《國學研究》第 3 卷，北京大學出版社 1995 年版，第 260 頁。諸說紛紜，李解民說爲長。

〔註16〕「以」猶「於」，參見吳昌瑩《經詞衍釋》，中華書局 1956 年版，第 9～10 頁；又參見楊樹達《詞詮》，中華書局 1954 年版，第 352 頁。「之」猶「於」，參見裴學海《古書虛字集釋》，中華書局 1954 年版，第 745～746 頁。熊飛謂「之」訓「入」，方有國謂「之」後省略了「以」，此均不取。

珥絲而商弦絕。」高注：「蠶老絲成，自中徹外，然視之如金精珥，表裏見，故曰珥絲。一曰：弄絲於口。商音清，弦細而急，故先絕也。」高注後說「弄絲於口」即《覽冥篇》高注之前說「上下絲於口」，此說是也，另一說拘於「珥」字本義望文生義。《董子・郊語》：「蠶珥絲於室，而絃絕於堂。」同《天文篇》作「珥」字。《博物志》卷4：「蠶咡絲而商絃絕。」同《覽冥篇》作「咡」字。《爾雅翼》卷24：「珥絲，或爲『餌絲』。或曰：上下絲於口，故曰咡絲。」正採高注。《御覽》卷814引《淮南子》「蠶餌絲而商弦絕」，作「餌」字，引注作「商絃，金聲也。春蠶吐絲金死，故絕」。《路史》卷6、卷38並作「餌」。《事類賦注》卷10引作「咡」，引注同《御覽》。

《廣雅》：「咡謂之吻。」《玉篇》：「口旁曰咡。」《廣韻》：「咡，口吻。」用爲動詞，猶言含於口中而吐也。《意林》卷3引《論衡》：「蠶合絲而商弦易。」〔註17〕「合」爲「含」形誤，《御覽》卷814引《論衡》作「蠶合絲而商絃絕」。《御覽》卷825引《春秋文耀鈎》：「商弦絕，蠶合絲。」注：「弦將絕，蠶含絲，以待用也。」「合」亦爲「含」形誤，注可證〔註18〕。《劉子・類感》：「蠶含絲而商絃絕。」正作「含」字。《易・乾》唐・孔穎達疏：「蠶吐絲而商弦絕。」宋・魏了翁《周易要義》卷1同，並作「吐」字。《御覽》卷923引《春秋考異郵》：「蠶珥絲在四月。」宋均注：「珥，吐也。」〔註19〕

蠶室，養蠶之室，後世謂之蠶宮、蠶館、蠶房。蠶房溫度高，密不通風，受過腐刑的人必須避風，居於密室，漢代便稱行腐刑之室爲蠶室。《文選》張銑注：「蠶室，漢行割刑之室，使其避風養創者。」《漢書・張安世傳》：「得下蠶室。」顏師古注：「謂腐刑也。凡養蠶者，欲其溫而早成，故爲密室，蓄火以置之。而新腐刑亦有中風之患，須入密室乃得以全，因呼爲蠶室耳。」《三輔黃圖》卷6：「蠶室，行腐刑之所也。司馬遷下蠶室。」司馬遷受了腐刑，居於蠶室，便以蠶吐絲於蠶室自喻，甚爲切當。

胡紹煐曰：「蠶室猶暴室，蠶之言慘也，慘與暴同義……『蠶室』取慘毒之義。」〔註20〕魏德勝引《漢官舊儀》「置蠶官令、丞，諸天下官下法，皆詣

〔註17〕 今本《論衡》無此文。

〔註18〕 《爾雅翼》卷24：「《春秋文耀鈎》：『商弦絕，蠶含絲。』言弦將絕，蠶含絲，以待用也。」正作「含」字。

〔註19〕 《玉燭寶典》卷4引《春秋說題辭》：「蠶珥絲在四月。」宋均注亦曰：「珥，吐也。」

〔註20〕 胡紹煐《文選箋證》，黃山書社2007年版，第753頁。

蠶室，與婦人從事」，謂「受宮刑的就去蠶室工作一段時間，所以『下蠶室』就成了受宮刑的另一種說法」〔註21〕。二氏另立新說，並不可信。

〔註21〕魏德勝《讀書札記三則》，《中國文化研究》2006年第2期。

《史記》校札

一、「公孫雄」校正

　　《史記・越王勾踐世家》:「公孫雄。」公序本《國語・吳語》、《越語下》作「王孫雄」,明道本作「王孫雒」;《呂氏春秋・當染》、《御覽》卷492引《會稽典錄》亦並作「王孫雄」,《墨子・所染》作「王孫雒」,《說苑・雜言》作「公孫雒」,《韓子・說疑》作「王孫頧」,《吳越春秋・夫差內傳》、《勾踐伐吳外傳》、《越絕書・請糴內傳》、《外傳記吳王占夢》並作「王孫駱」。宋・宋庠《國語補音》卷3作「雄」,云:「雄,本或作雒。按漢改洛爲雒,疑洛字非吳人所名,檢《史記》作『公孫雄』,今定從此字。」〔註1〕盧文弨曰:「今案宋說殊誤……以『駱』字證之,則『雒』字是矣。否則不若各從本書爲得。」黃丕烈從盧說,云:「宋公序誤也。」〔註2〕王念孫曰:「盧說是也。隸書雄字或作雒,與雒相似,故雒譌爲雄。《困學紀聞》引《國語》、《呂氏春秋》竝作雒。《韓子・說疑篇》有吳王孫頧頧,即雒之譌。則其字之本作雒,益明矣。」〔註3〕孫詒讓校《墨子》曰:「雒,畢校改『雄』,云:『舊誤作雒。』盧文弨云云。顧廣圻校同。王念孫云云。」〔註4〕梁玉繩曰:「《國語》今本作『雄』,

〔註1〕　宋庠《國語補音》卷3,收入《叢書集成續編》第272冊,新文豐出版公司1988年版,第542頁。
〔註2〕　盧文弨《鍾山札記》卷2,中華書局2010年版,第53～54頁。黃丕烈《校刊明道本韋氏解〈國語〉札記》,收入《叢書集成初編》第3682冊,中華書局1985年影印,第263頁。
〔註3〕　王念孫《墨子雜志》,收入《讀書雜志》卷9,中國書店1985年版,第32頁。
〔註4〕　孫詒讓《墨子閒詁》,中華書局1986年版,第16頁。「云云」者,以其說上

宋本作『雒』，《越絕》、《吳越春秋》作『駱』，音同而通用。《墨子》、《說苑》並作『雒』，《呂氏春秋》作『雄』，而《困學紀聞》卷6引《呂氏》是『王孫雒』，則『雄』字誤。《韓子》作『頟』，蓋『雒』之譌也。《補音》恐非。『雒』本鳥名、馬名。」〔註5〕畢沅校《呂氏》，則以「雒」爲是，蓋已自訂舊說。蔣維喬、陳奇猷並從梁說〔註6〕。王叔岷曰：『駱』、『雒』古通，『雄』爲『雒』之誤，『頟』亦『雒』之誤。」〔註7〕關嘉曰：「『雒』蓋『雄』之誤，《國語》、《呂氏春秋》、《史記》並作『雄』。」左松超曰：「『雒』字不誤，關說非也。盧文弨、孫詒讓云云。」〔註8〕是諸家皆駁宋說，以「雒」爲正字也。「頟」同「雒」，王念孫、梁玉繩、王叔岷謂「頟」字誤，則稍失之。梁玉繩且謂「雒」爲鳥名、馬名，固爲古人取名之一端。其爲鳥名者，《說文》：「雒，鵋鶀也。」其爲馬名者，與「駱」同。《詩·駉》：「有騵有雒。」《釋文》：「雒，音洛，黑身白鬣曰雒，本或作駱，同。」《爾雅》：「白馬黑鬣，駱。」《說文》：「駱，馬白色黑鬣尾也。」竊疑當以「駱」爲正字，「雒」、「頟」則借字，「雄」則誤字。駱，野獸也。古人多以虎豹熊羆爲名，是其例也。此亦備一通。《史記·三代世表》謂「大駱」爲「大几」之後，《詩·秦譜》孔疏、《文選·贈崔溫》李善注引作「雒」，亦其例。《淮南子·繆稱篇》：「造父以治馬，醫駱以治病。」醫者名「駱」也。

二、「樂臺」校正

《史記·蘇秦列傳》《索隱》：「樂壹注《鬼谷子書》。」同文書局石印本作「樂臺」。日人瀧川資言《史記會注考證》本《索隱》亦作「樂臺」，又引《正義》佚文云：「《七錄》有蘇秦書，樂壹注云：『秦欲神祕其道，故假名鬼谷也。』《鬼谷子》三卷，樂壹注。樂壹字正，魯郡人。」水澤利忠《校補》指出「臺」字耿、彭等本作「壹」〔註9〕。《意林》卷2、《舊唐書·經籍志》、

文已引，此從略。下同。

〔註5〕 梁玉繩《史記志疑》，中華書局1981年版，第1030～1031頁。

〔註6〕 陳奇猷《呂氏春秋新校釋》，上海古籍出版社2002年版，第106頁，畢沅、蔣維喬說轉引自此書。

〔註7〕 王叔岷《史記斠證》，「中央」研究院歷史語言研究所專刊之七十八，1983年版，第1554頁。

〔註8〕 左松超《說苑集證》，（臺灣）「國立」編譯館2001年版，第1033頁。

〔註9〕 瀧川資言《史記會注考證》（附水澤利忠《史記會注考證校補》），上海古籍出版社1986年版，第1362、1378頁。

《新唐書‧藝文志》、《玉海》卷 79、《事物紀原》卷 2、《通志》卷 68、《子略》卷 3 亦並云「樂臺」注《鬼谷子書》。「壹」、「臺」形近，古代人的名、字相應，以其「字正」考之，「壹」字當是。《廣韻》：「壹，醇也。」「壹」爲專一、不雜義，故引申爲醇正。《隋書‧經籍志三》：「《鬼谷子》三卷，樂一注。」「一」同「壹」。

三、「雄貌深目」校正

《史記‧吳太伯世家》《正義》引《吳越春秋》：「胥因而相之，雄貌深目，侈口熊背，知其勇士。」今本《吳越春秋‧王僚使公子光傳》作「子胥因相其貌，碓顙而深目，虎膺而熊背，戾於從難，知其勇士」，《御覽》卷 436 引作「胥因相決之，推顙深目，虎口鷹背，戾於從難，知其勇士也」。「虎膺」誤作「虎口鷹」，因又誤作「侈口」。侈，讀爲哆，口張不正貌。「貌」爲「顙」誤。碓、雄、推，並爲「椎」的形誤字。《漢語大詞典》解「碓顙」爲「形如碓的高額頭」〔註10〕，望文生訓。《呂氏春秋‧遇合》：「陳有惡人焉，曰敦洽讐麋（麋－眉），雄顙廣顏，色如浹（漆）顙，垂眼臨鼻，長肘而牽。」舊校：「一作『推顙』。」《文選‧辯命論》李善注、《初學記》卷 19、《錦繡萬花谷》續集卷 5 引作「推顙」。推、雄，亦並爲「椎」的形誤字。《文選‧魏都賦》李善注、《白氏六帖事類集》卷 7〔註11〕、《御覽》卷 382、《冊府元龜》卷 835、《古今姓氏書辯證》卷 18 引《呂氏》正作「椎顙」。《廣韻》、《五音集韻》「犫」字條引《呂氏》作「狹顙」，《說郛》卷 12 引佚名《釋常談》卷上引《呂氏》作「權顙」，亦皆誤。「椎顙」亦言「椎額」，義同。《初學記》卷 19、《御覽》卷 382 引劉思眞《醜婦賦》：「才質陋且儉，姿容劇嫫母。鹿頭獼猴面，椎額復出口。折頞齃樓鼻，兩眼�如臼。」〔註12〕《古今事文類聚》後集卷 12 引誤作「推額」，《錦繡萬花谷》續集卷 5 引誤作「推顙」。宋‧陸游《南唐書》卷 8：「椎額鷹目，趫捷善射。」又言「隆顙」，《孔叢子‧嘉言》：「仲尼有聖

〔註10〕　《漢語大詞典》（縮印本），漢語大詞典出版社 1997 年版，第 4514 頁。
〔註11〕　《白孔六帖》在卷 21。
〔註12〕　「頞（齃）」指鼻莖。《文選‧解嘲》劉良注：「折頞，謂無鼻莖隴也。」齃樓，與「折頞」相應，形容鼻子塌陷。《御覽》382 引繁欽《三胡賦》：「康居之胡，焦頭折頞，高輔陷鼻。」「陷鼻」是其誼。「齃樓」疑「軀僂」音轉，《廣韻》：「僂，軀僂。」指傴曲也。字或作「軀軁」，《集韻》：「軁，軀軁，傴也。」《錦繡萬花谷》續集卷 5、《古今事文類聚》後集卷 12 作「齃面」，恐非是。

人之表，河目而隆顙，黃帝之形貌也。」高亨曰：「椎借爲顚，《說文》：『顚，出額也。顙，額也。』額即額之正字。顚顙，謂其額突出而高也。」〔註13〕字亦作魋，《史記·蔡澤傳》：「魋顏蹙齃膝攣。」《索隱》：「魋音徒回反，魋顏謂顏貌魋回，若魋梧然也。」「魋顏」即「顚顙」。《史記·高祖本紀》《集解》引應劭曰：「顏，額顙也，齊人謂之顙，汝南、淮、泗之間曰顏。」又同音借作「頯」，而義遂晦矣。《類聚》卷 75 引梁·劉孝標《相經序》：「及其深目長頸，頯顏感（蹙）齃，虵行鷙立，狼喙鳥味。」《雲溪友議》卷中引唐·陸巖夢《桂州筵上贈胡女子詩》：「自道風流不可攀，那堪蹙頞更頯顏？眼睛深却湘江水，鼻孔高於華岳山。」二文即描寫顚顙而深目也。「蹙齃」即「蹙頞」，「頯（齃）」指鼻莖，非指額頭。

（附記：中華書局新版《史記》校勘記「雄貌，疑當作『碓顙』……」云云〔註14〕，即是採納的我據此文所作的審稿意見。）

四、「支左詘右」校正

1. 《史記·周本紀》：「楚有養由基者，善射者也。去柳葉百步而射之，百發而百中之。左右觀者數千人，皆曰善射。有一夫立其旁，曰：『善，可教射矣。』養由基怒，釋弓搤劍，曰：『客安能教我射乎？』客曰：『非吾能教子支左詘右也。』」《史記》這段文字鈔錄自

《戰國策·西周策》，「支左詘右」作「支左屈右」。詘、屈，正、假字。《戰國策》高誘注：「支左屈右，善射法也。」鮑彪注：「支，去竹之支也，蓋取其直左右臂。」《史記索隱》：「按《列女傳》云：『左手如拒，右手如附枝，右手發之，左手不知，此射之道也。』又《越絕書》曰：『左手如附泰山，右手如抱嬰兒。』」吳師道《戰國策補正》引《列女傳》，即本《索隱》爲說。

2. 高誘說「支左屈右」是善射法，無疑是正確的；《索隱》引《列女傳》、《越絕書》二書以證之，也是正確的。但都語焉不詳，沒有明確指出「支左屈右」的含義。鮑彪注云云，是已經不知其制，妄說其義了。

3. 《索隱》所引《列女傳》，見今本卷 6：「妾聞射之道，左手如拒，右

〔註13〕 高亨《呂氏春秋新箋》，收入《諸子新箋》，《高亨著作集林》卷 6，清華大學出版社 2004 年版，第 249 頁。
〔註14〕 《史記》校勘記，中華書局 2013 年 9 月版，第 1776～1777 頁。

手如附枝，右手發之，左手不知。」《類聚》卷 60 引「附枝」作「附支」，《御覽》卷 746、《記纂淵海》卷 191 引「拒」作「矩」〔註15〕。《古今合璧事類備要》前集卷 28 引作「左手如拒，石手如附枝」，「石」顯爲「右」之誤。《莊子·田子方篇》：「列禦寇爲伯昏無人射，引之盈貫，措杯水其肘上。」郭象注：「左手如拒石，右手如附枝，右手放發，而左手不知，故可措之杯水也。」〔註16〕《御覽》卷 745 引「拒」作「矩」。《釋文》：「如拒，音矩。本亦作矩字。」郭象的說法可與《列女傳》相印證。

　　3.1.「拒」讀爲巨，字或作榘，省作矩。《說文》：「巨，規巨也。從工，象手持之〔形〕。榘，巨或從木、矢。矢者，其中正也。」〔註17〕《玉篇》：「榘，與矩同。」本指畫方形的曲尺，因稱所畫之方形、直角亦爲矩。「榘」字從木、從矢者，當取義於「右手如附枝」、「左手如矩」；許氏云「其中正」者，謂取義於射矢時左手臂彎成直角的標準。桂馥、王筠並引《詩·大東》「其直如矢」以說之，孔廣居謂「從矢，取其直也」〔註18〕，皆未切。古字「規」從矢作「𧤒」，所以「榘（矩）」字必從矢。林義光謂「榘」字「從矢非義」，商承祚謂「矢乃夫之譌」，馬敘倫謂「矢、夫二字形近易譌……此當從夫」〔註19〕，亦皆未得古義。

　　3.2.「枝」同「支」。《周禮·多官·考工記》：「水直者如生焉，繼者如附焉。」鄭玄注：「如附，如附枝之弘殺也。」賈公彥疏：「云『繼者如附焉』者，材有大小，相附著，如木之枝柯本大末小之弘殺也。」「弘殺」亦作「鴻殺」，即「豐殺」，猶言大小。

〔註15〕《記纂淵海》據《北京圖書館古籍珍本叢刊》影刻本，書目文獻出版社 1998 年版，第 71 冊，第 813 頁。《四庫》本在卷 81。

〔註16〕「石」字涉「右」而誤衍，敦煌寫卷 P.3789、《御覽》卷 745 引注正無「石」字。宋·褚伯秀《南華眞經義海纂微》卷 65 引郭注已衍「石」字。梁端謂《列女傳》脫「石」字，據《御覽·兵部七十八》引補，蕭道管從之，斯未達其誼也。檢《御覽·兵部七十八》即卷 347，引無「石」字，又卷 746 引亦無。梁氏所據本誤。梁端《列女傳校注》卷 6，廣文書局 1979 年版，第 2 頁。蕭道管《列女傳集注》，清光緒 34 年刻本。

〔註17〕「形」字據小徐本補。

〔註18〕桂馥《說文解字義證》，王筠《說文解字句讀》，孔廣居《說文疑疑》，並收入丁福保《說文解字詁林》，中華書局 1988 年版，第 5012～5013 頁。

〔註19〕林義光《文源》卷 6，商承祚《〈說〉中之古文攷》，馬敘倫《說文解字六書疏證》卷 9，並收入李圃主編《古文字詁林》第 4 冊，上海教育出版社 2001 年版，第 757～758 頁。

3.3. 《韓詩外傳》卷 8：「夫射之道，在手若附枝，掌若握卵，四指如斷短杖，右手發之，左手不知。」「在手若附枝」有脫誤，當作「左手若〔矩，右手若〕附枝」，「在」為「左」形誤〔註20〕。

3.4. 射箭之法，左手持弓，右手拉弦。「左手如矩，右手如附枝」者，言左手臂彎屈而成矩形，右手如枝條附幹，配合於左手也。據此，《策》、《史》之「支左屈（詘）右」當作「左屈右支」或「支右屈左」。《御覽》卷 744 引《策》作「出左屈右」，「出」顯為誤字；《白帖》卷 85「支左屈右，如拒如附」條引《史》作「引左屈右」，「引」亦顯為誤字〔註21〕。橫田惟孝曰：「謂左手張支弓，右手屈持筈也。」馬敘倫曰：「『支』借為『直』……『支左』謂『直左』，即《列女傳》所謂『如附枝』者也。」范祥雍從橫田說〔註22〕。王照圓曰：「如拒，言力勇也。附枝，不敢縱也。」〔註23〕韓兆琦曰：「支左詘右，指射箭的姿勢。左手握弓撐起，右手回屈鉤弦。詘，通『屈』」〔註24〕皆非也。

4. 《索隱》所引《越絕書》「左手如附泰山，右手如抱嬰兒」，今本未見，蓋已佚。《吳越春秋》曾採錄《越絕書》的材料，《勾踐陰謀外傳》云：「夫射之道……左手若附枝，右手若抱兒……右手發機，左手不知。」當作「左手若拒，右手若附枝」，「拒」形誤為「抱」，因增「兒」字以求通，「左、右」二字又互倒。小司馬所見本作「抱嬰兒」，因改「附枝」作「附泰山」，以求對文，所失愈遠。

五、「高屋建瓴」解詁

1. 「高屋建瓴」語出《史記·高祖本紀》：「（秦）地埶便利，其以下兵於諸侯，譬猶居高屋之上建瓴水也。」《漢書·高帝紀》、《三輔黃圖》卷 1 同。關於「建瓴」，各家之說如下：

(1) 《史記集解》引如淳曰：「瓴，盛水瓶也。居高屋之上而幡瓴水，言其向下之勢易也。建音蹇。」又引晉灼引許慎曰：「瓴，甕似瓶者。」

〔註20〕 屈守元《韓詩外傳箋疏》未及之，巴蜀書社 1996 年版，第 736 頁。
〔註21〕 王叔岷《史記斠證》未判是非，中華書局 2007 年版，第 157 頁。
〔註22〕 范祥雍《戰國策箋證》，上海古籍出版社 2006 年版，第 102 頁。
〔註23〕 王照圓《列女傳補注》，收入《續修四庫全書》第 515 冊，上海古籍出版社 2002 年版，第 717 頁。
〔註24〕 韓兆琦《史記箋證》，江西人民出版社 2009 年版，第 279 頁。

據水澤利忠《校補》，南監本、北監本、殿本「幡」作「翻」〔註25〕。四庫本亦作「翻」，《通鑑》卷 11 胡三省註、《記纂淵海》卷 131 引亦作「翻」〔註26〕，字同。宋本《御覽》卷 164、明本《冊府元龜》卷 788 引作「播」，非也。

（2）《漢書》顏師古注引如淳說，又引蘇林曰：「瓴，讀曰鈴。」師古斷曰：「如、蘇音說皆是，建音居偃反。」

（3）戴侗《六書故》卷 15：「假借之，音居偃切，《漢書》曰：『猶居高屋之上建瓴水也。』建水，猶頃（傾）水也。『聿』之疑。」〔註27〕

（4）戴侗《六書故》卷 23：「筧，續竹通水也，古單作建、建瓴，亦作梘。」又卷 28：「瓴，牝瓦仰蓋者也，仰瓦受覆瓦之流，所謂瓦溝也。《史記》曰：『猶居高屋之上建瓴水也。』《說文》曰：『瓮似餅也。』然《說文》釋甓為瓴甓，則瓴非瓮矣。」〔註28〕

（5）方以智《通雅》卷 38：「按瓴甓即今甓瓴，本仰瓦之溝也，所謂建瓴也。」又「《老學菴筆記》曰：『臨江蕭氏，五代時，祖仕湖南，亡命匿人家霤槽中，江湖謂霤為筧，世世祠筧頭神。』戴氏〔曰〕『筧，一作梘，古作建、建瓴』是也。」又卷 49：「筧，續竹通水也，古單作建，所謂建瓴也。亦作梘，今屋前合卷棚，必以梘去窗流水，曰梘溝。深山取水曰筧水，各處至今呼之，延平有水老筧水，以給一城人家。」〔註29〕

（6）沈欽韓曰：「《管子·度地篇》：『瓴之尺有十分之三，里滿四十九者，水可走也。』按：瓴，瓴甋也。《詩》傳：『甓，令適也。』屋檐瀉水者，以板為之。如淳以為瓶，非也。」〔註30〕

〔註25〕水澤利忠《史記會注考證校補》，廣文書局 1972 年版，第 660 頁。

〔註26〕《記纂淵海》據《北京圖書館古籍珍本叢刊》第 71 冊，書目文獻出版社 1998 年版，第 556 頁。四庫本在卷 73。

〔註27〕戴侗《六書故》卷 15，《溫州文獻叢書》影鈔元刊本，上海社會科學院出版社 2006 年版，第 353 頁。

〔註28〕戴侗《六書故》卷 23、28，《溫州文獻叢書》影鈔元刊本，上海社會科學院出版社 2006 年版，第 562、660 頁。

〔註29〕方以智《通雅》卷 38、49，收入《方以智全書》第 1 冊，上海古籍出版社 1988 年版，第 1158、1167、1442 頁。

〔註30〕沈欽韓《漢書疏證》，收入《續修四庫全書》第 266 冊，上海古籍出版社 2002 年版，第 11 頁。

（7）陳直曰：「舊注皆訓瓴爲盛水瓶，對於高屋上置水瓶，頗難理解。西安灞橋地區，曾出『霸陵過氏瓴』一具，器形中空，一頭大，一頭下，爲簷角滴水之用，故云高屋建瓴。」〔註31〕

徐鍇《說文解字繫傳》引《史記》以證《說文》「瓴，甕也，似瓶」；王念孫、王筠、朱駿聲皆取如淳說〔註32〕；桂馥取戴侗說〔註33〕；段玉裁、瀧川資言取《集解》舊說〔註34〕；王先謙但列《集解》舊說、沈欽韓說，未作按斷〔註35〕；施之勉但列《漢書》舊注及沈欽韓、桂馥、陳直諸說，未作按斷〔註36〕；王叔岷取沈欽韓說〔註37〕；韓兆琦取如淳、陳直二說，未作按斷〔註38〕。梁玉繩、張文虎、李笠、吳國泰、施之勉、周壽昌、楊樹達、吳恂皆無說〔註39〕。

2. 要之，有二說：一是以許慎、如淳說爲代表，解「瓴」爲盛水瓶，「建瓴水」爲翻瓴水；一是以戴侗、沈欽韓說爲代表，謂「瓴」同「筧」、「梘」，指瓦溝瀉水者。

戴侗曰：「假借之，音居偃切，建水，猶頃（傾）水也。『聿』之疑。」是戴氏原本也從舊說，但因爲舊說「建」字何以有「翻倒」、「傾倒」義不明，因而疑是「聿」字之借，然「聿」實亦無此義，故又另立新說耳。

3. 以句法而論，「居高屋之上建瓴水」的「建」明顯是動詞，戴氏新說解

〔註31〕陳直《史記新證》，天津人民出版社 1979 年版，第 31 頁。其說又見《漢書新證》，天津人民出版社 1979 年版，第 11 頁；又見《關中秦漢陶錄提要》，收入《摹廬叢著七種》，齊魯書社 1981 年版，第 405 頁。

〔註32〕王念孫《廣雅疏證》，收入徐復主編《廣雅詁林》，江蘇古籍出版社 1992 年版，第 551 頁。王筠《說文解字句讀》，中華書局 1988 年版，第 510 頁。朱駿聲《說文通訓定聲》，武漢市古籍書店 1983 年版，第 838 頁。

〔註33〕桂馥《札樸》卷 4，中華書局 1992 年版，第 137 頁。

〔註34〕段玉裁《說文解字注》，上海古籍出版社 1981 年版，第 639 頁。瀧川資言《史記會注考證》，上海古籍出版社 1986 年版，第 249 頁。

〔註35〕王先謙《漢書補注》，中華書局 1983 年版，第 50 頁。

〔註36〕施之勉《漢書集釋》，（臺北）三民書局股份有限公司 2003 年版，第 107 頁。

〔註37〕王叔岷《史記斠證》，中華書局 2007 年版，第 338 頁。

〔註38〕韓兆琦《史記箋證》，江西人民出版社 2009 年版，第 731 頁。

〔註39〕梁玉繩《史記志疑》，中華書局 1981 年版。張文虎《校刊史記集解索隱正義札記》，中華書局 1977 年版。李笠《廣史記訂補》，復旦大學出版社 2001 年版。吳國泰《史記解詁》，1933 年成都居易簃叢著本。施之勉《史記會注考證訂補》，華岡出版有限公司 1976 年版。周壽昌《漢書注校補》，光緒十年刻本。楊樹達《漢書窺管》，收入《楊樹達文集》之十，上海古籍出版社 1984 年版。吳恂《漢書注商》，上海古籍出版社 1983 年版。

為名詞，則句子不通。漢人有「建瓴水」之說，許慎、如淳去漢不遠，其解「瓴」為「甕似瓶者」、「盛水瓶」當無可疑。字亦作䁜，《廣雅》：「䁜，瓶也。」王念孫曰：「《說文》：『䁜，瓦器也。』又云：『瓴，瓮似餅者。』瓴與䁜同。《漢書·高祖紀》：『譬猶居高屋之上建瓴水也。』如淳注云：『瓴，盛水瓶也。』《淮南子·修務訓》云：『今夫救火者，汲水而趨之，或以甕瓴，或以盆盂，其方員銳橢不同，盛水各異，其於滅火鈞也。』」〔註40〕《淮南子·精神篇》：「叩盆拊瓴，相和而歌。」高誘注：「盆、瓶（瓴），瓦器。」《淮南子》二例「瓴」，其為盛水瓦瓶無疑，亦漢人用例，皆與《史》、《漢》相印證。字亦作甄、甇、䁜、䴗、䨩，《集韻》：「瓴，《說文》：『甕似瓶。』或作甄、甇。」又「䁜、䴗：《說文》：『瓦器也。』或從令，亦書作䨩。」字亦作䒍，唐·栖復《法華經玄贊要集》卷10：「譬如居高屋之上建䒍水也。如瓴盛水居高屋之上，翻其水。」

　　4. 問題的關鍵在「建」字的訓釋。《玉篇》：「揵，居偃切，屋上揵也。」胡吉宣曰：「屋上揵也者，字亦作揵，本止作建，《集韻》：『建、揵：覆也。引《漢書》云：「居高屋之上建瓴水。」或作揵。』《類篇》同。本書：『建，立也。』《漢書·賈誼傳》：『淮陽包陳以南揵之江。』如淳曰：『揵，謂立封界也。或曰：揵，接也。』《切韻》：『揵，難也。』《廣韻》：『舉也。』」〔註41〕《集韻》謂「建」、「揵」同，是也，訓覆，則是由舊說「幡（翻）」而來。胡吉宣謂又作「揵」，是也，但訓為「立」則非是。胡鳴玉曰：「建瓴之建，音謇，覆也……俗讀去聲，非。去聲，樹也，立也，與幡倒意無涉。」〔註42〕《漢書》「揵」是「捷」字之譌〔註43〕，胡吉宣引以為證，不當。胡吉宣引《切韻》「揵，難也」亦不當，訓「難」之字通作「謇」、「讂」、「謇」、「譽」、「犼」，語難或行難，指口吃或跛行。「建」的本字當是「摤」，《說文》：「摤，相援也。」是以手援舉義。字又省作虔，《國語·魯語下》：「糾虔天刑。」猶言明察、施行天罰〔註44〕。《集韻》「腱」同「腱」，「犍」同「犌」，皆其相通

〔註40〕 王念孫《廣雅疏證》，收入徐復主編《廣雅詁林》，江蘇古籍出版社1992年版，第551頁。
〔註41〕 胡吉宣《玉篇校釋》卷6，上海古籍出版社1989年版，第1305～1306頁。
〔註42〕 胡鳴玉《訂譌雜錄》卷4，商務印書館中華民國25年版，第37頁。
〔註43〕 參見王念孫《漢書雜志》，收入《讀書雜志》卷5，中國書店1985年版，第70頁。《長短經·七雄略》引正作「捷」字。
〔註44〕 參見蕭旭《國語校補》，收入《群書校補》，廣陵書社2011年版，第111頁。

之證。字亦作揵，《文選·上林賦》：「揵鰭掉尾，振鱗奮翼。」李善注引郭璞曰：「揵，舉也。」又《江賦》：「揚鰭掉尾。」揚亦舉也。《集韻》：「揵，舉也。」字又省作建，《家語·六本》：「曾晳怒，建大杖以擊其背。」《後漢書·崔烈傳》李賢注引「建」作「舉」，定縣漢簡《儒家者言》、《說苑·建本》作「援」，《韓詩外傳》卷 8 作「引」。《孔叢子·答問》：「左手建杖，右手制其頭。」言左手舉杖也。以肩、背舉之，亦謂之扱，字或作劫，《集韻》：「劫，負物也。」謂以肩舉物也。《紅樓夢》第 50 回：「只見寶玉笑欣欣劫了一枝紅梅進來。」謂手舉一枝紅梅也。字亦作攓、攘，《賈子·連語》：「民之觀者攓帷而入。」《御覽》卷 376 引作「攘」。字亦作搴、攓

〔註45〕，《廣雅》：「搴，舉也。」《賈子·俗激》：「攓兩廟之器。」方向東曰：「吉府本攓作搴，注云：『搴，取也。』攓，同『搴』。如淳曰：『搴，取也。』顏師古曰：『搴，拔也。』」〔註46〕「搴（攓）」不訓拔取，當訓手舉，或訓肩舉，猶俗言扛也。《西遊記》第 60 回：「（行者）沒奈何，只得搴在肩上。」「搴」即謂肩扛也。今吳語、江淮方言尚謂肩扛為扱，俗字又作掮。

5.「建瓴水」是高舉瓶水的意思，謂高舉瓶水而傾倒，舊訓「幡（翻）」是句中的理解義，而不是「建」的字義。後人把理解出的意義當成了「建」字的字義，故《集韻》解為「覆也」。《附釋文互註禮部韻略》卷 3：「建，《漢書》：『建瓴水。』釋云：覆也。」《班馬字類》卷 3：「建，音謇，翻也。」亦皆同。字亦作「漣」，佛經中以「懸河漣泠，不遲訥故」形容「迅辯」，唐·栖復《法華經玄贊要集》卷 10 釋云：「懸河與漣泠一種。南地有漣河，泠者清泠。懸河者即懸注，況菩薩辨。南地有漣河之水，清泠而懸河也。二云：懸河與漣泠別。懸河，直是山中萬伊岸裏水，一道流下，名懸河也。漣（建音同）泠字，便合作瓴，令邊作瓦，此瓦瓶也。漣者，舉也，亦是翻瀉之義……二解之中，後解有典據事因。」唐·遇榮《仁王經疏法衡鈔》卷 4 釋云：「懸河漣泠者：（上居偃切，水名也。下郎丁切，清泠水。）今取水主（注）之義，如懸河注水也。」栖復、遇榮列二說，皆自取「翻瀉」、「水注」之說，甚確。隋·灌頂《國清百錄》卷 4：「辯句清辭，似懸河而自瀉。」唐·智度《法華經疏義纘》卷 2：「懸河注寫，不遲訥故。」唐·湛然《法華玄義釋籤》卷 1：「如懸河流瀉，晝夜不竭。」唐·澄觀《大方廣佛華嚴經疏》卷 7：「若懸河

〔註45〕《集韻》「襦」同「褥」，「寋」同「趚」是其比。
〔註46〕方向東《賈誼集匯校集解》，河海大學出版社 2000 年第 2 版，第 116 頁。

迅流，無所滯礙。」皆足參證。唐・慧沼《金光明最勝王經疏》卷 5：「懸河連泠，不遲𪉟故。」「連」必是「建」字形誤。《玉篇》：「澗，澗水。」《廣韻》：「澗，水名。」「澗」是水名，與此無涉。「建」音蹇，宋、元之際，又造俗字「澘」表示其傾倒、倒水義。《字彙》、《重訂直音篇》卷 5 並云：「澘，澘水。」宋・吳自牧《夢粱錄》卷 13：「街巷小民之家多無坑廁，只用馬桶，每日自有出糞人澘去，謂之傾腳頭。」澘即傾也。《永樂大典》卷 7543 引《金剛般若波羅蜜經》：「我在生不合犯五重罪：一不合在房非爲，二好食牛肉，三作踐五穀，四澘潑羹湯，五殺害眾生。」《金剛經感應傳》卷 1「澘」作「澆」。元曲《朱太守風雪漁樵記雜劇》第 4 折：「旦兒做潑水科云：『我澘了也。』」澘即潑義。又《臨江驛瀟湘秋夜雨》第 3 折：「忽聽的摧林怪風鼓，更那堪甕澘盆傾驟雨。」又《張孔目智勘魔合羅雜劇》第 1 折：「則是盆傾甕澘相似。」臧晉叔《元曲選音釋》：「澘音蹇。」〔註47〕澘亦傾也。字亦借「撿」爲之，《西遊記》第 45 回：「天上銀河瀉，街前白浪滔。淙淙如甕撿，滾滾似盆澆。」撿亦澆也。馬錫鑒謂「建」借爲「蹇」，由「跛」義引申訓「傾」〔註48〕，非也。「跛」義由「難行」義而來。

六、《陳涉世家》「沈沈」疏證

《史記・陳涉世家》：「客曰：『夥頤，涉之爲王沈沈者。』」「沈沈」有二說：

(1)《集解》：「應劭曰：『沈沈，宮室深邃貌。沈音長含反。』」《索隱》：「應劭以爲沈沈，宮室深邃貌，故音長含反。而劉伯莊以沈沈猶談談，謂故人呼爲沈沈者，猶俗云談談漢（深）也。」〔註49〕

(2)劉淇曰：「應劭以沈沈爲宮室深邃之貌，非也。陳、蔡、光、黃間人，言如此則云正樣，其呼『正』字，如沈去聲，蓋客驚歎涉之富貴至於如此也。」〔註50〕施之勉從其說〔註51〕。

〔註47〕臧晉叔《元曲選音釋》，中華書局 1989 年版，第 257、1372 頁。

〔註48〕馬錫鑒《「高屋建瓴」和「建瓴」》，《溫州師專學報》1984 年第 2 期，第 49 頁。

〔註49〕「漢」當作「深」，諸本皆誤也。景印文淵閣四庫全書《史記》三家注本作「深」，蓋館臣所改，不知是否有版本依據。但所改是也。《四庫全書》第 244 冊，臺灣商務印書館 1986 年初版，第 257 頁。

〔註50〕劉淇《助字辨略》，中華書局 1954 年版，第 32 頁。

〔註51〕施之勉《史記會注考證訂補》，華岡出版有限公司，1976 年版，第 962 頁。施

舊說「沈沈」爲宮室深邃貌，是也。姜可瑜舉了大量「沈沈」訓深的用例以證成之，可以參看〔註52〕。本文則從同源詞的角度來論證，以期知其所以然。

1.「沈沈」或作「耽耽」、「眈眈」、「沉沉」。宋・葉夢得《避暑錄話》卷下引《陳涉世家》作「耽耽」。《方言》卷1：「沈，大也。」《原本玉篇殘卷》「沈」字條引《方言》作「沉」，俗字。戴震《疏證》云：「案《史記・陳涉世家》：『夥頤，涉之爲王沈沈者。』《集解》：『沈音長含反。』沈亦作魧，音耽。《玉篇》云：『多也。』」〔註53〕《廣雅》：「魧，多也。」王念孫《疏證》云：「（沈）聲與魧相近也。」〔註54〕《莊子・外物》《釋文》：「沈屯：司馬云：『沈，深也。』」「大」與「深」、「多」義相因。《廣雅》：「沈，大也。」王念孫《疏證》云：「沈，讀若罩。《方言》：『沈，大也。』《漢書・陳勝傳》：『夥，涉之爲王沈沈者。』應劭注云：『沈沈，宮室深邃之貌也。音長含反。』張衡《西京賦》云：『大廈眈眈。』《玉篇》：『覃，大也。』覃、眈並與沈通。」〔註55〕檢《文選・西京賦》作「耽耽」，王氏誤作「眈眈」。《西京賦》薛綜注：「耽耽，深邃之貌也。」瀧川資言曰：「沈與耽、覃，聲近義同，大也，深也。張衡《西京賦》：『大廈耽耽。』左思《魏都賦》：『耽耽帝宇。』」〔註56〕瀧川所說，實本王念孫、朱駿聲〔註57〕。又檢《文選・魏都賦》作「眈眈」，朱氏誤作「耽耽」，瀧川亦誤。《魏都賦》李善註引《史記》，云：「沈，長含切，與眈音義同。」「沈沈」重言之，則有深邃之義。《文選・吳都賦》：「樹以青槐，樹以青槐，亘以綠水；玄陰耽耽，清流亹亹。」李善注：「耽耽，樹陰重貌。」陳・張正見《帝王所居篇》：「沉沉飛雨殿，藹藹承明廬。」又引申爲茂盛貌。《淮南子・俶眞篇》：「茫茫沈沈，是謂大治。」高誘注：「茫茫沈沈，盛貌。」

之勉《漢書集釋》，（臺北）三民書局股份有限公司2003年版，第4737頁。

〔註52〕 姜可瑜《〈史記・陳涉世家〉「夥涉爲王」考辨》，《文史哲》1987年第6期。姜氏引文雖有些錯誤，如韓詩「雲壁潭潭」、「潭潭府中居」，姜氏並誤「潭潭」作「沈沈」，但不影響其結論。

〔註53〕 戴震《方言疏證》，收入《戴震全集（5）》，清華大學出版社1997年版，第2314頁。

〔註54〕 王念孫《廣雅疏證》，收入徐復主編《廣雅詁林》，江蘇古籍出版社1992年版，第244頁。

〔註55〕 王念孫《廣雅疏證》，收入徐復主編《廣雅詁林》，江蘇古籍出版社1992年版，第5頁。

〔註56〕 瀧川資言《史記會注考證》，北岳文藝出版社1999年版，第2956～2957頁。

〔註57〕 朱駿聲《說文通訓定聲》，武漢市古籍書店1983年版，第85頁。

王念孫謂「沈沈」爲「沆沆」之誤〔註58〕，未必得。《文選・始出尚書省》：「衰柳尙沈沈，凝露方泥泥。」李善注：「沈沈，茂盛之貌也。」宋子然謂《史記》「沈沈」舊說不可從，當訓盛多〔註59〕。宋說非也，《史記》仍當取舊說解爲宮室深邃貌，不取引申義訓盛多。顏色之深則爲黑，故「沈沈」又爲黑貌〔註60〕。元・紀君祥《趙氏孤兒》第4折：「尙兀自勃騰騰怒怎消，黑沈沈怨未復。」《醒世姻緣傳》第15回：「世態黑沉沉，刻毒機深。」明・清溪道人《禪眞逸史》第1回：「昏鄧鄧雲封山岫，黑沉沉霧鎖山巒。」〔註61〕

字或作「欯欯」，《廣雅》：「欯欯，盛也。」王念孫《疏證》云：「（沈沈、眈眈）義並與『欯欯』同。」〔註62〕錢大昭《疏義》云：「欯欯者，空之盛也。《廣韻》：『欯欯，室深兒。』案欯與沈音義同……又通作眈。」〔註63〕《玉篇》：「欯，欯欯，宮室深邃兒。」《集韻》：「沈，沈沈，深邃貌，通作『欯』。」又「欯，欯欯，室宇深邃貌。」宋・曾肇《滁州龍蟠山壽聖寺佛殿記》：「棟宇欯欯，丹碧相發。」

字或作「霃霃」、「霃霃」，《集韻》：「霃，《說文》：『久陰也。』通作『沈』。」今言「陰沉沉」，當作此霃字。明・劉鳳《斲冰記》：「霄雪霑淈，霃霃千里。」敦煌寫卷P.2962《張義潮變文》：「今日總須摽賊首，斯須霧合已霃霃。」

字或作「黕黕」，《說文》：「沈，一曰濁黕也。」段注：「黑部曰：『黕，滓垢也。』黕、沈同音通用。」〔註64〕《廣韻》：「黕，滓垢也，黑也。」《說文繫傳》「裸」字條引《史記》作「黕黕」，梁玉繩曰：「孫侍御云：『作黕無

〔註58〕 王念孫《淮南子雜志》，收入《讀書雜志》，中國書店1985年版。

〔註59〕 宋子然《釋「涉之爲王沉沉者」》，《四川師範大學學報》1989年第4期。

〔註60〕 《詩・君子偕老》：「鬒髮如雲。」毛傳：「鬒，黑髮也。」《說文》「鬒」作「㲞」，云：「㲞，稠髮。」段玉裁謂許是毛非。臧庸曰：「鑛堂以毛、許之說本通，且必相兼而義始備，蓋髮之黑者必稠，且因稠而益形其黑，故鬒之本字從㲞而許以爲稠……是髮以稠密爲美，其稠密而美者色必黑。」臧說是也。此亦「黑」與「盛多」義相因相成之例。臧庸《與段若膺明府書》，收入《拜經堂文集》卷3，《續修四庫全書》第1491冊，上海古籍出版社2002年版，第547頁。

〔註61〕 《古本小說集成》第2輯第136冊，上海古籍出版社1992年影印本，第16頁。此例承陳敏博士檢示，謹致謝忱。

〔註62〕 王念孫《廣雅疏證》，收入徐復主編《廣雅詁林》，江蘇古籍出版社1992年版，第473頁。

〔註63〕 錢大昭《廣雅疏義》，收入徐復主編《廣雅詁林》，江蘇古籍出版社1992年版，第474頁。

〔註64〕 段玉裁《說文解字注》，上海古籍出版社1981年版，第558頁。

義，《繫傳》多誤字，不足據。』〔註65〕王叔岷曰：「蓋以沈爲默之借字，非誤引也。」又引王孝廉云：「幽遠則黑，作默字亦通也。」〔註66〕王說是也，宮室深邃則幽暗，與「黑」義相因。《希麟音義》卷4「沈淪」條引《切韻》：「沈，大也，濁也。」又卷6「沈淪」條引《考聲》：「沈，濁也。」皆與《說文》一說相合。蓋顏色之深則爲黑，用爲名詞，則指滓垢。專字作默，字或作肗，《說文》：「肗，肉汁滓也。」《集韻》：「肗，肗膿，短醜兒。」其語源仍是「大」、「深」。《說文》：「盬，血醢也，從血肗聲。」字本從「血」，俗字亦譌從「皿」作盬、盗、醢。《集韻》：「盬，《說文》：『血醢也。』或作盗、醢、醯。」肉醬爲盬，亦取深黑爲義，固同源也。

字或作「㳒㳒」，《集韻》：「㳒，㳒㳒，水聲。」字或作潭，《集韻》：「潭，擊水聲。」蓋謂擊水之聲深沉也。

2.「沈沈」又音轉爲「潭潭」、「譚譚」、「談談」〔註67〕，《增韻》：「沈，沈沈，宮室深邃貌，韓愈詩作『潭潭』，《廣韻》作默。」明·楊愼《譚苑醍醐》卷4：「蓋北之言沈，南之言潭也，故沈亦音譚。《史記·陳涉世家》：『涉之爲王沈沈者。』應劭曰：『沈沈，宮室深邃之貌。長含反。』當呼爲潭潭也。韓退之『潭潭府中居』，正用此語。」〔註68〕錢大昕曰：「古讀沈如潭……應劭曰：『沈音長含反。』與『潭』同音。」〔註69〕錢繹曰：「沈、耽、覃、譚並通……耽與沈亦聲近義同。」〔註70〕吳玉搢曰：「沈沈，即『潭潭』，其音同也。」〔註71〕徐復曰：「按『沈沈』由室深生義，後起字作默……亦借用『潭

〔註65〕 梁玉繩《史記志疑》，中華書局1981年版，第1144頁。

〔註66〕 王叔岷《史記斠證》，「中央」研究院歷史語言研究所專刊之七十八，1983年版，第1808頁。

〔註67〕 「盬」俗字亦譌從「皿」作盬、盗、醢，音他感切，「髢」、「肗」亦音他感切，與「覃」同音。《大戴禮記·勸學》：「沈魚出聽。」《論衡·率性篇》作「潭魚」，《說文》引《傳》作「鱏魚」。是其音轉之例。

〔註68〕 楊愼《譚苑醍醐》，楊說又見《丹鉛總錄》卷11，並收入景印文淵閣《四庫全書》第855冊，臺灣商務印書館1986年初版，第701、448頁。明·顧起元《說略》卷14說同，當襲自楊愼；收入景印文淵閣《四庫全書》第964冊，第603頁。清·黃生《義府》卷下「沈沈」亦讀爲潭潭，但解爲尊嚴之意，則失之。黃生、黃承吉《字詁義府合按》，中華書局1954年版，第197頁。

〔註69〕 錢大昕《十駕齋養新錄》卷5「舌音類隔之說不可信」條，收入《嘉定錢大昕全集（七）》，江蘇古籍出版社1997年版，第140頁。

〔註70〕 錢繹《方言箋疏》，上海古籍出版社1984年版，第90頁。

〔註71〕 吳玉搢《別雅》卷2，收入景印文淵閣《四庫全書》第222冊，臺灣商務印書

潭』。」〔註72〕《韓詩外傳》卷 1：「逢天之暑，思心潭潭。」《列女傳》卷 6
作「譚譚」。郝懿行曰：「《外傳》作『潭潭』，蓋皆『燂燂』之借音耳。《說文》：
『燂，火熱也。』疑作燂是。」〔註73〕梁端、蕭道管、趙善詒、許維遹皆從
之〔註74〕。屈守元曰：「郝氏臆說，不足據。潭、譚蓋皆覃之借字……字又作
憛……此思心潭潭，謂思心深長。」〔註75〕諸家所說，各得一偏。燂為火之
長，覃為味之長，潭為水之深，憛為憂之深，譚字從言，當謂言之大〔註76〕，
其義一也。《嘉泰普燈錄》卷 30：「建潭潭之堂，巍巍之座。」明·梁潛《陳
處士墓誌銘》：「譚譚奕奕，惟公是思。」《人天眼目》卷 3：「群臣何敢望清光，
潭潭禁殿尊嚴甚。」甲本「潭潭」作「深深」。「談談」見上引劉伯莊語〔註77〕，
即「譚譚」。《四庫全書考證》卷 24：「案：談談，疑『潭潭』之誤。」〔註78〕

字或作「覃覃」，唐·韓愈《祭河南張員外文》：「委舟湘流，往觀南嶽。
雲壁潭潭，穹林攸擢。」《白帖》卷 5、《記纂淵海》卷 6 引作「覃覃」。宋·
孔平仲《談苑》卷 2：「京東一講僧云：『雲向南，雨覃覃；雲向北，老鸛尋河
哭。』」《宋詩紀事》卷 100 引作「潭潭」。宋·韋驤《同長道遊惠僧翠樾堂》：
「覃覃潔宇枕城阿，車馬知名始見過。」

字或作「醰醰」，《文選·洞簫賦》：「哀悁悁之可懷兮，良醰醰而有味。」
劉良註：「醰醰，醇濃也。」《說文》：「醰，酒味長也。」《玉篇》：「醰，酒味

館 1986 年初版，第 673 頁。
〔註72〕徐復《〈漢書〉臆解》，收入徐復《語言文字學叢稿》，江蘇古籍出版社 1990
年版，第 141 頁。
〔註73〕郝說轉引自王照圓《列女傳補注》，收入《續修四庫全書》第 515 冊，上海古
籍出版社 2002 年版，第 719 頁。
〔註74〕梁端《列女傳校注》，臺灣廣文書局 1979 年版，卷 6 第 4 頁。蕭道管《列女
傳集注》，清光緒 34 年刻本。趙善詒《韓詩外傳補正》，商務印書館 1938 年
版，第 3 頁。許維遹《韓詩外傳集釋》，中華書局 1980 年版，第 3 頁。
〔註75〕屈守元《韓詩外傳箋疏》，巴蜀書社 1996 年版，第 11 頁。
〔註76〕《玉篇》：「譚，大也。」又「譚，誕也。」
〔註77〕《世說新語·賞譽》：「庾太尉目庾中郎：『家從談談之許。』」此例談談，猶言
談論。許，猶言輩、類。家從談談之許，猶言家從是善於閒談的一類人。另參
蕭旭《世說新語校補》，收入《群書校補》，廣陵書社 2011 年版，第 700 頁。李
詳曰：「談談猶沈沈，謂言論深邃也。……（引《索隱》）劉伯莊唐人，偶舉俗
語，是晉人此稱，尚至唐代。要皆指為深邃，或狀人物，或指言論，皆可通也。」
李說未是。李審言《世說箋釋》，《制言》第 52 期，中華民國 28 年出版。收入
李詳《李審言文集》，江蘇古籍出版社 1989 年版，第 193 頁。李詳，字審言。
〔註78〕《四庫全書考證》，收入景印文淵閣《四庫全書》第 1498 冊，臺灣商務印書
館 1986 年初版，第 26 頁。

不長也。」《廣韻‧勘韻》同。「不」字當爲衍文〔註79〕。《廣韻‧感韻》：「醰，長味。」《集韻》：「醰、膻，厚味，或作膻。」

　　字或作「憛憛」，《梁書‧裴子野傳》《讓裴子野國子博士表》：「性不憛憛，情無汲汲。」「憛憛」狀憂思之深也。

　　字或作「曇曇」，晉‧陸雲《愁霖賦》：「雲曇曇而疊結兮，雨淫淫而未散。」南朝‧宋‧鮑照《遊思賦》：「望波際兮曇曇，眺雲間兮灼灼。」

　　字或作「鼟鼟」，《集韻》：「鼟，鼟鼟，鼓聲。」蓋謂鼓聲深沉也。宋‧李過《西谿易說‧原序》引《歸藏初經》：「初鼟：燀若雷之聲。」「燀」同「鼟」，鼓聲、雷聲一也。宋‧歐陽修《黃牛峽祠》：「潭潭村鼓隔溪聞，楚巫歌舞送迎神。」又《初至虎牙灘見江山類龍門》：「曉鼓潭潭客夢驚，虎牙灘上作船行。」宋‧李清臣《沂山龍祠祈雨有應作》：「鬱鬱其焚蘭，覃覃其擊鼓。」敦煌寫卷 P.2931：「陀羅國內盡知名，論鼓譚，最有聲。」「譚」字當重，作「論鼓譚譚最有聲」。「譚」、「潭」、「覃」即「鼟」也。

　　字或作「默默」，宋‧梅堯臣《湖州寒食陪太守南園宴》：「陰晴不定野雲密，默默鼓聲湖岸坳。」字或作「紞紞」，宋‧劉攽《寄老菴》：「佛香書縣縣，法鼓晨紞紞。」宋‧韋驤《和立春日東風雪意偶作》：「紞紞城頭五鼓催，東風連夜逐春回。」字或作撣、潭，《樂府詩集》卷 46《懊儂歌》：「撣如陌上鼓，許是儂歡歸。」宋‧吳曾《能改齋漫錄》卷 1、《古詩紀》卷 51、《古樂苑》卷 24 引作「潭如」〔註80〕。《晉書‧良吏傳》：「紞如打五鼓，雞鳴天欲曙。」〔註81〕明‧彭大翼曰：「紞，擊鼓聲。」又云：「紞如，更鼓聲。紞或作髧。」〔註82〕

〔註79〕段玉裁曰：「《廣韵》、《玉篇》皆云：『酒味不長也。』『不』是賸字。」胡吉宣曰：「衍『不』字。」余迺永亦云：「注文『不』字當刪。」段玉裁《説文解字注》，上海古籍出版社 1981 年版，第 748 頁。胡吉宣《玉篇校釋》，上海古籍出版社 1989 年版，第 5848 頁。余迺永《新校互注宋本廣韻》，上海辭書出版社 2000 年版，第 945 頁。

〔註80〕宋‧吳曾《能改齋漫錄》，石印本引仍作「撣」，墨海金壺本（叢書集成初編本即據之排印）引作「潭」。景印文淵閣《四庫全書》本引誤作「揮如」，臺灣商務印書館 1986 年初版，第 850 冊，第 506 頁。

〔註81〕紞如，《書鈔》卷 38、《御覽》卷 261 引同，《建康實錄》卷 7、《吳郡志》卷 10、《演繁露》卷 4、《實賓錄》卷 13、《職官分紀》卷 41、《方輿勝覽》卷 2、《古今事文類聚》前集卷 31、《通志》卷 170、《冊府元龜》卷 681、682 亦同，《御覽》卷 261 引誤作「紎如」，又卷 465 引誤作「纔如」，《廉吏傳》卷上引誤作「紛如」。

〔註82〕彭大翼《山堂肆考》卷 73、234，收入景印文淵閣《四庫全書》第 975、978

蔣禮鴻曰：「『撢如』即『䍶如』，鼓聲也……䍶、撢音同也。」〔註83〕「撢如」、「潭如」、「䍶如」亦即「䍶䍶」、「默默」、「鐔鐔」也，此蔣氏所未及。《史記·司馬相如傳》《上林賦》：「湛湛隱隱，砰磅訇礚。」《集解》引徐廣曰：「湛，音沈。」《正義》：「皆水流鼓怒之聲也。」《漢書》、《文選》「湛湛」作「沈沈」。李善注「沈沈，深貌也。隱隱，盛貌也。」「湛湛」、「沈沈」狀水聲，亦猶鼓聲之「䍶䍶」、「默默」也。

　　3.「沈沈」又音轉爲「湛湛」〔註84〕，《詩·湛露》：「湛湛露斯，匪陽不晞。」毛傳：「湛湛，露茂盛貌。」《楚辭·九章·哀郢》：「忠湛湛而願進兮，妒被離而鄣之。」王逸注：「湛湛，重厚貌。」《史記·司馬相如傳》《上林賦》：「湛湛隱隱，砰磅訇礚。」《集解》引徐廣曰：「湛，音沈。」《漢書》、《文選》作「沈沈」，李善註：「沈沈，深貌也。」宋·沈括《夢溪筆談》卷19：「古劍有沈盧、魚腸之名，沈盧謂其湛湛然黑色也。」自注：「沈音湛。」宋·袁文《甕牖閒評》卷4：「古劍名湛盧者，謂湛湛然黑色也。」

　　字或作「黮黮」，《說文》：「黮，桑葚之黑也。」《廣雅》：「黮，黑也。」《廣韻》：「黮，黕黮，黑也。」《慧琳音義》卷98「黮黯」條引《文字集略》：「黮，黑貌也。」唐·窺基《妙法蓮華經玄贊》卷6：「全黑爲黮。」《靈樞經》卷10：「太陰之人，其狀黮黮然黑色。」明·張介賓《類經》卷4引之，有注云：「黮黮，色黑不明也。」《文選·補亡詩》：「黮黮重雲，輯輯和風。」李善註：「黮黮，雲色不明貌。」《佛本行集經》卷8：「一切諸方，悉皆清淨，無有烟雲，塵霧黮黮。」

　　字或作「啿啿」，《集韻》：「啿，啿啿，豐厚皃。」《漢書·禮樂志》：「群生啿啿，惟春之祺。」顏師古注：「啿啿，豐厚之貌也。」

　　字或作「惂惂」，《集韻》：「惂，惂惂，心不正。」〔註85〕蓋心之深是爲不正也。

　　方以智曰：「沈沈、耽耽、怴怴，通作『潭潭』，轉作『啿啿』、『湛湛』。《陳涉世家》：『夥頤，涉之爲王沈沈者。』注：『沈音長含切，言宮室之深廣

　　　　冊，臺灣商務印書館1986年初版，第399、641頁。
〔註83〕蔣禮鴻《義府續貂》，收入《蔣禮鴻集》卷2，浙江教育出版社2001年版，第177～178頁。
〔註84〕從尤從甚古字通用，參見張儒、劉毓慶《漢字通用聲素研究》，山西古籍出版社2002年版，第999頁。
〔註85〕《類篇》、《五音集韻》並誤作「心不止」。

也。』初不解此音，蓋古沈與湛通，湛有耽音故也。注者亦以鄉音注耳。宋《避暑錄話》竟引此作耽耽。又炋炋音淡，水聲，即沈字也。丁度通作戡，亦通作潭。』」〔註86〕

　　4. 又音轉爲「黲黲」、「慘慘」、「幓幓」〔註87〕，《廣雅》：「黲，黑也。」《玉篇》：「黲，淺青黑色也。今謂物將敗時顏色黲黲也。」《廣韻》：「黲，暗色。《說文》：『淺青黑也。』」又「黲，日暗色。」《文選·登樓賦》：「風蕭瑟而並興兮，天慘慘而無色。」李善註：「《通俗文》曰：『暗色曰黲。』慘與黲古字通。」《諸經要集》卷 14：「天慘慘以降霜，野炎炎而逼燒。」宋、元、明、宮本作「黲黲」。《兒女英雄傳》第 28 回：「一個高挑身子，生得黑幓幓兒的一個圓臉盤兒。」今西南官話尚有「黑黲黲」之語〔註88〕。《漢語大詞典》收有「黑黺黺」一詞，當作「黑黲黲」。

　　字或作「鬖鬖」，《金瓶梅詞話》第 59 回：「頭上挽著一窩絲杭州攢，梳的黑鬖鬖光油油的烏雲，露著四鬢。」

　　字或作「參參」，《醒世姻緣傳》第 18 回：「五短身材，黑參參面彈；兩彎眉葉，黃干干雲鬢。」

　　5. 又音轉爲「琳琳」、「碄碄」、「凜凜」，《淮南子·俶眞篇》：「而知乃始昧昧琳琳，皆欲離其童蒙之心，而覺視於天地之間。」高誘注：「昧昧，欲明而未也。琳琳，欲所知之貌。」琳琳，深邃昏昧貌。王念孫謂「栩栩」之誤〔註89〕，未必得。《文選·張衡·思玄賦》：「越嶒嵺之洞穴兮，漂通川之碄碄。」李善註：「碄碄，深貌。」呂延濟注：「碄碄，深廣貌。」字亦作㝗，《玉篇》：「㝗，㝗深也。」《集韻》：「㝗，室深也。」《水滸傳》第 11 回：「當下立住腳看時，只見遠遠地黑凜凜一條大漢，喫得半醉，一步一攧撞將來。」又第 37 回：「戴宗便起身下去，不多時，引著一個黑凜凜大漢上樓來。」

　　6. 又音轉爲「窨窨」，姜亮夫《昭通方言疏證》：「凡從音之字有陰暗一系，此蓋謂其深暗也，故義又變爲深黑，昭人言黑窨窨，俗以陰爲之。」〔註90〕

〔註86〕方以智《通雅》卷 9，收入《方以智全書》第 1 冊，上海古籍出版社 1988 年版，第 351～352 頁。

〔註87〕古從參從甚字通，參見張儒、劉毓慶《漢字通用聲素研究》，山西古籍出版社 2002 年版，第 1012 頁。

〔註88〕參見許寶華、宮田一郎《漢語方言大詞典》，中華書局 1999 年版，第 6138 頁。

〔註89〕王念孫《淮南子雜志》，收入《讀書雜志》，中國書店 1985 年版。

〔註90〕姜亮夫《昭通方言疏證》，收入《姜亮夫全集》卷 16，雲南人民出版社 2002 年版，第 368 頁。

7. 又音轉爲「侵侵」，《史記·趙世家》：「引汾水灌其城，城不浸者三版。」《論衡·紀妖》同，《水經注》卷 6、《御覽》卷 163、320、633、《太平寰宇記》卷 47 引作「不沒」，《說苑·權謀》、《風俗通義·六國》亦作「不沒」；《元和郡縣志》卷 14 引作「不沈」，《戰國策·秦策四》、《趙策一》亦作「不沈」，《韓子·難三》作「未沈」；《史記·魏世家》作「不湛」，《水經注·汾水》引《魏世家》作「不沒」。裴學海曰：「浸爲沈之借字」〔註91〕是「浸」與「沈」、「湛」相通，沈亦沒也。《左傳·宣公十二年》：「沈尹將中軍。」杜注：「沈，或作寑。寑，縣也，今汝陰固始縣。」《御覽》卷 159 引《呂氏春秋》：「楚封功臣，二葉而滅，唯寑丘不奪，一名沈丘。」按：此當爲注語，而非《呂氏》正文。《路史》卷 26：「寑，放邑，沈也。徐云：『寑國。』《續志》云：『固始有寑丘。』秦滅楚，蒙恬攻寑者，穎之汝陰，今沈丘，南百步，與沈國近。漢沈丘，縣開皇爲沈州。」又卷 27：「穎之沈丘縣，亦謂之寑。」《增韻·覃韻》：「沈，又侵、寑、沁三韻。」毛奇齡曰：「侵、覃、鹽、咸四部，皆閉口韻，與他韻不通，即上去入三聲亦然。……若四韻相通，自《毛詩》、《楚詞》外，處處可驗。……按《書》『亮陰』讀亮庵，《史記》『涉之爲王沉沉者』讀潭潭者，此皆四韻自通之驗。」〔註92〕古從參從甚從侵字亦通〔註93〕。敦煌寫卷 Φ365V《妙法蓮花經講經文》：「此人灰相黑侵侵，終日羞慚惡業深。」張涌泉曰：「侵侵，形容醜陋之狀。」〔註94〕黃征曰：「『侵侵』作爲『黑』的後補成分，它只能對『黑』作一點意義加強作用，而不能自己另外表達『醜』的意義。實際上，表達『醜』義的是『黑侵侵』整個詞，因爲在古代面貌黑色是醜陋的象徵。『黑侵侵』一詞雖然不習見，但與之類似的詞語『黑乎乎』、『黑魆魆』、『黑浸浸』、『黑黢黢』、『黑林侵』等，都是形容黑色之深的。」〔註95〕蔣宗福曰：「『黑侵侵』形容黑而光亮的樣子……今在西南官話中慣用，書面或作『黑浸浸』……『浸浸』作詞尾，構成『ABB』式的詞語，西南官話

〔註91〕 裴學海《評高郵王氏四種》，《河北大學學報》1962 年第 2 期，第 64 頁。

〔註92〕 毛奇齡《古今通韻》卷 6，收入景印文淵閣《四庫全書》第 242 冊，臺灣商務印書館 1986 年初版，第 122 頁。

〔註93〕 參見張儒、劉毓慶《漢字通用聲素研究》，山西古籍出版社 2002 年版，第 1007、1010 頁。

〔註94〕 黃征、張涌泉《敦煌變文校注》，中華書局 1997 年版，第 750 頁。據前言，此篇注釋爲張涌泉所作。

〔註95〕 黃征《敦煌變文疑難字詞考辨》，《文史》2001 年第 4 期，第 151 頁；又收入《敦煌語言文字學研究》，甘肅教育出版社 2002 年版，第 87～88 頁。

習見。如『油浸浸』、『汗浸浸』。」〔註96〕

　　按：侵有黑義，字或作寢（寢）。《史記・武安侯傳》：「武安者貌侵。」《集解》引韋昭曰：「侵音寢，短小也。又云醜惡也，刻確也。」《索隱》：「服虔云：『侵，短小也。』……又孔文祥：『侵，醜惡也。音寢。』」《淮南子・人間篇》：「沙石之間有寢丘者，其地确石而名醜。」「寢」即「确而醜」之義，正可印證韋昭「醜惡、刻确」之說。《漢書・田蚡傳》作「蚡爲人貌侵」，《御覽》卷382引《漢書》作「貌寢」。「寢」同「寢」。侵當訓醜惡。貌侵（寢）猶言貌黑，故爲醜惡。《三國志・王粲傳》：「（劉）表以粲貌寢而體弱，通悅，不甚重也。」裴松之注：「貌寢，謂貌負其實也。」貌醜，故云負其實也。《通鑑》卷227：「陛下必以臣貌寢，不爲三軍所伏。」胡三省注：「貌不揚曰寢。」貌黑，故云貌不揚也。字或作寢、顀，《廣韻》：「寢，貌醜也。」《集韻》：「寢、顀，體陋也。或從頁。」唐・段成式《酉陽雜俎》續集卷4：「今人謂醜爲貌寢，誤矣。」〔註97〕此所謂以不狂爲狂也。宋・程大昌《演繁露》續集卷5：「侵讀如寢，寢即不颺也。」〔註98〕朱駿聲說同〔註99〕。二氏以「寢息」說之，亦未得。字又作寢，《廣雅》：「寢、醜，幽也。」寢訓幽暗，亦與「黑」相因見義。「寢」即「醜」之音轉也。黃侃曰：「斂，《方言》作愵，對轉則爲『貌寢』之寢。此即羞恥正字，醜亦恥也。」〔註100〕馬敍倫曰：「借侵爲醜。」〔註101〕沙志利謂「寢」訓藏、幽，引伸爲其貌不揚、醜〔註102〕，亦皆未得。

　　「侵侵」形容黑貌，故云黑侵侵。字或作「裱裱」，宋・鄒浩《仙宮嶺》：「須臾煙靄青，迤邐浮裱裱。」《漢語大詞典》收有「黑浸浸」一詞，當即「黑侵侵」之借音。「侵侵」由濃黑義引申爲稠密貌、茂盛貌、濃厚貌。唐・李賀《高平縣東私路》：「侵侵櫟葉香，木花滯寒雨。」宋・梅堯臣《別張景嵩》：

〔註96〕蔣宗福《敦煌變文語詞辨釋》，《中國訓詁學報》第1輯，商務印書館2009年版，第254～255頁。

〔註97〕段成式《酉陽雜俎》續集，收入《叢書集成新編》第11冊，新文豐出版公司1985年版，第174頁。

〔註98〕程大昌《演繁露》續集，收入《叢書集成新編》第11冊，新文豐出版公司1985年版，第634頁。

〔註99〕朱駿聲《說文通訓定聲》，武漢市古籍書店1983年版，第82頁。

〔註100〕黃侃《字通》，收入《說文箋識》，中華書局2006年版，第156頁。

〔註101〕馬敍倫《說文解字六書疏證》，轉引自《古文字詁林》第7冊，上海教育出版社2002年版，第354頁。

〔註102〕沙志利《「貌侵」釋義》，《古漢語研究》2011年第1期。

「魚鰕既混混，藻荇亦侵侵。」「油浸浸」、「汗浸浸」即取其引申之義，而並非什麼「詞尾」。

丁惟汾《俚語證古》卷7：「侵侵，沈沈也，愔愔也。室暗謂之黑侵侵的。『侵侵』字當作『沈沈』（古音讀侵）……『沈沈』亦作『愔愔』，《左傳·昭公十二年傳》：『祈招之愔愔。』『愔愔』爲祈宮深邃之貌。」〔註103〕

（此篇前5條刊於《中國語學研究·開篇》第33卷，2014年日本好文出版；第6條刊於《澳門文獻信息學刊》第7期，2012年10月出版。這裏是修訂稿）

〔註103〕 丁惟汾《俚語證古》，齊魯書社1983年版，第187頁。《左傳》杜注：「愔愔，安和貌。」則讀爲「懕懕」，《説文》：「懕，安也。」

《說苑》「猿得木而挺」校正

　　《說苑・說叢》：「騰蛇遊霧而升騰，龍乘雲而舉，猿得木而挺，魚得水而騖，處地宜也。」此文來源於《淮南子・主術篇》，《淮南子》「挺」作「捷」。校理《說苑》的學者，盧文弨、孫志祖、俞樾、孫詒讓、劉文典都未能注意到「挺」作「捷」的異文〔註1〕，向宗魯、左松超雖注意到異文，但皆未判別孰是孰非〔註2〕。《中文大辭典》解爲「挺，先登也」〔註3〕，《漢語大詞典》解爲「挺，引身直上、向前」〔註4〕，盧元駿解爲「挺，攀援」〔註5〕，王鍈、王天海解爲「挺，活動」〔註6〕，皆未得。我舊說讀挺爲逞〔註7〕，以通借說之，認爲逞亦疾也，與「捷」同義。我舊說亦非是，亟當訂正。

　　按：王念孫《淮南子雜志》校《泰族篇》「挺胸」條曰：「挺當爲捷，隸書捷字或作㨗（凡從聿從建之字多相亂，說見《漢書》『捷之江』下），形與挺相似，因誤爲挺。（《說苑・說叢篇》：『猿得木而捷，魚得水而騖。』續《史

〔註1〕　盧文弨《說苑校正並補遺》，收入《群書拾補》，《續修四庫全書》第1149冊，上海古籍出版社2002年版。孫志祖《讀書脞錄》卷4，收入《續修四庫全書》第1152冊。俞樾《讀書餘錄》二《說苑》，收入《九九銷夏錄》，中華書局1995年版。孫詒讓《札迻》卷8，中華書局1989年版。劉文典《說苑斠補》，收入《劉文典全集（3）》，安徽大學出版社、雲南大學出版社1999年版，第261頁。

〔註2〕　向宗魯《說苑校證》，中華書局1987年版，第408頁。左松超《說苑集證》，（臺灣）「國立」編譯館2001年版，第1026頁。

〔註3〕　《中文大辭典》，（臺灣）華岡出版有限公司出版1979年版，第599頁。

〔註4〕　《漢語大詞典》（縮印本），漢語大詞典出版社1997年版，第3618頁。

〔註5〕　盧元駿《說苑今注今譯》，（臺灣）商務印書館1979年版，第559頁。

〔註6〕　王鍈、王天海《說苑全譯》，貴州人民出版社1992年版，第703頁。

〔註7〕　蕭旭《說苑校補》，收入《群書校補》，廣陵書社2011年版，第542頁。

記・孝武紀》：『薦紳之屬。』《索隱》：『薦音搢。搢，捷也。』今本捷並誤作
挺。）」〔註8〕王氏附及此文，謂「挺」爲「捷」形誤。王說「捷」誤爲「挺」
至確，然不必轉由「搢」說之。「捷」、「鶩」同義對舉，高誘注：「鶩，疾也。」
捷亦疾也。

在敦煌寫卷中，「捷」字作如下之字形，P.2536《春秋穀梁經傳》：「獻戎
捷，軍得曰捷，戎叔也。」S.610《啓顏錄》：「隨文帝即以徐陵辯捷，頻有
機俊，無人酬對，深以爲羞。」〔註9〕S.2056V《大漢三年楚將季布罵陣漢王
羞恥群臣拔馬收軍詞文》：「寫奏霸王誇辯捷，稱有良謀應吉辰。」又「卿既
舌端懷辯捷，不得妖言誤寡人！」P.3326《發願文擬》：「諸郎君運文武，永
捷王畿。」S.2614V《沙州各寺僧尼名簿》：「戒因海澄惠捷。」〔註10〕

從「疌」得聲之字作如下之字形，S.555《李嶠雜詠注》：「行看婕妤扇，
空切故人衣。」「婕」即「婕」。P.2044V《發願文範本・聞南山講》：「竹蔥
（窗）夜坐，〔更〕漏闌而澀睫不眠。」「睫」即「睫」。

「挺」字作如下之字形，P.2524《語對》：「挺生。」S.6825V想爾注《老
子道經》卷上：「夫聖人，天所挺生。」〔註11〕

「庭」字作如下之字形，S.78《失名類書》：「離庭。」Φ96《雙恩記》：
「併工般運于天庭，簇手騰移於御庫。」〔註12〕S.289V《宋李存惠邈眞讚》：
「堂上空有步，庭前見沒緣。」

可見敦煌寫卷中行草「疌」與「庭」形近，故「捷」易誤作「挻」。《龍
龕手鑑》：「挻，俗。捷，正，疾棻（葉）反。」〔註13〕《改併五音類聚四
聲篇海》：「挻，疾棻（葉）反。」〔註14〕「捷」即「捷」，「挻」、「挻」
即「挻」。大蓋宋、元之際，「捷」誤作「挻」已成形，故《龍龕手鑑》、《四
聲篇海》皆收錄「挻」字，作爲「捷」的俗字。

〔註8〕　王念孫《淮南子雜志》，收入《讀書雜志》，《續修四庫全書》第1153冊，上
　　　　海古籍出版社2002年版，第629～630頁。
〔註9〕　上二例引錄自黃征《敦煌俗字典》，上海教育出版社2005年版，第197頁。
　　　　黃氏誤錄作「軍得曰捷」，逕正。
〔註10〕　此四例字形錄自趙鑫曄未刊稿，謹此說明。
〔註11〕　上二例引錄自黃征《敦煌俗字典》，上海教育出版社2005年版，第406頁。
〔註12〕　上二例引錄自黃征《敦煌俗字典》，上海教育出版社2005年版，第406頁。
〔註13〕　釋行均《龍龕手鏡》（高麗版影遼刻本），中華書局1985年影印，第216頁。
〔註14〕　韓道昭《改併五音類聚四聲篇海）》，收入《續修四庫全書》第229冊影印明
　　　　成化刻本，上海古籍出版社1996年版，第445頁。

　　「搋」本爲「挺」俗字，S.328《伍子胥變文》：「相貌希奇，精神**搋**特。」
P.2820《生日》：「一室**搋**騏驎之狀。」P.3494《開經文》：「珪璋**搋**秀，標逸
氣於百成（城）。」「**搋**」、「**搋**」、「**搋**」皆即「搋」，爲「挺」俗字。從「廷」
得聲之字，其俗字亦可從「庭」，如：S.5584《開蒙要訓》：「船艘艦**艇**。」
〔註15〕「**艇**」即「艇」。P.2255V《願文》：「光臨日月，威震雷**霆**。」「**霆**」
即「霆」。「艇」、「霆」之構件「廷」俗寫皆作「庭」。

　　《淮南子》的「捷」字，因形近誤爲「搋」，而「搋」又爲「挺」俗字，
故《說苑》誤作「挺」字也。

〔註15〕 此例引錄自黃征《敦煌俗字典》，上海教育出版社 2005 年版，第 406 頁。

《越絕書》古吳越語例釋

　　《越絕書》15卷，《四庫全書總目提要》卷66從楊慎說，判定作者爲漢朝的袁康和吳平〔註1〕；余嘉錫《四庫提要辨證》認爲「此書非一時一人所作」，認同宋人陳振孫《直齋書錄解題》提出的「蓋戰國後人所爲，而漢人又附益之」的觀點〔註2〕。此書作者雖不能確考，但爲古越人無疑。書中有古吳越語遺存，如：《吳內傳》「治甲系斷，修內矛赤雞稽繇者也，越人謂人鍛也。方舟航買儀塵者，越人往如江也。治須慮者，越人謂船爲須慮」，又「習之於夷。夷，海也。宿之於萊。萊，野也。致之於單。單者，堵也」，《記地傳》「朱餘者，越鹽官也。越人謂鹽曰餘」，又「越謂齊人〔曰〕多」〔註3〕，皆是也。這些大概是古越族的民族語言，非漢語，屬於壯侗語族〔註4〕。但也有一些是古吳越漢語，今日猶可得以據文獻或方言印證。

　　本稿鉤抉《越絕書》古吳越方言語料能與古文獻或今吳語印證者數條，供治古吳越語者參考。

（1）子毋以事相差 （《請糴內傳》）

　按：差，楚嫁切，讀去聲，歧出也。《說文》：「差，貳也，差不相值也。」
　　　段玉裁《注》改作「差，貳也，左不相值也」〔註5〕。段氏改作「貳」

〔註1〕　《四庫全書總目提要》卷66，收入景印文淵閣《四庫全書》第2冊，臺灣商
　　　　務印書館1986年初版，第424頁。
〔註2〕　余嘉錫《四庫提要辨證》，中華書局1980年版，第382～383頁。
〔註3〕　「曰」字據《會稽志》卷18、《明一統志》卷45引補。
〔註4〕　「越人謂人鍛」，聞宥、張永言考爲臺語、壯侗語，參見張永言《語源小考》，
　　　　收入《語文學論集》，語文出版社1992年版，第202～203頁。
〔註5〕　段玉裁《說文解字注》，上海古籍出版社1981年版，第200頁。

是，改作「左」未必確〔註 6〕。段玉裁又改作「差，貣也，差貣不相値也」〔註 7〕，近之。「差」從「左」得其音義，故籀文從二左作「𢀩」，即參差義，歧出不齊，故云差而不相値也〔註 8〕。《說文》：「齹，齒差跌皃。」《慧琳音義》卷 53「差跌」條引《韻詮》：「參差不齊也。」又引《廣雅》云：「跌亦差也。」又卷 64「差跌」條引顧野王云：「謂參差不齊等也。」「差」者歧出，故云「不齊等」；「跌」同「胅」，俗作「䏲」、「窔」、「凸」，亦差也。《賈子·容經》：「坐以經立之容，胻不差而足不跌。」「跌」亦「差」也，同義對舉。《淮南子·本經篇》：「衣無隅差之削。」高注：「隅，角也。差，邪也。古者質，皆全幅爲衣裳，無有邪角。邪角削殺也。」又《原道篇》：「偶睉智故。」《荀子·君道》：「天下之變，境內之事，有弛易齵差者矣。」王先謙曰：「齒不齊曰齵。齵差，參差不齊。」〔註 9〕劉台拱曰：「言人情物態，齱齵不正，參差不齊也。『隅差』即『偶睉』之義。」〔註 10〕朱起鳳曰：「齵差，言齒相佹也，即齟齬之義。」〔註 11〕「隅差」、「偶睉」、「齵差」並同。「齵」者牙齒不齊，「差」即歧出不齊之義。衣服歧出不齊，則爲邪角，故高誘注云「差，邪也」。《廣雅》：「差，衺也。」王念孫曰：「差者，《說文》：『差，貳也，差不相値也。』是衺出之義也。《大戴禮·保傅篇》云：『立而不跛，坐而不差。』《淮南子·本經訓》：『衣無隅差之削。』高誘注云：『差，邪也。』《說文》：『槎，衺斫也。』槎與差，聲義亦相近。」〔註 12〕字亦作蹉，俗作「叉」、「跁」。《吳越春秋·勾踐陰謀外傳》：「夫

〔註 6〕唐·唐玄度《九經字樣》引《說文》作「貳也，不相値也」，《慧琳音義》卷 14 引《說文》作「貳也，差互不相値也」。「貳」字亦誤，而「差」作「差互」，正取參差爲義。《繫傳》本同今本，《集韻》、《類篇》引同今本，是宋代已誤作「貳」字。宋·張有《復古編》解作「差不相値也」。王筠校作「貣不相値也」，云「『差貣』爲古之恒言」。王筠《說文解字句讀》，中華書局 1988 年版，第 167 頁。

〔註 7〕段玉裁《古文尚書撰異》卷 13，收入阮元《清經解》卷 580，上海書店 1988 年版，第 4 冊，第 75 頁。

〔註 8〕「差錯」、「差別」、「差異」之義即由此引申而來（「詫異」又「差異」之分別字，以其異於眾，故又有驚奇、奇異之義）。

〔註 9〕王先謙《荀子集解》，中華書局 1988 年版，第 243 頁。

〔註 10〕劉台拱《淮南子補校》，收入《劉氏遺書》卷 5，《叢書集成續編》第 15 冊，新文豐出版公司 1988 年版，第 484 頁。

〔註 11〕朱起鳳《辭通》，上海古籍出版社 1982 年版，第 152 頁。

〔註 12〕王念孫《廣雅疏證》，收入徐復主編《廣雅詁林》，江蘇古籍出版社 1992 年版，

射之道，身若戴板，頭若激卵，左〔足〕蹉，右足橫。」周生春據《御覽》卷 348、《書鈔》卷 125 引改作「左足縱」〔註 13〕，非也。《淮南子》多吳楚南方方言〔註 14〕，荀子廢老蘭陵，不排除《荀子》亦用吳楚語。後世則進入通語，蓋南方方言之流傳也。《說文》：「叉，手指相錯也。」「叉」從手會意，當是分別字。俗作岔，言毋岔以他事也。今吳語猶謂不要弄其他事情岔進來，亦謂之打岔。《說文》：「媱，疾言失次也。」段注：「所謂儳言。」〔註 15〕范寅《越諺剩語》卷上：「媱嘴，《五燈會元》本作『插』，從《通俗編》作『媱』。」〔註 16〕楊樹達《長沙方言續考》：「按長沙今言人語未畢而儳言曰媱嘴。」〔註 17〕今吳方言猶有「媱嘴」、「媱話」之語，亦讀差去聲。字亦作嗟，《賈子·容經》：「疾言嗟。」字亦作謯、唶，《廣韻》：「唶，口唶。」《集韻》：「謯，儳言。」事之歧出為差，言之歧出為媱、謯、唶、訍，路之歧出為跢，山之岐出為岔，手指相錯為叉，足之歧出為蹉，水之歧出為汊，木之歧出為杈，衣之分衸為衩、紒，笄之歧出為釵、叡，心之不修為忕，頤旁為䶢，胥同源也。李步嘉曰：「差，差失。」俞紀東曰：「差，差別，指意見不一。」張仲清曰：「差，差錯。」〔註 18〕皆未達吳語。

（2）子胥遂行，至溧陽界中，見一女子擊絮於瀨水之中……子胥行五步，還顧女子，自縱於瀨水之中而死 （《荊平王內傳》）

按：《吳越春秋·王僚使公子光傳》略同。溧陽，是溧水之北岸。「溧水」即「瀨水」之音轉。廣西荔水古稱瀨水，亦是同一音理，可為旁證。《水經注·灕水》：「瀨水……東南流入荔浦縣。」瀨，湍瀨，水急流於沙石之上也。《六書故》：「水流石上亦為㳕，漢有下㳕將軍是也，

　　　　　第 182 頁。
〔註 13〕周生春《吳越春秋輯校匯考》，上海古籍出版社 1997 年版，第 158 頁。
〔註 14〕參見蕭旭《〈淮南子〉古楚語舉證》，《東亞文獻研究》總第 6 輯，2010 年 8 月出版，第 65～101 頁。
〔註 15〕段玉裁《說文解字注》，上海古籍出版社 1981 年版，第 624 頁。
〔註 16〕范寅《越諺剩語》卷上（侯友蘭等點注），人民出版社 2006 年版，第 343 頁。
〔註 17〕楊樹達《長沙方言續考》，收入《積微居小學金石論叢》卷 4，上海古籍出版社 2007 年版，第 260 頁。
〔註 18〕李步嘉《越絕書校釋》，武漢大學出版社 1992 年版，第 126 頁。俞紀東《越絕書全譯》，貴州人民出版社 1996 年版，第 115 頁。張仲清《越絕書校注》，國家圖書館出版社 2009 年版，第 134 頁。

別作瀨。」《漢書‧武帝紀》：「下瀨將軍。」顏師古注引臣瓚曰：「瀨，湍也，吳越謂之瀨，中國謂之磧。《伍子胥書》有下瀨船。」宋祁曰：「注文吳越，舊本作吳楚。」當從舊本作「吳楚」爲確。《慧琳音義》卷 72、《附釋文互註禮部韻略》卷 4 引作「吳楚謂之瀨也」，與舊本合。《漢書‧南越傳》、《史記‧東越傳》、《漢紀》卷 14 亦作「下瀨」，《史記‧南越傳》作「下厲」。《集解》引徐廣曰：「厲，一作瀨。」又引應劭曰：「瀨，水流涉（沙）上也。」〔註 19〕《淮南子‧原道篇》：「期年而漁者爭處湍瀨。」高誘注：「湍瀨，水淺流急少魚之處。」《溧陽縣志》卷 1：「溧水東行，至今高淳、溧陽界中高處，其流遂淺，故得瀨名矣。」〔註 20〕斯則得其語源也。顧炎武曰：「古溧、瀨同字。」〔註 21〕非是。「瀨」古音厲，因而譌作「溧」字〔註 22〕，而非同字。《左氏春秋‧昭公四年》：「（楚子）伐吳……遂滅賴。」《公羊》、《穀梁》二氏《春秋》、《董子‧隨本消息》「賴」作「厲」。惠棟曰：「《公羊傳》于此年賴作厲，《釋文》云：『厲，如字，又音賴。』《公羊‧僖十五年》《釋文》云：『厲，舊音賴。』則知厲與賴本一國，古音通，故或作厲，或作賴也。（《論語》云：『未信則以爲厲己也。』康成注云：『厲，讀爲賴。』）司馬彪曰：『汝南褒侯縣有賴亭，故賴國。』」〔註 23〕《詩‧思齊》《釋文》：「烈，鄭作厲，力世反，又音賴。」又《召旻》《釋文》：「糲，沈音賴，又音厲。」《莊子‧逍遙遊》《釋文》：「癘，李音賴，

〔註 19〕 景祐本、南宋紹興本、黃善夫本、殿本、金陵書局本、百衲本、《四庫》本、中華書局 1959 年版《史記》點校本作「涉」，皆爲「沙」形誤，早稻田大學風陵文庫藏澤田瑞穗舊藏《史記評林》和刻本、瀧川資言《考證》本作「沙」不誤。《說文》、《玉篇》、《玄應音義》卷 12 引《字林》、《慧琳音義》卷 72 引《古今正字》、《通典》卷 188 亦皆作「沙」字。《商子‧弱民》：「唐蔑死於垂涉。」《史記‧禮書》同，當據《荀子‧議兵》、《韓詩外傳》卷 4、《淮南子‧兵略篇》作「垂沙」，亦其例。參見蕭旭《商子校補》，《東亞文獻研究》總第 10 輯，2012 年 12 月出版，第 44 頁。
〔註 20〕 《溧陽縣志》，嘉慶十八年修，光緒二十二年重刊本。
〔註 21〕 顧炎武《日知錄》卷 26，陳垣校注，安徽大學出版社 2007 年版，第 1457 頁。
〔註 22〕 光緒刊本《溧水縣志》卷 2 引《萬曆志》曰：「正德、嘉靖二志，皆云：『溧水者，瀨水也。吳音譌瀨爲溧耳。』」
〔註 23〕 惠棟《春秋左傳補註》，景印文淵閣《四庫全書》第 181 冊，臺灣商務印書館 1986 年初版，第 138 頁。

本或作厲。」又《齊物論》、《人間世》二篇《釋文》並云：「厲，李
音賴。」又《天地》《釋文》：「厲，音賴。」又《天運》《釋文》：「厲，
本亦作厲，郭音賴。」《史記・老子傳》：「老子者，楚苦縣厲鄉曲仁
里人也。」《正義》引《朱韜玉札》及《神仙傳》作「瀨鄉」，《初學
記》卷 8、24、《類聚》卷 64、《御覽》卷 180、361 引《瀨鄉記》亦
作「瀨鄉」；《禮記・曾子問》孔疏引《史記》作「賴鄉」，《類聚》卷
78 引《神仙傳》亦作「賴鄉」。《正義》又云：「厲，音賴。《晉太康地
記》云：『苦縣城東有瀨鄉祠，老子所生地也。』」《玉篇》：「獮，音
賴，狂也。」《戰國策・楚策一》：「故楚南察瀨湖而野江東。」《史記・
甘茂傳》「瀨湖」作「厲門」。字或省作「栗水」，又音轉作「淩水」、「菱
水」、「陵水」，《戰國策・秦策三》：「伍子胥橐載而出昭關，夜行而晝
伏，至於淩水。」鮑本作「菱夫（水）」，《史記・范雎傳》、《御覽》
卷 827 引《春秋後語》作「陵水」。《索隱》引劉氏曰：「陵水，即栗
水也。』按：陵、栗聲相近，故惑也。」吳師道《補正》：「姚本作菱
水，《索隱》云：『即溧水。』」

（3）**女陽亭者，句踐入官於吳，夫人從道產女此亭，養於李鄉，句
踐勝吳，更名女陽，更就李為語兒鄉**（《記〔越〕地傳》）

按：語兒，本作「禦兒」、「蓹兒」、「藥兒」，謂小孩兒，其地以句踐夫人于
道產女得名[註24]。

（4）**何若子性之大也**（《記吳王占夢》）

按：大，吳語有 dà、dài、tǎi、duò 四音，此文讀爲嬈，癡愚也。古吳越語。
《說文》：「嬈，遲鈍也。」《玉篇》：「嬈，鈍劣也。」字亦作佁、騃、
怠，《說文》：「佁，癡貌，讀若騃。」錢坫曰：「《莊子》：『侗乎其無
識，儻乎其怠疑。』怠疑即佁癡。《大人賦》：『仡以佁儗。』佁儗亦
即佁癡。此讀若騃者，猶言人騃癡也。」[註25] 黃生曰：「佁，癡兒，
古或借騃，俗作獃，即敳字謬改……俗又以呆爲佁，此即取疑字旁謬

〔註24〕 參見蕭旭《「嬰兒」語源考》。
〔註25〕 錢坫《說文解字斠詮》，收入丁福保《說文解字詁林》，中華書局 1988 年版，
第 8148 頁。《莊子》見《山木篇》。

省而作。」〔註26〕王念孫曰：「怠疑與佁儗，義亦相近。」〔註27〕黃侃曰：「癡騃之騃本作佁，今作呆。」〔註28〕字亦作殆，《韓子・解老》：「華焉殆矣。」陳奇猷曰：「『殆』即下文之『愚』。」〔註29〕字亦作儓，俗作呆、獃。《集韻》：「嬯、儓，鈍劣貌，或從人。」又「儓、佁，儓儗，癡也，或從台。」章太炎曰：「《方言》：『儓，南楚凡罵庸賤1\110謂之田儓。』郭璞曰：『佅儓，駑鈍貌。』儓音臺，駑駘亦此字也。今謂白癡爲誒詒，俗作呆、獃。」〔註30〕俗字亦作懛，明・郎瑛曰：「蘇杭呼癡人爲懛（歹讀平聲）子。累見人又或書獃、騃（音呆）二字。」〔註31〕明・陸容曰：「懛，丁來切，註云：『失志貌。』蘇州人謂無智術者爲獃，杭州以爲懛。同年吳俊時用美姿容，而不拘小節，杭人呼爲吳阿懛。昨檢《韻海》，偶得此字而記之。」〔註32〕清・褚人穫曰：「蘇杭呼癡人爲懛子，或又書獃、騃二字。」〔註33〕是其證也。《吳越春秋・夫差內傳》作「子何性鄙」，指沒見識，與此文斥之爲性愚，義亦相因。錢培名曰：「『大』字疑誤。」〔註34〕張仲清曰：「性之大，高興。」〔註35〕二氏皆未達古吳語。

（5）持籠稻而凔之（《記吳王占夢》）

按：籠，讀爲朧、蘢。《玉篇》：「朧，禾病也。」《廣韻》：「朧，禾病。蘢，

〔註26〕黃生《字詁》，收入《字詁義府合按》，中華書局1954年版，第12頁。

〔註27〕王念孫《廣雅疏證》，收入徐復主編《廣雅詁林》，江蘇古籍出版社1992年版，第168頁。王引之則曰：「殆，猶疑也。字亦作怠，怠疑即疑殆也。」與其父說不同。王引之《經義述聞》卷31，江蘇古籍出版社1985年版，第740頁。

〔註28〕黃侃《說文段注小箋》，收入《說文箋識》，中華書局2006年版，第202頁。

〔註29〕陳奇猷《韓非子新校注》，上海古籍出版社2000年版，第385頁。

〔註30〕章太炎《新方言》卷2，收入《章太炎全集（7）》，上海人民出版社1999年版，第52～53頁。

〔註31〕郎瑛《七修類稿》卷23，收入《續修四庫全書》第1123冊，上海古籍出版社2002年版，第162頁。

〔註32〕陸容《菽園雜記》卷12，收入《叢書集成初編》第330冊，中華書局1985年影印，第135頁。

〔註33〕褚人穫《堅瓠集》乙集卷2，收入《續修四庫全書》第1260冊，上海古籍出版社2002年版，第521頁。

〔註34〕錢培名《越絕書札記》，收入《叢書集成初編》第3697冊，中華書局1985年影印，第92頁。

〔註35〕張仲清《越絕書校注》，國家圖書館出版社2009年版，第258頁。

上同。」《玉篇》:「稝,禾穲也。」〔註 36〕《集韻》:「稝,禾病。」翟
灝《通俗編》卷 36:「穲,《唐韻》:『禾病。』按:田家謂禾蔬傷肥而
局縮者曰聾,乃穲字耳。」〔註 37〕范寅《越諺》卷中:「穲疲:『龍喝』,
稻有病不實也。穲,《唐韻》。」〔註 38〕此古越語之遺存也。蒲松齡《日
用俗字・莊農章第二》:「棉花不穲穇子好,豆兒又少兔絲纏。」〔註 39〕
是清代齊、魯方言亦云「穲」也。字亦作龝,《正字通》:「龝,俗字,
韻書凡禾病曰穲、龝,即俗謂黍病也。有龍、隴二音,舊註黏貌,非。」
穲、殮、龝音轉爲郞,字或作稂〔註 40〕。《爾雅》:「稂,童粱。」郭璞
注:「稂,莠類也。」《說文》:「郞,禾粟之采生而不成者謂之蕫郞。稂,
郞或從禾。」〔註 41〕「蕫郞」即「童粱」,指不實者。蓋「郞(稂)」爲
通語,吳越方言則音轉爲「穲(殮)」也。穲稻,謂稻有病不結實者。《吳
越春秋・夫差內傳》改作「生稻」,所謂生稻,指稻種自然脫落而來年

〔註 36〕 此據早稻田大學藏和刻本,影澤存堂本、元延祐二年圓沙書院刻本、元至正
二十六年南山書院刊本、《宋本玉篇》「穲」皆誤從「木」旁作「檷」。胡吉宣
《玉篇校釋》已訂作「穲」,上海古籍出版社 1989 年版,第 2953 頁。

〔註 37〕 翟灝《通俗編》,收入《續修四庫全書》第 194 冊,上海古籍出版社 2002 年
版,第 636 頁。

〔註 38〕 范寅《越諺》(侯友蘭等點注),人民出版社 2006 年版,第 245 頁。范氏以「龍
喝」擬其音。

〔註 39〕 蒲松齡《日用俗字》,收入《蒲松齡集》第 2 冊 (路大荒整理),上海古籍出
版社 1986 年版,第 745 頁。

〔註 40〕 「郞當」音轉爲「籠東」、「龍鍾」、「隴種」等形,「狼戾」音轉爲「懭悢」、「儱
戾」、「籠戾」、「龍戾」等形,皆是其證。前者可參見黃生、黃承吉《字詁義
府合按》,中華書局 1954 年版,第 71 頁。郝懿行《證俗文》卷 6,收入《續
修四庫全書》第 192 冊,上海古籍出版社 2002 年版,第 494 頁。郭在貽《〈荀
子〉札記》、《魏晉南北朝史書語詞瑣記》、《唐詩與俗語詞》,並收入《郭在貽
文集》卷 3,第 8~9、26、70 頁。蕭旭《「郞當」考》有詳證,《中國語學研
究・開篇》第 29 卷,2010 年 9 月日本好文出版,第 59~64 頁。後者可參見
蕭旭《漢譯佛經語詞語源例考》「懭悢」條,提交「佛教文獻研究暨第六屆佛
經語言學國際學術研討會」論文,韓國・忠州 2012 年 10 月,《東亞文獻研究》
總第 11 輯,2013 年 6 月出版,第 70~76 頁。

〔註 41〕 采,《集韻》、《類篇》引同,《玉篇》、《廣韻》、《六書故》引作「穗」,字同,
見《玉篇》;《詩・大田》《釋文》、《爾雅》《釋文》引誤作「莠」。陳啓源、沈
廷芳已指出「莠」字誤:段玉裁據《釋文》,改「采」作「莠」,僄矣。陳啓源
《毛詩稽古編》卷 29、沈廷芳《十三經注疏正字》卷 17,分別收入《四庫全
書》第 85、192 冊,臺灣商務印書館 1986 年初版,第 790、212 頁。段玉裁
《說文解字注》,上海古籍出版社 1981 年版,第 23 頁。

生長的稻，或稻椿上生長的稻，是具有雜草特性的野生水稻，而不是指未煮熟的稻。《吳越春秋》下文又云：「王行，有頃，因得生瓜，已熟，吳王掇而食之。」《御覽》卷 978 引作「得自生之瓜」。「生稻」亦「生瓜」之比，皆謂不種而自生者也。《說文》：「秜，稻今年落，來年自生，謂之秜。」《繫傳》：「即今云穭生稻也。」《玉篇》：「穭，自生稻。」《淮南子‧泰族篇》：「稆先稻熟而農夫耨之。」《御覽》卷 823 引「稆」作「茢」，有注：「茢，稗（稗）。」茢之言烈也，《爾雅》：「烈、枿，餘也。」《方言》卷 1：「烈、枿，餘也，陳鄭之間曰枿，晉鄭之間曰烈，秦晉之間曰肆，或曰烈。」字亦作栵，《詩‧皇矣》：「其灌其栵。」王引之曰：「栵，讀爲烈。烈，枿也，斬而復生者也。」〔註42〕字或作裂、裞，《說文》：「裂，繒餘也。」《玉篇》：「裂，殘也，繒餘也，或作裞。」字亦作帴、剟，《廣雅》：「剟，餘也。」《玉篇》：「帴，帛餘也。剟，同上。」《淮南子》許慎注：「稻米隨（墮）〔地〕而生者爲離，與稻相似。」程瑤田曰：「他書引《淮南》注則曰：『離，水稗。』此非高誘注也。水稗，南方稻田中多生之，不得先稻而熟。或疑離、秜同聲，秜爲今年落、來年自生之稻，或能先稻而熟與？然非余之所敢知矣。」〔註43〕劉寶楠曰：「案秜即是稻，而『離』但與稻相似，則非秜。可知程說亦無據。」〔註44〕劉氏駁程說，亦未得當。程氏未作按斷，且秜是自生稻，亦非正常之稻。段玉裁曰：「疑離即秜，《玉篇》、《廣韻》秜皆力脂切，則音同也。他書皆作穭，力與切。《埤蒼》：『穭，自生也。』亦作稆，《後漢書‧獻帝紀》：『尚書郎以下，自出采稆。』古作旅，《史》、《漢》皆云：『鼧觸主葆旅事。』晉灼曰：『葆，采也。野生曰旅。今之飢民采旅生。』按：離、秜、旅一聲之轉，皆謂不種而自生者也。」〔註45〕陶方琦曰：「秜即離也。」〔註46〕朱駿聲亦謂「《淮南王書》以離爲秜，《後漢書》

〔註42〕王引之《經義述聞》卷 7，江蘇古籍出版社 1985 年版，第 161 頁；又卷 26說略同，第 632 頁。

〔註43〕程瑤田《九穀考‧稻》，收入阮元《清經解》卷 549，上海書店 1988 年版，第 3 冊，第 797 頁。

〔註44〕劉寶楠《釋穀》卷 2，收入王先謙《清經解續編》卷 1076，上海書店 1988 年版，第 4 冊，第 898 頁。

〔註45〕段玉裁《說文解字注》，上海古籍出版社 1981 年版，第 323 頁。

〔註46〕陶方琦《淮南許注異同詁》卷 4，收入《續修四庫全書》第 1121 冊，上海古籍出版社 2002 年版，第 472 頁。

字作稻，亦作穭。」〔註47〕吳承仕校許注作「墮地而生」，且云：「《御
覽》引作苅，離、苅一聲之轉。注文稗，當爲稗。《齊民要術・水稻篇》
引作離，並引高誘曰：『離，水稗。』」〔註48〕《玉篇》：「穭，生稻也。」
又「秋，再生稻。」《白帖》卷80「勸農」條有「拔生稻」語，生稻與
「稗」同類，故須拔去之也。自生之稻往往結實不飽滿，故本書作「籠
稻」，當即「穭稻」。俞紀東解「籠稻」爲「竹籠裏的稻穀」。張仲清曰：
「籠稻，據下文『不得火食』言之，當以『生稻』爲是。而以前文『炊
而不蒸』言之，則是用籠蒸過而未熟的稻穀。」〔註49〕皆未達通假之指
也。張覺引《荀子・禮論》「飯以生稻」注「生稻，米也」〔註50〕。四
部叢刊本作「生稻，禾也」，張氏失檢。《荀子》之「生稻」指未成熟的
稻禾，與《吳越春秋》所指不同。

（6）大船陵居，小船沒水（《外傳紀策考》）

按：「陵」爲南方方言，古吳楚語，猶言陸地。「陵居」即「陸居」。本篇
云「昔者吳王夫差興師伐越，敗兵就李，大風發狂，日夜不止，車敗
馬失，騎士墮死，大船陵居，小船沒水」，「大船陸居，小船沒水」，
皆其敗徵，指大船被大風刮到了岸上，小船則被吹沉了。《山海經・
南山經》：「柢山多水，無草木，有魚焉，其狀如牛，陵居，蛇尾，有
翼，其羽在魼下，其音如留牛，其名曰鯥。」此言鯥魚陸居也。《左
傳・定公六年》：「又以陵師敗于繁陽。」杜注：「陵師，陸軍。」孔
疏：「上云舟師，水戰；此言陵師，陸軍。南人謂陸爲陵，此時猶然。」
「南人」即指吳楚之人也，蓋唐代吳楚語猶謂「陸」爲「陵」，故孔
云「此時猶然」。《楚辭・天問》：「釋舟陵行，何以遷之？」洪興祖《補
注》：「今釋水而陸，反爲人所負，何罪而見徙也？」徐文靖曰：「《論
語》：『奡盪舟。』魏・何晏解云：『孔曰：奡，有窮之國，篡夏后相
之位，其臣寒浞殺之。因其室而生奡，奡多力，能陸地行舟。』古陵、
陸通用。此問奡釋舟陸行，何遂能遷移他處。」〔註51〕《吳越春秋・

〔註47〕朱駿聲《說文通訓定聲》，武漢市古籍書店1983年版，第583頁。
〔註48〕吳承仕《淮南舊注校理》，北京師範大學出版社1985年版，第117頁。
〔註49〕張仲清《越絕書校注》，國家圖書館出版社2009年版，第263頁。
〔註50〕張覺《吳越春秋校注》，嶽麓書社2006年版，第148頁。
〔註51〕徐文靖《管城碩記》卷16，中華書局1998年版，第282頁。

吳太伯傳》：「陵水高下。」徐天祐注：「陵，陸地。」《吳越春秋》作者趙曄爲紹興人，所記當爲吳越方言，亦南人語也。《老子》第 50 章：「蓋聞善攝生者，陸行不遇兕虎，入軍不被甲兵。」《韓子・解老》引同，馬王堆帛書甲、乙本「陸」並作「陵」。《老子》多用古楚語，帛書本蓋存其舊。《韓子》作通語「陸行」，今本《老子》蓋據《韓子》而改。張舜徽疑帛書本「陵」爲「陸」形誤〔註 52〕，失之。高明謂當從帛書作「陵行」雖是，但解爲「山陵」則未確〔註 53〕。《莊子・秋水》孔子曰：「夫水行不避蛟龍者，漁父之勇也；陸行不避兕虎者，獵夫之勇也。」孔子魯人，故用通語「陸行」。《莊子・達生》：「吾生於陵而安於陵，故也；長於水而安於水，性也。」《莊子》多用古楚語。《淮南子・說林篇》：「襄衣涉水，至陵而不知下，未可以應變。」《淮南子》亦多古楚語也。《意林》卷 2 引作「舉衣過水，至陸不下」。王念孫曰：「『陵』當爲『陸』，字之誤也。『陸』與『水』相對，作『陵』則非其指矣。《意林》引此正作『陸』。」朱季海曰：「陵謂陸也，楚人言陵，因其俗也……王氏《讀書雜志》以淮南此文水、陸相對，據今《意林》改陵爲陸，是未尋《楚辭》及《春秋傳》也。」〔註 54〕姜書閣亦指出王氏改字非是〔註 55〕。古吳楚語謂「陸」爲「陵」，《意林》引作「陸」，則改爲通語矣，固非《淮南》之舊。本書《記吳地傳》：「母陵道，陽朔三年太守周君造陵道語昭。郭周十里百一十步，牆高丈二尺。陵門四，皆有屋。水門二。」《御覽》卷 193 引作「陸門」。《記吳地傳》：「陸門八……水門八。」《吳越春秋・闔閭內傳》：「造築大城，陸門八，以象天八風；水門八以，法地八聰。築小城，陵門三。」「陸門」本當作「陵門」，古吳語謂陸地爲「陵」，《類聚》卷 63 引正作「陵門」，下文「陵門三」，尚存其舊。《御覽》卷 183 引已誤作「陸門八」，又卷 193 引已誤作「陸門八」、「陸門三」。又《勾踐歸國外傳》：「陵門四達，以象八風。」徐乃昌曰：「陵即訓陸。」〔註 56〕「陵門」即「陸

〔註 52〕 參見李水海《老子〈道德經〉楚語考論》，陝西人民出版社 1990 年版，第 66 頁。

〔註 53〕 高明《帛書〈老子〉校注》，中華書局 1996 年版，第 67 頁。

〔註 54〕 朱季海《楚辭解故》，上海古籍出版社 1980 年版，第 116～117 頁。

〔註 55〕 姜書閣《屈賦楚語義疏（下）》，《求索》1981 年第 2 期。

〔註 56〕 徐乃昌《〈吳越春秋〉札記》，收入《叢書集成續編》第 26 冊，上海書店 1994 年版，第 632 頁。

門」，故與「水門」對舉。《書鈔》卷 137 引《越記》佚文：「『舡軍之備何如？』對曰：『舡名大翼、小翼、突冒、樓舡。舡軍之教，比于陵軍之法，乃可用之。大翼當陵軍之重車，小翼當陵軍之輕車。』」《御覽》卷 770 引《越絕書》，其文尤為詳細，云：「闔閭見子胥：『敢問船運（軍）之備何如？』對曰：『船名大翼、小翼、突冒、樓船、橋船。今船軍之教，比陵軍之法，乃可用之。大翼者，當陵軍之〔重〕車：小翼者，當陵軍之輕車：突冒者，當陵軍之衝車；樓船者，當陵軍之行樓車也；橋船者，當陵軍之輕足驃定騎也。」〔註 57〕李步嘉指出「陵軍」即「陸軍」〔註 58〕，亦即「陵師」。本書《記吳地傳》所載地名「延陵」、「毗陵」、「廣陵」，古吳揚語之遺存也。袁慶述指出《越絕》「陵軍」、「陵居」、「陵門」中的「陵」皆楚語詞，用為「陸」義，又指出今湖南與水相對的地名多用「陵」字，如「茶陵」、「零陵」、「沅陵」、「醴陵」等，亦古楚語之遺存〔註 59〕。

（本文承方一新教授、龐光華博士審讀，二君都提出具體的修改意見，謹致謝忱。）

〔註 57〕 《書鈔》卷 138 引《越絕書》「橋船」作「篙舡」。「橋」讀為「槗」，同「橰」、「篙」。

〔註 58〕 李步嘉《越絕書研究》，上海古籍出版社 2003 年版，第 165 頁。《四庫》本《御覽》逕改作「陸軍」，則非其舊文矣。

〔註 59〕 參見袁慶述《〈楚辭〉楚語札釋十例》，《求索》1983 年第 1 期，第 89 頁。

越王劍名義考

　　《越絕書・記寶劍》記載越王句踐取「毫曹」劍以示相劍者薛燭，薛燭謂「歐冶乃因天地之精，悉其伎巧，造爲大刑三、小刑二：一曰湛盧，二曰純鈞，三曰勝邪，四曰魚腸，五曰巨闕」〔註1〕。《博物志》卷6：「寶劍名，純鉤（鈞）、湛盧、豪曹、魚腸、巨闕，五劍皆歐冶子所作。」當本於《越絕書》。

　　下面試著考釋這六劍的得名之由，並隨文辨正前人誤說。

一、「毫曹」考

　　毫曹，《白帖》卷13引同，《三國志・郤正傳》裴松之注、《文選・吳都賦》劉淵林注、《文選・七命》李善注、《玉海》卷151引作「豪曹」。

　　「豪曹」乃「敖曹」音轉，高大貌。《說文》：「勢，讀若豪。」《搜神記》卷1魏成公智瓊贈弦超詩：「飄〔飇〕浮勃逢，敖曹雲石滋。」〔註2〕

　　字或作「嗷嘈」，梁武帝《古意》：「嗷嘈繞樹上，翩翩集寒枝。」此狀高聲，故字改易形旁從「口」，固與「敖曹」同源也。

〔註1〕　「因天地之精」，各本原文作「因天之精神」，茲據《文選・吳都賦》劉淵林注引校正，《三國志・郤正傳》裴松之注引作「因天之精」，脫「地」字。又見《吳越春秋》佚文，《編珠》卷2、《類聚》卷60引作「因天地之精」，《御覽》卷343引作「曰天地之精」；《書鈔》卷122二引，一作「因天地之精」，一作「因天地之功」，「曰」爲「因」誤，「功」爲「精」誤。

〔註2〕　《太平廣記》卷61引《集仙錄》作「飄飇浮勃逢，敖曹雲石滋」，據補「飇」字。《類聚》卷79、《法苑珠林》卷8引作「飄飇浮勃述，敖曹雲石滋」，「飇」字不脫，「述」則「逢」之譌。

字或作「遨曹」，梁・江淹《丹砂可學賦》：「於是流瀼不一，遨曹無邊。」此例爲廣大義，與「高大」義相因，亦與「敖曹」同源也〔註3〕。

字或作「嶅嶆」，元・楊維楨《杵歌》：「疊疊石石石嶅嶆，立竿作表齊竿旌。」義爲山高，故改易形旁而從「山」製爲專字耳。

又音轉爲「昂藏」，晉・陸機《晉平西將軍孝侯周處碑》：「汪洋廷闕之傍，昂藏寮寀之上。」《水經注・淇水》：「石壁崇高，昂藏隱天。」《北史・高昂傳》：「昂，字敖曹……（其父）以其昂藏敖曹，故以名字之。」郭在貽指出「敖曹」、「昂藏」音相轉〔註4〕。考《集韻》：「嵃，岇藏，山高貌。」又「岇，岇藏，山高貌。」《類篇》：「嵃，岇嵃，山高。」《五音集韻》：「岇，岇藏，山高貌。」《正字通》：「岇，舊註音昂，岇藏，山高貌。一說借昂，義同。」義爲山高，亦改易形旁而從「山」製爲專字耳。

又音轉爲「嘲嘈」、「嶗嶆」，《集韻》：「嶆，嘲嶆，山貌。」又「嘲、嶗，嘲嶆，山險，或從勞。」《類篇》：「嶗，嶗嶆，山險。」《文選・七命》：「溟海渾瀇湧其後，巘谷嘲嶆張其前。」李善注：「嘲嶆，深空之貌也。」呂向注：「嘲嶆，險貌。」山之深與山之高，一義之兩端也。

又音轉爲「嘮嘈」、「砯磕」、「膠聹」、「勞曹」、「勞嘈」、「嘮嘈」，《玉篇》、《廣韻》：「嘮，嘮嘈，聲也。」《集韻》：「嘮，嘮嘈，大聲。」又「聹，膠聹，耳鳴。」漢・王延壽《夢賦》：「耳嘮嘈而外即（朗？），忽屈申而覺寤。」《文選・嘯賦》：「砯磕震隱，訇磕嘮嘈。」五臣本作「砯嘈」，宋・戴植《鼠璞》卷上、宋・俞德隣《佩韋齋輯聞》卷3引作「勞曹」。李善註：「皆大聲也。嘮音勞，嘈音曹。」戴植曰：「訇磕勞曹，即今之『膠亂勞曹』字。」是宋時猶有「勞曹」之語也。唐・元稹《董逃行》：「董逃董逃董卓逃，揩鏗戈甲聲勞嘈。」《禪宗頌古聯珠通集》卷7：「嘮嘈口皆是丹霞，斂袂携藍已答他。」此狀高聲，故字改易形旁從「口」，固與「昂藏」同源也。

倒言則作「嶆嶅」、「曹嶅」，《初學記》卷24引後漢・李尤《雲臺銘》：「崇臺嶒峻，上礙（擬）蒼雲。」〔註5〕《記纂淵海》卷8引「嶒峻」作「嶆嶅」，義同。梁・釋僧祐《弘明集》卷14釋寶林《破魔露布文》：「且其形勢也，則癡山嶆嶅固其前，愛水浩汗張於後。」宋本「嶆嶅」作「嵯蛾」，義同；《可

〔註3〕 「嗷嘈」、「遨曹」二例承趙家棟博士檢示，謹致謝忱。
〔註4〕 參見郭在貽《魏晉南北朝史書語詞瑣記》，收入《郭在貽文集》卷3，中華書局2002年版，第38頁。
〔註5〕 《類聚》卷62、《玉海》卷162引「礙」作「擬」，是。

洪音義》卷 29 作「曹嶅」,云:「嶅,音遨。」「嶅嶅」爲山高,亦改易形旁製爲專字耳。

倒言又作「嘈嗷」,《西京雜記》卷 6 引漢中山王《文木賦》:「紛紜翔集,嘈嗷鳴啼。」晉・王鑒《七夕觀織女詩》:「雲韶何嘈嗷,靈鼓鳴相和。」

倒言又作「曹熬」,馬王堆漢簡《十問》:「黃帝問于曹熬曰。」其爲人名,亦當取「高大」爲義。敦煌寫卷 P.4980:「不知僧,饑以渴,唇口曹熬生擗裂。」

倒言又作「峸岋」,明・俞安期《衡嶽賦》:「其山也,遠而望之,崔嵾嶒岋,崥隋崝嶸,嶠嵾峻嵋,峸岋隱嶙。」《說文》:「峸,山陵也。」〔註6〕

《吳越春秋・闔閭內傳》:「一名磐郢,亦曰豪曹,不法之物,無益於人。」《編珠》卷 2、《類聚》卷 60、《御覽》卷 343 引作「盤郢」。是「豪曹」一名「磐(盤)郢」也。《御覽》卷 343 引《越絕書》:「闔閭冢,吳縣閶門外,名曰白虎丘,磐郢、魚腸之劍在焉。」《史記・吳太伯世家》《集解》引作「榮郢」,《事類賦注》卷 13、《吳郡志》卷 39 引作「盤郢」,梁・江淹《銅劍讚》引《皇覽・帝王冢墓記》亦作「盤郢」。今本《越絕書・記吳地傳》作「時耗」,《說郛》卷 27 引楊奐《山陵雜記》亦作「時耗」。「曹」或體作「曺」,形譌作「旹」,即「時」古字;「豪(亳)」音譌作「耗」。因而「豪曹」倒譌成「時耗」。「豪曹」一名「磐郢」者,不明何由,待訪博雅。寶劍名豪曹者,取高昂爲義,以形名之也。以其外形高昂,風胡子聯想爲跋扈,故曰不法之物也。

二、「湛盧」考

湛,讀爲黮,《說文》:「黮,桑甚之黑也。」《廣雅》:「黮,黑也。」《廣韻》:「黮,黔黮,黑也。」《慧琳音義》卷98引《文字集略》:「黮,黑貌也。」字或作黕,《希麟音義》卷 9 引《字林》:「黕,黑色也。」《廣韻》:「黕,黑也。」《文選・藉田賦》:「青壇蔚其嶽立兮,翠幕黕以雲布。」李善注:「魏文帝《愁霖賦》曰:『玄雲黕其四塞。』黕,黑貌也。」呂延濟注:「黕,色之深也。」《類聚》卷 2 引《愁霖賦》「黕」作「黯」,義同。《說文》:「黯,深黑也。」盧亦訓黑,專字爲黸,《說文》:「齊謂黑爲黸。」從「盧」之字,

---

〔註 6〕 《集韻》、《類篇》引「薐」作「峻」,俗字。

多有黑義〔註7〕。「湛盧」者，狀劍色深邃，以色名之也。《荀子・性惡》：「桓公之葱，太公之闕，文王之錄……此皆古之良劍也。」楊倞註：「葱，青色也。錄，與綠同。三（二）劍以色爲名，曹植《七啓》說劍云『雕以翠綠』，亦其類也。」是其比。

字亦作「湛鑪」，《御覽》卷 343 引《郡國志》：「盤郢之劍，或曰湛鑪之劍，夜飛適楚。」

字亦作「沈闔」，《抱朴子外篇・博喻》：「立斷，未獨沈闔、干將。」又「沈闔、巨闕，斷斬之良也，而不可以挑脚刺。」楊明照曰：「沈、湛，闔、盧，古通用不別。」〔註8〕

《荀子・性惡》：「闔閭之干將、莫邪、鉅闕、辟閭，此皆古之良劍也。」楊倞註：「或曰：辟閭，即湛盧也。閭、盧聲相近。盧，黑色也。湛盧，言湛然如水而黑〔色〕也。又張景陽《七發》說劍曰：『舒辟不常。』李善云：『辟，卷也。言神劍柔可卷而懷之，舒則可用。』辟閭或此義歟？」〔註9〕《新序・雜事五》：「辟閭、巨闕，天下之利器也。」石光瑛曰：「辟閭即湛盧，言湛湛然黑色也……其名略異，蓋聲音轉變，無有定字也。」〔註10〕宋・沈括《夢溪筆談》卷 19：「古劍有沈盧、魚腸之名，沈音湛。沈盧謂其湛湛然黑色也。」宋・袁文《甕牖閒評》卷 4：「古劍名湛盧者，謂湛湛然黑色也。」《正字通》「盧」字條：「湛盧，越劍名，歐冶子鑄，言湛然如水黑也。」所說當皆本之楊氏。然楊氏云「湛然如水而黑色」，「湛然如水」，則其色清澈，不得謂黑色。且楊氏謂「辟閭即湛盧」，石氏從之，亦誤。「辟」、「湛」無由聲轉。「辟」讀爲碧，深青色，與黑相近〔註11〕。《廣雅》：「鉅闕、辟閭，劍也。」王念孫、錢大昭但引《荀子》、《新序》以證其說〔註12〕，而未及其異名何以作「湛盧」。

《博物志》卷 6 之「湛盧」，《類說》卷 23 引同，《紺珠集》卷 4 引作「闔

〔註7〕　參見張永言《論上古漢語的「五色之名」兼及漢語和臺語的關係》，收入《語文學論集》（增補本），語文出版社 1999 年版，第 182～183 頁。
〔註8〕　楊明照《抱朴子外篇校箋》下冊，中華書局 1997 年版，第 272 頁。
〔註9〕　「色」字據《玉海》卷 151 引補。今本《文選・張景陽・七命》爲呂延濟注，而非李善語，恐楊氏誤記也。楊氏「七命」又誤作「七發」。
〔註10〕　石光瑛《新序校釋》，中華書局 2001 年版，第 778 頁。
〔註11〕　此承棗莊電臺王寧提示，謹致謝忱。
〔註12〕　王念孫《廣雅疏證》，錢大昭《廣雅疏義》，並收入徐復主編《廣雅詁林》，江蘇古籍出版社 1992 年版，第 666～668 頁。

閭」，蓋即據《荀子》、《新序》而誤改也。

又考《宋書・州郡志》：「閩中有山名湛，疑湛山之鑪鑄劍爲湛鑪也。」《元豐九域志》卷9「湛鑪山」條引《圖經》：「昔湛王鑄劍於其上，因名之。」二說皆非是。山名湛鑪者，山以劍得名，而非劍以山得名。《廣韻》：「湛盧氏，亦虜複姓。」此乃虜姓，與「湛盧劍」無涉也。

三、「純鈞」考

《越絕書・記寶劍》上文「王取純鈞」，《文選・吳都賦》劉淵林注、《文選・七命》李善注引與今本合，漢魏叢書本「鈞」作「鉤」，《三國志・郤正傳》裴松之注引、《博物志》卷6亦作「鉤」。《淮南子・修務篇》：「夫純鈞、魚腸劍之始下型。」高注：「純鈞，利劍名。」「鉤」、「鉤」皆爲「鈞」形誤〔註13〕。《編珠》卷2引《吳越春秋》佚文亦誤作「純鉤」。

字亦作「淳鈞」，《淮南子・覽冥篇》：「區（歐）冶生而淳鈞之劍成。」高注：「淳鈞，古大銳劍也。」《抱朴子內篇・論仙》：「以蟻鼻之劍，損（捐）無價之淳鈞。」四庫本誤作「純鉤」。《意林》卷4引作「損無價之淳鈞」，《四庫考證》卷54云：「原本捐訛損，鈞訛鉤，並據《抱朴子》增改。」〔註14〕改「捐」得之，道藏本正作「捐」；改「鉤」則非。

字又作「淳均」，《淮南子・齊俗篇》：「淳均之劍不可愛也，而歐冶之巧可貴也。」

字又作「醇鈞」，《廣雅》：「醇鈞，劍也。」《廣韻》引作「純鋼」，誤也〔註15〕。

純、淳、醇，言純一不雜也。鈞、均，亦純也。《史記・平準書》：「鈞駟。」《漢書》作「醇駟」。寶劍名純鈞者，取純淨爲義，以質名之耳。宋・王應麟《小學紺珠》卷10：「純鈞：一作鉤。」王應麟《玉海》卷151：「純鈞：一作鉤。」雖以王氏博洽，亦不能辨，故但存其異文耳。

〔註13〕參見王念孫《淮南子雜志》，收入《讀書雜志》卷15，中國書店1985年版，第9頁。

〔註14〕《四庫全書考證》卷54，景印文淵閣《四庫全書》第1499冊，臺灣商務印書館1986年初版，第193頁。

〔註15〕參見錢大昭《廣雅疏義》，收入徐復主編《廣雅詁林》，江蘇古籍出版社1992年版，第667頁。

四、「勝邪」考

勝邪，《文選‧吳都賦》劉淵林注引作「莫邪」，《吳郡志》卷 47 引作「鎮邪」。

考《廣雅》：「怯莫，去也。」王念孫曰：「拈莫者，《方言》：『拈摸，去也，齊趙之總語也。拈摸，猶言持去也。』摸與莫通。拈各本訛作怯。今訂正。」錢大昭曰：「怯莫者，《方言》文。『怯莫』與『拈摸』，字異音義同。」〔註16〕《文選‧關中詩》：「亂離斯瘼，日月其稔。」李善注：「《韓詩》曰：『亂離斯莫，爰其適歸。』薛君曰：『莫，散也。』《毛詩》曰：『亂離瘼矣。』」又《爲范尚書讓吏部封侯第一表》李善注引薛君曰：「瘼，散也。」《詩》見《四月》，《方言》見卷 6。錢繹曰：「散亦去也。摸、莫、瘼字異義同。」〔註17〕莫邪，猶言去邪。勝邪，猶言克邪。二義相因。《古今注》卷上：「吳大帝有寶劍六：一曰白蛇，二曰紫電，三曰辟邪，四曰流星，五曰青冥，六曰百里。」吳大帝蓋效法越王，劍名「辟邪」，正與「勝邪」、「莫邪」同義，以性能名之也。

《說文》：「鎮，鎮釾，大戟也。」〔註18〕《史記‧賈生傳》《集解》引作「莫邪」，《後漢書‧杜篤傳》李賢注引作「鎮鋣」，《文選‧羽獵賦》李善注引作「鎮邪」。兵器名「莫邪」者，皆取義於克邪。《集韻》：「篡，篡笷，竹名。」亦取此義。

《吳越春秋‧闔閭內傳》：「干將者，吳人也，與歐冶子同師，俱能爲劍。越前來獻三枚，闔閭得而寶之，以故使劍匠作爲二枚，一曰干將，二曰莫耶。莫耶，干將之妻也……於是干將妻乃斷髮剪爪，投於爐中，使童女童男三百人鼓橐裝炭，金鐵乃濡，遂以成劍，陽曰干將，陰曰莫耶。」《初學記》卷 22 引「莫耶」作「鎮耶」。人名「莫耶」者，當得之於劍名「莫邪」，而非劍名得之於人名。此小說家演繹之故事，乃顚倒其來由也。

王念孫曰：「干將、莫邪，皆連語，以狀其鋒刃之利，非人名也。」〔註19〕指出其本非人名，得之；而謂「狀其鋒刃之利」，亦未得其誼也。

〔註16〕 王念孫《廣雅疏證》，錢大昭《廣雅疏義》，並收入徐復主編《廣雅詁林》，江蘇古籍出版社 1992 年版，第 138 頁。

〔註17〕 錢繹《方言箋疏》，上海古籍出版社 1984 年版，第 404 頁。

〔註18〕 從小徐本，大徐本脫「大戟」二字。

〔註19〕 王念孫《廣雅疏證》，收入徐復主編《廣雅詁林》，江蘇古籍出版社 1992 年版，第 665 頁。

五、「魚腸」考

《淮南子·修務篇》:「夫純鈞（鉤）、魚腸劍之始下型。」高誘注:「魚腸，文理屈辟（襞），若魚腸者，良劍也。」〔註20〕宋·沈括《夢溪筆談》卷19:「魚腸，即今蟠鋼劍也，又謂之松文。取諸魚，燔熟，褫去脇，視見其腸，正如今之蟠鋼劍文也。」宋·釋贊寧《筍譜》:「魚腸竹筍:梁簡文《脩竹賦》中見『魚腸雲母之名，日映花靡』等。今詳魚腸爲名，必像實而作，其竹細而屈。」元·李衎《竹譜》卷 7:「梁簡文《竹賦》有魚腸雲母之名，謂竹色如雲母者名雲母，竹色如魚腸者曰魚腸竹。昔歐冶子鑄劍，其四曰魚腸，蓋精鍊之鐵，闇白而微青，故以魚腸之色比之。贊寧以象竹之細屈，恐非立名本旨也。」

考《書鈔》卷 122 引《吳越春秋》:「夫寶劍者，金精從理，至本不逆，今魚腸倒本從末，逆理之甚，服此劍者，臣弒其君，子弒其父。」〔註21〕是魚腸劍之文理不順，繞屈若魚腸，以形名之也。當以高誘說、沈括、贊寧說爲得，李衎說非也。

《玉海》卷 151 引《吳越春秋》:「四曰魚腸。」自注:「一本作魚腹。」「腹」字爲形誤。雖以王氏博洽，亦不能辨，故但存其異文耳。

六、「巨闕」考

巨闕，亦作「鉅闕」。《越絕書·記寶劍》文云:「王曰:『然巨闕初成之時，吾坐於露壇之上，宮人有四駕白鹿而過者，車奔鹿驚，吾引劍而指之，四駕上飛揚，不知其絕也。穿銅釜，絕鐵鑕，胥中決如粢米，故曰巨闕。』」已經指出其得名之由，「巨闕」是指以劍擊物，皆中決之，碎如粢米。闕，讀爲決，穿也，開也，裂也。此亦以性能名之也。張仲清解爲「胥，察看。中，劍刃著物之處。決，通『缺』」〔註22〕，皆誤。

〔註20〕 《初學記》卷 22 引作「魚腸，文繞屈〔辟〕，若魚腸」，《御覽》卷 344 引作「魚腸，文繞屈譬（辟），若魚腸」。《戰國策·西周策》高注:「山形屈辟，狀如羊腸。」是其比。王念孫《廣雅疏證》引高注，以「屈辟」連讀，校作「文理屈襞」，襞亦屈也，疊也。收入徐復主編《廣雅詁林》，江蘇古籍出版社 1992 年版，第 666 頁。此承蔡偉博士指出，謹致謝忱。
〔註21〕 《御覽》卷 343、《事類賦注》卷 13 引略同。今本《吳越春秋·闔閭內傳》作「魚腸劍逆理不順，不可服也。臣以殺君，子以殺父」，蓋有脫文。
〔註22〕 張仲清《越絕書校注》，國家圖書館出版社 2009 年版，第 271 頁。

　　《荀子・性惡》：「太公之闕……闔閭之干將、莫邪、鉅闕、辟閭，此皆古之良劍也。」《御覽》卷 344 引作「巨闕」。楊倞註：「闕，未詳。或曰：闕，缺也。劍至利，則喜缺，因以爲名，鉅闕亦是也。」宋・沈括《夢溪筆談》卷 19：「古人以劑鋼爲刃，柔鐵爲莖骹，不爾則多斷折。劍之鋼者，刃多毀缺，巨闕是也。故不可純用劑鋼。」二氏皆以「巨闕」反襯其劍之利，其說非也。劍刃毀缺，非佳名，斷非劍名本義。

《世說新語》「窟窟」正詁

1. 《世說新語・品藻》：「有人以王中郎比車騎，車騎聞之，曰：『伊窟窟成就。』」對「窟窟」一詞，諸家說異。

余嘉錫曰：「『窟窟』無義，當作『掘掘』，以形聲相近致訛耳。《說文》：『揊，掘也。掘，揊也。』《左氏哀二十六年傳》：『掘褚師定子之墓焚之。』《釋文》云：『本或作揊。』《莊子・天地篇》云：『……揊揊然用力甚多，而見功寡。』《釋文》云：『揊揊，用力貌。』晉人談論，好稱引老、莊，必《莊子》別本有作『掘掘』者，故謝玄用之，云掘掘成就者，言坦之隨事輒揊揊用力，故能成就其志業也。」〔註1〕

朱鑄禹曰：「窟窟，似謂埋首修爲而有成就。然此兩字殆當時之俗語，其確切之義尚待更考。」〔註2〕

楊勇曰：「殷《義》：『窟窟，聚集貌。窟本小孔義，因而有聚集之所義。』又馬寶豐、郭孝儒曰：『余氏不可從。窟窟，是洞窟，用《戰國策》馮諼所謂狡兔三窟事。謝玄此話乃諷刺坦之有如狡兔，窟窟成就，善於營私自肥。』（見《山西大學學報》18卷1期）今按：窟，穴也，古土室也。殷云小孔，馬、郭云狡兔三窟之窟皆是。但馬、郭云諷刺坦之，則非也。……窟窟成就者，猶言處處有成就，褒詞也。」〔註3〕

〔註1〕 余嘉錫《世說新語箋疏》，上海古籍出版社1993年版，第537頁。
〔註2〕 朱鑄禹《世說新語彙校集注》，上海古籍出版社2002年版，第462頁。
〔註3〕 楊勇《世說新語校箋》，中華書局2006年版，第481頁。所引殷《義》，見殷正林《〈世說新語〉中所反映的魏晉時期的新詞和新義》，《語言學論叢》第12輯，商務印書館1984年版，第142頁。楊氏引脫「所」字，徑據原文補。

黃靈庚謂「窟窟」即「蹶蹶」、「括括」之變體，訓爲驚駭，今口語「乖乖」、「刮刮叫」是其遺語〔註4〕。

2. 余嘉錫謂「窟窟」即《莊子》「搰搰」是也，而謂「『窟窟』當作『掘掘』」，……必《莊子》別本有作『掘掘』者」，則臆測之辭，無版本依據。張永言、張萬起、柳士鎮並從余氏說〔註5〕。但張永言又引一說解爲「突出的樣子」，則非也。汪維懋、崔世傑謂「窟窟」即「矻矻」〔註6〕，亦得之。李天華謂「窟窟」當作「矻矻」〔註7〕，實同音通借，不煩改字也。解「窟窟」爲「聚集貌」、「洞窟」、「蹶蹶」，皆臆說也。不能通其聲音，考其語源，輒輕立異說以駭世，余未見其可也。

3. 我以前曾對「窟窟」作過考證〔註8〕，這裏補充資料，重新排比成文，以祛妄說，並隨文訂正群書之誤。

敦煌寫卷 P.2717《碎金》：「人矻矻碌碌：音窟窟祿〔祿〕。」〔註9〕 P.3906《碎金》：「人矻矻碌碌：上窟，下碌（祿）。」〔註10〕 S.6204《碎金》：「人矻矻碌碌：上窟窟下〔祿祿〕。」〔註11〕《碎金》以同音的「窟」爲「矻」注音，《廣韻》「窟」、「矻」同音苦骨切。《世說》「窟窟」即「矻矻」也。

其早期字形作「訕訕」，上博楚簡《性情論》：「人之〔巧〕言利言（詞、辭）者，不又（有）夫訕訕之心則潅（流）。」〔註12〕

〔註4〕 黃靈庚《釋「窟窟」》，《辭書研究》1997 年第 4 期，第 116 頁。

〔註5〕 張永言《世說新語辭典》，四川人民出版社 1992 年版，第 244 頁。張萬起《世說新語詞典》，商務印書館 1993 年版，第 221 頁。柳士鎮、劉開驊《世說新語全譯》，貴州人民出版社 1996 年版，第 444 頁。

〔註6〕 汪維懋《漢語重言詞詞典》，軍事誼文出版社 1999 年版，第 658 頁。崔世傑《談「窟窟」》，《漢字文化》2006 年第 1 期，第 69 頁。

〔註7〕 李天華《世說新語新校》，嶽麓書社 2004 年版，第 302 頁。

〔註8〕 蕭旭《〈世說新語〉校補》；又《〈世說新語〉吳方言例釋》，提交 2007 年「第三屆漢語史暨第六屆中古漢語學術研討會」論文，2007·成都四川大學；又《敦煌寫卷〈碎金〉補箋》，《東亞文獻研究》總第 4 輯，2009 年 6 月出版；並收入《群書校補》，廣陵書社 2011 年版，第 711、1380～1381、1352 頁。

〔註9〕 敦煌寫卷 P.2717《碎金》，收入《法藏敦煌西域文獻》第 17 冊，上海古籍出版社 2001 年版，第 344 頁。

〔註10〕 敦煌寫卷 P.3906《碎金》，收入《法藏敦煌西域文獻》第 29 冊，上海古籍出版社 2003 年版，第 179 頁。

〔註11〕 敦煌寫卷 S.6204《碎金》，收入《英藏敦煌文獻》第 10 冊，四川人民出版社 1994 年版，第 178 頁。

〔註12〕 上博楚簡《性情論》，收入馬承源主編《上海博物館藏戰國楚竹書（一）》，上海古籍出版社 2001 年版，第 299～300 頁。

　　字或作「揝揝」、「劷劷」、「榾榾」，《玉篇》：「劷，用力也。」《玄應音義》卷 1：「劷劷：《廣雅》：『劷，勤也。』《埤蒼》：『力作也。』」《慧琳音義》卷 17 同。《集韻》：「揝，揝揝，用力兒，郭象說。」《莊子‧天地篇》：「揝揝然用力甚多。」《釋文》：「揝揝，用力貌。」成玄英疏同。唐‧杜甫《鹽井》：「汲井歲榾榾，出車日連連。」一本作「揝揝」。顯用《莊》典。《大方等大集經》卷 43：「如是一相在於前心，劷劷專念不起亂想。」《正統道藏》元‧劉大彬《茅山志》卷 28：「和鉛還揝揝，持斧自丁丁。」乾隆 15 年《寶山縣志》：「榾榾，苦骨切，用力之甚。」〔註 13〕今吳語尚謂用力為「劷劷」、「劷孜」，亦謂用力之聲為「劷劷」、「劷孜」。

　　字或作「仡仡」、「矻矻」、「劼劼」、「屹屹」、「兀兀」、「砣砣」〔註 14〕，《廣韻》：「矻，用心矻矻。」《集韻》：「劼，劼劼，勞極貌，通作矻。」《增韻》：「揝，古忽切，用力貌，又音矻。」又「矻，矻矻，勞極。」史夢蘭《疊雅》卷 8：「揝揝、劷劷、矻矻，勤勞也。〔揝〕與劷同。」〔註 15〕《晏子春秋‧雜篇》：「仡仡然不知厭。」《漢書‧王褒傳》《聖主得賢臣頌》：「勞筋苦骨，終日矻矻。」顏師古注：「應劭曰：『勞極貌。』如淳曰：『健作貌。』如說是也。」應、如二說相因，並是也。《六書故》：「矻，多石不夷也，故謂勤苦者亦曰矻矻。」戴氏解「矻矻」是，但謂義本於「多石不夷」則非也。《慧琳音義》卷 100 引《考聲》：「揝揝，用力不已也。」此卷為《念佛三昧寶王論》卷 3《音義》，檢經文作「矻矻念，勿休息，佛當現也」，是慧琳所見本作「揝揝」，與「矻矻」同也。唐‧韓愈《進學解》：「恒兀兀以窮年。」一本作「矻矻」。宋‧王十朋《答章教授》：「窮年屹屹膏油業，已精於韓吏部；諸公袞袞臺省官，豈冷於鄭廣文？」顯用韓文，是「屹屹」即「兀兀」、「矻矻」也。王念孫曰：「《眾經音義》卷 1 引《埤倉》云：『劷，力作也。』『揝揝』、『仡仡』、『矻矻』，並字異而義同。」〔註 16〕馬其昶、錢穆取其說〔註 17〕。馬敘倫曰：「《說文》無『劷』字，『劷』蓋『勖』之別體。《說文》

〔註 13〕乾隆 15 年《寶山縣志》，轉引自許寶華、宮田一郎《漢語方言大詞典》，中華書局 1999 年版，第 6397 頁。

〔註 14〕《左傳‧文公十六年》：「儔机。」《說文》「儔」字條引作「儔柚」。此「窟」、「兀」同音之證。

〔註 15〕史夢蘭《疊雅》，早稻田大學藏同治四年史氏止園刻本。

〔註 16〕王念孫《廣雅疏證》，收入徐復主編《廣雅詁林》，江蘇古籍出版社 1992 年版，第 320 頁。

〔註 17〕馬其昶《莊子故》，黃山書社 1989 年版，第 86 頁。錢穆《莊子纂箋》，臺灣

曰：『効，尤劇也。』」〔註18〕楊柳橋曰：「《說文》無『勋』字，當爲『劼』之變體。《廣雅》：『劼、勋，勤也。』當爲一字。《說文》：『劼，愼也。』」〔註19〕二氏以「効」、「劼」爲變體，皆非也。楊氏引《說文》「劼，愼也」，「愼」是謹愼義。鍾泰曰：「『捐捐』同『滑滑』，讀如汨汨，水自甕中出貌……舊注云『用力貌』，失之。」〔註20〕鍾氏以不誤爲誤。

字亦作「倔倔」，《抱朴子內篇・登涉》：「但患志之不篤，務近忘遠，聞之則悅，倔倔前席，未久，則忽然若遺。」〔註21〕

字亦作「勋勋」，《玉篇》：「勋，勤力也。」胡吉宣曰：「本書『勘，用力也。』害、曷聲符相通，勋、勘當爲一字。本書『勋，勤也。』重言『勋勋』，與『矻矻』、『仡仡』、『捐捐』注同。」〔註22〕《廣韻》：「勋，力作勋勋。」《集韻》：「勋，勋勋，用力聲。」

字或作「愲愲」、「犗犗」，元・謝應芳《祭徐子忠文》：「如某既忝姻婭，且居鄉曲，愲愲乎，叶力同心，董征輸之萬斛，覷丹旐之來歸。」明・余繼登《馮公墓誌銘》：「犗犗然用力日勞，所至日詘。」

廣東客話謂「勤勞」爲「骨力」〔註23〕，「骨」即「勋」的記音字。

其初文當作「圣圣」，《說文》：「圣，汝潁間謂致力於地曰圣，從土從又，讀若兔窟〔之窟〕。」《玉篇》、《廣韻》同。《廣韻》、《集韻》「圣」並苦骨切，音窟。「圣」爲會意字，從土從又，會意手把土用力之貌也。甲骨文有「圣田」一詞〔註24〕。漢代汝潁之間的方言猶存此語，字同「勋」、「捐」、「掘」。《正字通》：「圣，圣圣，致力無餘功貌。隸作捐。」桂馥、王筠、傅雲龍並謂「勋」同「圣」〔註25〕。馬敘倫謂「掘」、「捐」、「勋」亦「圣」轉注字；楊樹達謂「圣」是「掘」字的初文；于省吾據王宗涑說「圣有狠音」，

東大圖書股份有限 1985 年第 5 版，第 99 頁。
〔註18〕馬敘倫《莊子義證》卷 12，收入《民國叢書》第 5 編，據商務印書館 1930 年版影印公司，第 10 頁。
〔註19〕楊柳橋《莊子譯詁》，上海古籍出版社 1991 年版，第 230 頁。
〔註20〕鍾泰《莊子發微》，上海古籍出版社 2002 年版，第 270 頁。
〔註21〕南京某君參與《漢語大詞典》修訂，舉「倔倔」以問吾，因採吾説，釋云：「猶窟窟、矻矻，勤苦貌。」附記於此。
〔註22〕胡吉宣《玉篇校釋》，上海古籍出版社 1989 年版，第 1600 頁。
〔註23〕參見許寶華、宮田一郎《漢語方言大詞典》，中華書局 1999 年版，第 4176 頁。
〔註24〕見《甲》377、《合》33278。
〔註25〕桂馥《説文解字義證》，王筠《説文解字句讀》，傅雲龍《説文古語考補正》，並收入丁福保《説文解字詁林》，中華書局 1988 年版，第 13251 頁。

謂「圣爲墾字的初文，墾爲後起通假字」〔註 26〕。章太炎曰：「圣，此與掮古只作堀字。」〔註27〕諸說並是也。《方言》卷 12：「墾，力也。」《玉篇》：「墾，耕用力也。」「墾」即耕用力之專字。字或作「𡉫」，郭沫若、饒宗頤謂「𡉫」同「圣」〔註28〕，從𠬞從又一也。字或作「左」，《龍龕手鑑》：「左、圣：汝南人云致力於地中曰左。」朱起鳳曰：「掮、圣兩字，音義並同。砭、掮同音通用。」〔註29〕王廣慶曰：「用力之聲曰『砭砭』，語原爲『墾』，《方言》：『墾，力也。』《爾雅》：『墾，治也。』」〔註30〕王氏謂「砭砭」爲用力之聲是也，而以「墾」爲語源則未得。王氏又曰：「河洛用力時所發之聲曰『圪圪』，字應爲『圣』……與『砭砭』之砭字聲義略同。」〔註31〕則得之。蔣禮鴻曰：「《集韻》：『𪘏，詰歷切，勤苦用力曰𪘏。』按：此即吃力之吃，嘉興語亦然。以詞源言之，此字當從砭來，而砭又爲勣字之假借。勣、吃同從顎音，以雙聲相轉。」〔註32〕說皆是也，而尙未探本。

4. 「圣圣」（苦骨切）爲用力貌，又轉爲擬聲詞，指用力之聲也。二義相因。《廣韻》：「勣，力作勣勣。」《集韻》：「勣，勣勣，用力聲。」是其比也。泛指則爲其他聲音之擬聲詞。

音轉爲「乙乙」、「軋軋」、「札札」等音〔註33〕，《說文》：「乙，象春艸木冤曲而出，陰氣尙強，其出乙乙也。」《史記·律書》：「乙者，言萬物生軋軋也。」《漢書·律曆志》：「出甲於甲，奮軋於乙。」《禮記·月令》：「其日甲乙。」鄭注：「乙之言軋也。」李善本《文選·文賦》：「思乙乙其若抽。」五臣本作「軋軋」，《書鈔》卷 100、《類聚》卷 56、《海錄碎事》卷 18 引亦作「軋軋」。李善注：「乙，難出之貌。《說文》曰：『陰氣尙強，其出乙乙然。』乙音軋。」呂延濟注：「軋軋，難進也。」

字或作「仡仡」，《古文苑》卷 17 漢·王褒《僮約》：「仡仡叩頭，兩手自

〔註26〕三說並轉引自李圃主編《古文字詁林》第 10 冊，上海教育出版社 2004 年版，第 263～264 頁。

〔註27〕王寧整理《章太炎說文解字授課筆記》，中華書局 2010 年版，第 568 頁。

〔註28〕轉引自李圃主編《古文字詁林》第 10 冊，上海教育出版社 2004 年版，第 263～264 頁。

〔註29〕朱起鳳《辭通》，上海古籍出版社 1982 年版，第 2397 頁。

〔註30〕王廣慶《河洛方言詮詁》，中州古籍出版社 1993 年版，第 71 頁。

〔註31〕王廣慶《河洛方言詮詁》，中州古籍出版社 1993 年版，第 267 頁。

〔註32〕蔣禮鴻《義府續貂》，收入《蔣禮鴻集》卷 2，浙江教育出版社 2001 年版，第 234 頁。

〔註33〕參見蕭旭《象聲詞「札札」考》。

搏；目淚下落，鼻涕長一尺。」「仡仡」狀用力叩頭之聲也，「仡」當音苦骨切（kū）。章樵註：「仡，音屹，恐畏不能言狀。」章註未得其語源也。汪維輝曰：「《大詞典》『仡仡（yìyì）』有『勤苦貌』義……『仡仡叩頭』即用力叩頭、連連叩頭。」〔註34〕其義近之，章註音屹（yì），亦非也。唐・柳宗元《晉問》：「巨舟軒昂，仡仡迴環。水師更呼，聲裂商顏。」《玉篇》：「舣，音仡，船行。」《廣韻》：「舣，舟行。」趙少咸曰：「『舣』與『舣』同。」〔註35〕「仡仡」同「舣舣」、「舣舣」，狀巨舟迴環難進之聲。《方言》卷 9：「儓謂之仡。仡，不安也。」郭璞注：「仡，船動搖之貌也。」《說文》：「劓，船行不安，從舟劓省，讀若兀。」《廣韻》：「劓，《說文》：『船行不安。』舤，俗。」《集韻》：「劓、舤、仡，《說文》：『船行不安也。』或從兀，亦作仡。」《肯綮錄》：「舟不穩曰舤。」亦取聲爲義，言不穩之聲仡仡然也。

字或作「扢扢」、「齕齕」，元・佚名《朱砂擔》第 1 折：「丕丕的大步行，好教我便扢扢的牙根齧。」《三刻拍案驚奇》第 6 回：「牙齒咬得齕齕響。」

字或作「欨欨」、「嗽嗽」、「嚼嚼」、「骨骨」、「唿唿」、「嗢嗢」〔註36〕，《玉篇》：「嗽，噎聲。」《廣韻》：「嚼，飲聲。」《集韻》：「欨、嗽：《說文》：『咽中息不利也。』或從口。」《摩訶僧祇律》卷 22：「時六群比丘全吞食，嚼嚼作聲，爲世人所譏。」又「云何沙門釋子如牛驢駱駝食，嚼嚼作聲？」又「應當學不得全吞食，使嚼嚼作聲。」《玄應音義》卷 15 引作「欨欨」。敦煌寫卷 S.2049《酒賦》：「暖咄咄，本無骨，讌（咽）入喉中聲嚼嚼。」〔註37〕P.2544《酒賦》作「骨骨」，P.2555《高興歌》作「嗢嗢」〔註38〕。伏俊璉謂「嚼」、「嗢」同音通借〔註39〕。《說文》：「嗢，咽也。」《玉篇》：「嗢，嗢咽也。」《六書故》：「嗢，咽聲也。」于鬯曰：「嗢謂咽之聲，音烏沒切，今人俗語猶然。」

〔註34〕汪維輝《〈僮約〉疏證》，收入李浩、賈三強主編《古代文獻的考證與詮釋——海峽兩岸古典文獻學國際學術會議論文集》，上海古籍出版社 2006 年版。
〔註35〕趙少咸《廣韻疏證》，巴蜀書社 2010 年版，第 3259 頁。
〔註36〕「嗢嗢」字或誤作「溫溫」，《傷寒論・辨太陽病脉證并治法中》：「心下溫溫欲吐而胸中痛。」《證類準繩》卷 43 引之，注：「按經文『溫溫』當作『嗢嗢』。」《金匱要略》卷 5：「頭眩短氣，溫溫欲吐。」亦誤。
〔註37〕敦煌寫卷 S.2049《酒賦》，收入《英藏敦煌文獻》第 3 冊，四川人民出版社 1990 年版，第 204 頁。
〔註38〕敦煌寫卷 P.2544《酒賦》，P.2555《高興歌》，並收入《法藏敦煌西域文獻》第 15 冊，上海古籍出版社 2001 年版，第 255、339 頁。
〔註39〕伏俊璉《敦煌賦校注》，甘肅人民出版社 1994 年版，第 234 頁。

〔註40〕「嗢」指吞咽之聲，「嗢咽」謂嗢嗢然而咽也〔註41〕。「咽」同「欭」，《玉篇》:「欭，於利切，聲不平。」段玉裁曰:「咽，當作噎，聲之誤也。《欠部》曰:『欯，咽中息不利也。』與嗢音義同。」王筠曰:「咽，當作噎，否則噎下有挩字。」〔註42〕段氏謂「欯、嗢音義同」是也，而改「咽」作「噎」，則專輒。《集韻》、《類篇》引《說文》並作「咽」;《廣韻》、《龍龕手鑑》亦並訓爲「咽」，皆本《說文》，是「咽」字不誤也。馬敘倫曰:「咽以雙聲借爲噎，或借爲欭。」〔註43〕前一說亦誤也。唐・元稹《景申秋》:「嗢嗢簷霤凝，丁丁窻雨繁。」《證類本草》卷13:「逐寸白，散腸中嗢嗢喘息。」高麗藏本《玄應音義》卷11:「欯欯:《通俗文》:『大咽曰欯。』《說文》:『咽中氣息不利也。』經文作『吻吻』，非也。」〔註44〕《慧琳音義》卷56同。此條爲《正法念處經》卷24《音義》，檢經文作「咽喉之中，吻吻出聲」，宋、元、明、宮本作「欯欯」。「吻吻」即「嗗嗗」，爲同音借字，非誤字。「嗗」字亦作「㕦」，《玉篇》:「㕦，古勿切，飲聲。」《龍龕手鑑》:「嗗，烏八反，飲聲，《玉篇》。」《玉篇》未收「嗗」，當即「㕦」字。《正字通》即指出:「㕦，飲急聲，本作嗗。」胡吉宣曰:「嗗與㕦同。㕦爲飲聲，猶活爲水聲。」〔註45〕俗音又轉爲「乖乖」、「刮刮」，表驚詫之聲，字或作「㚇㚇」，《說文》:「㚇，大也。」《廣韻》「㚇」音古懷切。陳啓彤《廣

〔註40〕于鬯《說文職墨》，收入丁福保《說文解字詁林》，中華書局1988年版，第2198頁。

〔註41〕《傷寒論・辨脉法》:「若陰氣前通者，陽氣厥微，陰無所使，客氣內入，嚏而出之，聲嗢咽塞。」唐・陸龜蒙《奉訓襲美先輩吳中苦雨一百韻》:「低頭增歎詫，到口復嗢咽。」唐・劉景復《夢爲吳泰伯作勝兒歌》:「漢土民皆沒殊域，飲恨吞聲空嗢咽。」皆其例。胡吉宣曰:「《說文》:『嗢，咽也。』當連篆讀作『嗢咽』也。『嗢咽』雙聲連語，故《切韻》倒言之爲『咽嗢』，明『咽』非咽喉也。『嗢咽』倒之爲『噎嗢』，爲『欯欭』，爲『壹壺』，爲『氤氳』，爲『煙煴』，爲『絪縕』，亦作『曣暟』、『晏溫』，又聲轉爲『壹鬱』，爲『滃鬱』，爲『緸冤』，爲『抑鬱』，其義皆蘊積而未發也。」胡氏以「嗢咽」、「噎嗢」、「欯欭」、「曣暟」、「晏溫」爲聯綿詞「氤氳」等形，皆非也。胡吉宣《玉篇校釋》，上海古籍出版社1989年版，第969頁。「曣暟」、「晏溫」指日始出清濟而溫。參見蕭旭《「抑鬱」考》。

〔註42〕段玉裁《說文解字注》，王筠《說文解字句讀》，並收入丁福保《說文解字詁林》，中華書局1988年版，第2198頁。

〔註43〕馬敘倫《說文解字六書疏證》卷3，上海書店1985年影印本，第76頁。

〔註44〕海山仙館叢書本、磧砂大藏經本、永樂南藏本「吻吻」誤作「𠷋𠷋」。

〔註45〕胡吉宣《玉篇校釋》，上海古籍出版社1989年版，第1950頁。

新方言》卷1：「泰州驚稱物大曰羥羥。」〔註46〕

　　字或作「滑滑」、「淴淴」，《廣韻》：「淴，水出聲。」《荀子・議兵篇》：「君臣上下之間，滑然有離德也。」楊倞註：「滑，亂也，音骨。」楊註得其音，失其義。「滑然」即「滑滑」，狀其相離之聲也。《新序・雜事三》易作「渙然」，亦未得荀義。《易林・泰之豐》：「龍蛇所聚，大水樂處。滑滑沛沛，使我無賴。」〔註47〕南朝・宋・謝惠連《前緩聲歌》：「雅琴自疎越，雅韻能揚揚。滑滑相混同，終始福祿豐。」《別譯雜阿含經》卷5：「烟炎俱起，淴淴作聲。」又卷13：「烟炎俱起，滑滑大聲。」《正法念處經》卷66：「或聚或散，或牽或挽，或鼻瞤動，或淴淴作聲。」宋、元、明本作「歑歑」，宮本作「澁澁」。《別譯雜阿含經》卷4：「即時熾然，烟炎俱出，淴淴振爆，聲大叫裂。」宋、元、明本作「渨渨」，《玄應音義》卷12此條《音義》云：「滑滑：又作淯，同。《字林》：『沸鬲也。』亦雨聲也。」「滑淯」、「渨渨」、「滑淯」並當爲「滑滑」形誤。卷13正作「滑滑」，尤爲確證。

　　字或作「曶曶」，《楚辭・九章・悲回風》：「歲曶曶其若頹兮，時亦冉冉而將至。」王逸注：「年歲轉去，而流沒也。」「曶曶」即「淴淴」，此以水流比喻年歲之流逝。

　　字或作「忽忽」，《史記・扁鵲倉公傳》：「流涕長潛，忽忽承睞。」「忽忽」即「淴淴」，淚水流出貌。《妙法蓮華經玄義》卷4：「昔見病苦者臨終，咽喉忽忽出聲。」「忽忽」即「歑歑」、「嗢嗢」、「嗯嗯」，咽喉間之聲也。

　　字或作「昆昆」、「汩汩」、「淈淈」，《說文》：「昆，水流也。」又「淈，一曰水出貌。」《玉篇》：「淈，亦汩字。」《廣雅》：「昆昆、淈淈，流也。」《集韻》：「淴、淈：水貌，或從屈。」《淮南子・原道篇》：「源流泉浡，沖而徐盈；混混汩汩，濁而徐清。」高注：「汩，讀曰骨。」一本作「滑滑」，滑亦讀曰骨。《文選・海賦》：「崩雲屑雨，泫泫汩汩。」李善注：「泫泫汩汩，波浪之聲也。」劉良注：「泫泫汩汩，騰湧急激貌。」《文選・七發》：「悅兮忽兮，聊兮慄兮，混汩汩兮。」呂延濟注：「混汩汩，相合疾流貌。」「汩汩」爲水流快疾之聲。宋本《易林・蠱之既濟》：「湧泉汩汩，南流不絕。」元本作「滑滑」，又《明夷之既濟》作「涓涓」，則爲「滑滑」之形譌〔註48〕。《史記・司

〔註46〕陳啓彤《廣新方言》卷1，轉引自許寶華、宮田一郎《漢語方言大詞典》，中華書局1999年版，第5687頁。

〔註47〕滑滑沛沛，《易林・賁之損》作「決決霈霈」。

〔註48〕尚秉和《焦氏易林注》，光明日報出版社2006年版，第369頁。

馬相如傳》《上林賦》：「滭弗宓汩。」《集解》引郭璞曰：「汩，音骨。」又引
《廣雅》：「汩汩，決流貌。」《文選》李善注：「汩，水出貌。」唐・劉景復
《夢爲吳泰伯作勝兒歌》：「大聲嘈嘈奔汩汩，浪蹙波翻倒溟渤。」此以水流
聲喻琴聲。唐・牛殳《琵琶行》：「滭弗汩汩聲不定，胡雛學漢語未正。」此
例顯用《上林賦》典。方以智曰：「汩汩猶汩汩也。」〔註49〕王念孫曰：「汩
與昗同，重言之則曰昗昗……汩與汩同，重言之則曰汩汩。」〔註50〕

字或作「汩汩」、「崛崛」、「忽忽」、「唿唿」、「勿勿」，乃以水流不斷比
喻憂思之深。《廣雅》：「崛崛，憂也。」《玉篇》：「崛，憂也。」又「唿，憂
也。」《集韻》：「崛、唿：《博雅》：『崛崛，憂也。』或從忽。」《素問・生
氣通天論》：「目盲不可以視，耳閉不可以聽，潰潰乎若壞都，汩汩乎不可
止。」南朝・宋・謝靈運《登上戍石鼓山詩》：「汩汩莫與娛，發春托登躡。」
王念孫曰：「崛音骨，又音忽。《晏子春秋・外篇》：『歲已暮矣，而禾不穫，
忽忽矣若之何？歲已寒矣，而役不罷，惙惙矣如之何？』《史記・梁孝王世
家》：『意忽忽不樂。』『忽忽』與『崛崛』同。」〔註51〕胡吉宣曰：「『忽忽』
即『崛崛』，『惙惙』亦即『崛崛』，變文互易以避繩複也。」〔註52〕蘇輿曰：
「『忽忽』與下『惙惙』同，當訓憂。……此與《史記・梁孝王世家》云『意
忽忽不樂』義同。又《大戴禮》：『君子終身守此勿勿。』彼與上『悁悁』、『憚
憚』，下『戰戰』俱當訓爲憂懼，猶斯意也。『忽忽』即『勿勿』，字同，故
義可互證矣。」〔註53〕蘇氏所引《大戴禮記》見《曾子立事篇》：「君子終
身守此悁悁……君子終身守此憚憚……君子終身守此勿勿也……君子終身
守此戰戰也。」《大戴禮記・曾子制言中》：「故君子無悁悁於貧，無勿勿於
賤，無憚憚於不聞。」舊多解爲「勉勉」，非也。王引之曰：「勿勿者，猶忽
忽也……悁悁、憚憚、勿勿、戰戰，皆憂懼之意。」〔註54〕唐・張籍《春

〔註49〕方以智《通雅》卷9，收入《方以智全書》第1冊，上海古籍出版社1988年
版，第359頁。

〔註50〕王念孫《廣雅疏證》，收入徐復主編《廣雅詁林》，江蘇古籍出版社1992年版，
第469頁。

〔註51〕王念孫《廣雅疏證》，收入徐復主編《廣雅詁林》，江蘇古籍出版社1992年版，
第454頁。

〔註52〕胡吉宣《玉篇校釋》，上海古籍出版社1989年版，第1018頁。

〔註53〕蘇輿《晏子春秋校注》，轉引自吳則虞《晏子春秋集釋》，中華書局1962年版，
第463～464頁。

〔註54〕王引之《經義述聞》卷11，江蘇古籍出版社1985年版，第279頁。

江曲》：「春江無冰潮水平，滿江崛崛鳧雛鳴。」「崛崛」蓋狀其聲，《白帖》卷95、《古今事文類聚》後集卷47引同。《樂府詩集》卷77、《全唐詩》卷26「崛崛」作「出水」，蓋不得其義而妄改也。明·皇甫涍《祭外姑查孺人文》：「迹迹崛崛，光蕙多雪。」〔註55〕胡文英曰：「崛崛，讀如怪。案：崛崛，鳧鳴聲。今鴨鳴亦作崛崛聲。」〔註56〕《正字通》：「崛，注云：『舊注音骨，憂貌。』無義。《說文》詘重文作誳，以此推之，崛即咄也。」徐文靖曰：「崛，山石也。言其水湧江心如山石之崛崛也。……非即爲咄矣。」〔註57〕《正字通》固誤，徐氏解爲「突出貌」，亦非也。

字或作「愲愲」，《玉篇》：「愲，古忽切，憂也，慮也，悶也，心亂也。」〔註58〕明·劉基《愁鬼言》：「恒曀曀以儡儡，忳愲愲其如傷。」

字或作「䁽」，《玉篇》：「䁽，胡沒切，耳聲。」「䁽」即「滑」、「呼」之分別字。《玉篇》、敦煌寫卷P.2011王仁昫《刊謬補缺切韻》並云：「䁽，耳聲。」《廣韻》、《集韻》、《類篇》並云：「䁽，耳鼞。」《集韻》、《類篇》並云：「䁽，濁垢。」目之濁垢爲䁽，耳之濁垢爲䁽，其義一也。胡吉宣謂「䁽」是「䁽」俗體，又云：「耳鼞即耳垢。耳蒙垢作聲，故爲耳聲。」〔註59〕其說是也。鄧福祿、韓小荊謂「䁽」是「䁽」更換聲旁字〔註60〕，其說則非，「骨」字取聲，「黑」則取義，非聲旁替換也。

（此文前三節刊於《漢語史學報》第14輯，2014年版）

〔註55〕 「迹迹」同「唧唧」，亦擬聲詞。參見蕭旭《〈木蘭詩〉「唧唧」正詁》，收入《群書校補》，廣陵書社2011年版，第1371～1375頁。
〔註56〕 胡文英《吳下方言考》卷9，收入《續修四庫全書》第195冊，上海古籍出版社2002年版，第80頁。
〔註57〕 徐文靖《管城碩記》卷24，中華書局1998年版，第441頁。
〔註58〕 明經廠本無「慮也，悶也」四字。
〔註59〕 胡吉宣《玉篇校釋》，上海古籍出版社1989年版，第902、921頁。
〔註60〕 鄧福祿、韓小荊《字典考正》，湖北人民出版社2007年版，第313頁。

「不護細行」正詁

　　《文選》魏文帝《與吳質書》：「觀古今文人，類不護細行，鮮能以名節自立。」《三國志・吳質傳》亦收錄此文。其後「不護細行」諸書多有引用，如《晉書・閻纘傳》：「纘不護細行，而慷慨好大節。」《宋書・顏延之傳》：「飲酒，不護細行。」《南史・梁宗室列傳》：「倜儻不護細行。」《北史》卷 30：「雖曰窮通，抑亦不護細行之所致乎？」

　　李善注引《尚書》：「不矜細行，終累大德。」所引見《尚書・旅獒》，孔穎達疏：「矜是憐惜之意，故以不惜細行爲輕忽小物。」《小爾雅・廣言》：「矜，惜也。」《釋名》：「廩，矜也，寶物可矜惜者，投之其中也。」「矜惜」同義連文。《玄應音義》卷 13「冰矜」條引《詩傳》：「矜，慎也。」矜、憐同義，《爾雅》：「矜、憐，撫掩之也。」《尚書・多士》：「予惟率肆矜爾。」《論語・子張》：「則哀矜而勿喜。」二例《論衡・雷虛》引「矜」並作「憐」。錢大昕謂「矜」、「憐」古今字〔註1〕。《六書故》解《尚書》「矜」爲「矜莊」，未確。

　　「不護細行」之「護」，即「謹慎」、「愛惜」之義。呂向注：「護，拘。」高步瀛曰：「案：護，謂愛護。」〔註2〕《漢語大詞典》釋爲「救助，保護……引申爲謹飭」〔註3〕。《漢語大字典》釋爲「護，袒護、包庇」〔註4〕。皆未確。字或作嫭，《玉篇》：「嫭，乙縛、於故二切，惜也。」《集韻》嫭、護同音胡

〔註1〕　錢大昕《十駕齋養新錄》卷 1「矜」字條，商務印書館 1937 年版，第 14 頁。
〔註2〕　高步瀛《魏晉文舉要》，中華書局 1989 年版，第 9 頁。
〔註3〕　《漢語大詞典》（縮印本），漢語大詞典出版社 1997 年版，第 6691 頁。
〔註4〕　《漢語大字典》（第二版），崇文書局、四川辭書出版社 2010 年版，第 4287頁。

故切：「嫭，惜也。」本字疑爲婟，《說文》：「婟，嫪也。」又「嫪，婟也。」《玄應音義》卷 13：「戀嫪：《說文》：『嫪，婟也。』《聲類》：『嫪，惜也。』謂戀不能去也。婟音胡故反。」《玉篇》：「婟，戀也。」《廣韻》：「婟，侯古切，婟惜，又音互。」《爾雅》：「鸔，澤虞。」郭注：「今婟澤鳥，似水鴞，蒼黑色，常在澤中，見人輒鳴喚不去，有象主守之官，因名云，俗呼爲護田鳥。」《釋文》引《聲類》：「婟嫪，戀惜也。」「護田」即「婟澤」，言戀惜田澤也。此「護」、「婟」同音相通之證。《法鏡經》卷 1：「若已施不復護，若在家爲斯護。」亦此義。俞理明、顧滿林曰：「護，護財，吝嗇。」〔註 5〕敦煌寫卷 P.3243《開蒙要訓》：「恪護慳惜。」Дx.6136、P.3243、S.5464、S.705、S.1308 皆作「護」，P.2578 作「怙」，羅振玉藏本作「悟」，P.3054 作「婟」。「怙（悟）」、「護」爲「婟」借字，此尤爲確證。「愛惜」之義與「重視」、「注重」相因，《史記·陳餘傳》、《刺客傳》《索隱》並云：「重，惜也。」又《刺客傳》《正義》：「重，猶愛惜也。」不護細行，猶言不注重細節也。後秦·弗若多羅譯《十誦律》卷 13：「是一比丘破戒缺漏，無有慚愧，不護細戒。」言不重視小戒也。

〔註 5〕 俞理明、顧滿林《東漢佛道文獻詞匯新質研究》，商務印書館 2013 年版，第 207 頁。

《孔雀東南飛》「恐此事非奇」補證

　　《孔雀東南飛》：「阿女含淚答：『蘭芝初還時，府吏見丁寧，結誓不別離。今日違情義，恐此事非奇。自可斷來信，徐徐更謂之。』」關於「非奇」，有五說：

（1）紀容舒曰：「奇」字義不可通，疑爲「宜」字之訛〔註1〕。

（2）陳胤倩曰：言誓遣復迎，人家多有此，不足爲奇也〔註2〕。

（3）聞一多曰：古音奇、佳相近。奇事猶佳事也……古書言「奇遇」、「奇計」、「奇樹」，義皆即佳耳〔註3〕。

（4）某氏曰：「非」、「奇」二字當同爲形容詞，「非」是「是非」之「非」，「奇」是「奇正」之「奇」，非理而奇邪，所以是「違情義」的。前人已有這樣的解釋，宜從〔註4〕。

（5）某氏曰：「奇」有反常、違道、怪異、詭詐的意思……即不反常，不違道，不背信；如果棄焦另嫁，就「奇」了……「非」也不應視爲否定副詞「不」，而應理解爲動詞「否定」或「非議」，或者視爲「誹」的通假字，義爲「譏議」或「誹謗」〔註5〕。

〔註1〕紀容舒《玉臺新詠考異》卷1，收入《叢書集成新編》第56冊，新文豐出版公司1985年版，第547頁。

〔註2〕轉引自黃節《漢魏樂府風箋》，中華書局2008年版，第273頁。

〔註3〕聞一多《樂府詩箋》，收入《聞一多全集》第4卷，三聯書店1982年版，第133頁。

〔註4〕煙雨孤樹《古典文學疑義散釋筆記》，http://blog.sina.com.cn/s/blog_497a8ebe0100a7cb.html。

〔註5〕北大中文論壇《名作探幽‧古代作品》，http://www.pkucn.com/viewthread.php?tid=30027。

按：「奇」無「宜」訓，中學課本訓宜〔註6〕，無據。紀氏疑「宜」字之訛，無版本依據，臆測耳。《玉臺新詠》卷1、《樂府詩集》卷73、《古樂府》卷10、《古詩紀》卷17、《古樂苑》卷32並作「奇」字。陳胤倩解爲「不足爲奇」，亦非。二某氏所解，直異想天開，尤乖訓故之旨，斷不可信。聞一多氏訓佳，甚確。《漢語大字典》、《漢語大詞典》並據聞氏立說〔註7〕；黃岳洲、張帆影、韓肖亦從聞說〔註8〕。余冠英曰：「奇猶嘉。『非奇』等於說『不妙』。」〔註9〕余氏所說，亦從聞氏。但聞氏謂「古書言『奇遇』、『奇計』、『奇樹』，義皆即佳耳」則非是，「奇遇」、「奇計」、「奇樹」之「奇」當作「奇異」解。張永言曰：「奇，在漢末魏晉有『美』、『美好』義，如陶潛《感士不遇賦》：『伊古人之慷慨，病奇名之不立。』又《讀史述九章・管鮑》：『奇情雙亮，令名俱完。』」〔註10〕張氏所舉陶詩2例，其義不顯，茲補「奇」訓「佳」之確證，《後漢書・孔融傳》：「煒曰：『夫人小而聰了，大未必奇。』」〔註11〕《世說新語・言語》作「小時了了，大未必佳。」

〔註6〕 高中《語文》第3冊，人民教育出版社2004年6月第1版。

〔註7〕 《漢語大字典》（第二版），崇文書局、四川辭書出版社2010年版，第577頁。《漢語大詞典》（縮印本），漢語大詞典出版社1997年版，第1382頁。

〔註8〕 黃岳洲《關於〈孔雀東南飛〉的幾條注釋》，《中學語文教學》1990年12期。張帆影《〈孔雀東南飛〉注釋商榷》，《古漢語研究》1995年第4期。韓肖《〈孔雀東南飛〉注釋商補六例》，《中學語文・教師版》2007年第9期。

〔註9〕 余冠英《漢魏六朝詩選》，人民文學出版社1978年第2版，第45頁。余氏《樂府詩選》說同，人民文學出版社1954年第2版，第69頁。

〔註10〕 張永言《訓詁學簡論》，華中工學院出版社1985年版，第5～6頁。

〔註11〕 《後漢紀》卷30作「小時了了者，至大亦未能奇也。」《世說新語・言語》劉孝標注引《續漢書》作「人小時了了者，長大未必能奇。」《魏志・崔琰傳》裴松之注引《續漢書》作「人小時了了者，大亦未必奇也。」

杜詩「惡臥」正詁

　　唐・杜甫《茅屋爲秋風所破歌》：「布衾多年冷似鐵，嬌兒惡臥踏裏裂。」

　　關於「惡臥」，宋・郭知達《九家集注杜詩》、宋・黃希、黃鶴《補注杜詩》、佚名《集千家注杜工部詩集》、清・錢謙益《錢注杜詩》並無說。

　　清・仇兆鼇曰：惡，如字，蔡讀烏臥切〔註1〕。

　　蕭滌非曰：小孩子睡相不好，兩腳亂蹬，故被裏破裂〔註2〕。

　　傅庚生曰：嬌兒惡臥，一定是不高興睡〔註3〕。

　　孫士信曰：「惡」的正確讀音應爲 è，即「惡習」之「惡」，「惡臥」一詞作爲秦州（今甘肅天水市）的方言俗語，最早見於北齊劉書的《新論・崇學》篇〔註4〕。

　　徐復曰：楊倫《杜詩鏡詮》亦云烏臥切。復按：惡臥，辭書謂睡相不好，用仇注第一義。蔡音烏臥切，無有用之者，亦不見於通用韻書，積疑有年矣。考古籍惡與亞通，字亦作俹。玄應《眾經音義》卷10：「倚俹：倚猶依也。俹，烏訝切。《字書》：『俹，倚也。』今言俹息、俹臥，是也。」俹臥，謂兩人相倚而臥。杜詩「惡臥」，疑當用此。蔡音烏臥切，與烏訝切爲一聲之轉。辭書未收「俹臥」條目，知此義不行於世久矣〔註5〕。

〔註1〕 仇兆鼇《杜詩詳注》卷10，中華書局1979年版，第832頁。
〔註2〕 蕭滌非《杜甫詩選注》，人民文學出版社1979年版，第181頁。
〔註3〕 傅庚生《杜詩析疑》，陝西人民出版社1979年版，第151頁。。
〔註4〕 孫士信《「惡臥」，杜詩中所引的天水方言》，《天水師專學報》1992年第1期。
〔註5〕 徐復《唐人詩文偶箋》，收入《徐復語言文字學論稿》，江蘇教育出版社1995年版，第265～266頁。

　　湯江浩曰：杜甫在此爲何又稱之爲「惡（è）」呢？主要是含有責怪之意〔註6〕。

　按：孫士信謂「惡臥」爲天水方言，舉《新論》爲證，是爲臆說。考《新論·崇學篇》：「有子惡臥，自焠其掌；蘇生患睡，親錐其股。」《新論》用的是《荀子》的典故。《荀子·解蔽篇》：「有子惡臥而焠掌，可謂能自忍矣，未及好也。」楊倞注：「有子，蓋有若也。焠，灼也。惡寢臥而焠其掌，若刺股然也。」「惡臥」、「患睡」對舉同義，是指擔心睡著了，根本不是天水方言。《荀子》、《新論》「惡臥」與杜詩無涉。

　　徐先生讀「惡」爲「亞」、「俹」，釋爲「依倚」至當，但當解爲「身體斜臥」、「倚身而臥」，不是「兩人相倚而臥」。

　　《集韻·禡韻》「惡」、「俹」同音衣駕切，正與「烏訝切」同。

　　古字「惡」、「亞」相通用，例證甚多〔註7〕。《易·繫辭上》：「言天下之至賾，而不可惡也。」晉·韓康伯注：「惡也，音亞。」《釋文》：「惡，於嫁反，荀作亞。亞，次也。」惠棟《九經古義》卷2《周易古義》：「棟案：古亞字皆作惡。《尚書大傳》曰：『王升舟，入水，鼓鐘惡，觀台惡，將舟惡，宗廟惡。』〔註8〕鄭康成注云：『惡讀爲亞。』《秦惠王詛楚文》云：『告於丕絫，大神亞駞。』《禮記·禮器》作『惡駞』〔註9〕。宋時有玉印曰周惡父印，劉原甫以爲即條侯亞父。《史記》：『盧縮孫他之封惡谷侯。』《漢書》作『亞谷』。荀氏以惡爲亞，故訓爲次。」〔註10〕又卷7《周禮古義》：「施宿《石鼓文》釋云：『亞，汗簡作亞，云古《孝經》作惡。』詳《易古義》。」〔註11〕宋·吳仁傑《兩漢刊誤補遺》卷3：「亞谷，簡侯，《盧縮傳》作『惡谷』。《避暑錄》云：『有獲周惡夫印者，劉原父曰：「此漢條侯印也。古亞、惡二字通用。」《史記》亞谷侯，《漢書》作惡谷。葉左丞因疑條侯名作亞夫之亞，音未必然。春秋衛有醜夫，蓋古人命名，亦多以惡名者，安知亞夫不爲惡夫也。』仁傑按：《書大傳》：『武王升舟，入水，鐘鼓惡，觀台惡，將舟惡，宗廟惡。』

〔註6〕　湯江浩《〈茅屋爲秋風所破歌〉異說集解》，《阜陽師範學院學報》2001年第3期。
〔註7〕　參見高亨《古字通假會典》，齊魯書社1989年版，第856頁。
〔註8〕　《周禮·肆師》鄭注引《尚書傳》並作「亞」。
〔註9〕　《禮記·禮器》作「惡池」。
〔註10〕　惠棟《九經古義》卷2，收入阮元《皇清經解》，鳳凰出版社2005年版，第2811頁。惠棟《周易述》卷14說同，收入阮元《皇清經解》，第2651頁。
〔註11〕　惠棟《九經古義》卷7，收入阮元《皇清經解》，第2839頁。

鄭康成謂惡爲亞。則『惡夫』正應與『亞夫』之亞一音耳。然《水經》櫟陽縣漢丞相周勃冢北有弱夫冢。惡，弱名，復相類，所未詳也。」〔註12〕《說文》：「亞，醜也。賈侍中說以爲次弟也。」《爾雅》：「兩壻相謂爲亞。」《釋名·釋親屬》：「兩壻相謂曰亞。言一人取姊，一人取妹，相亞次也。又並來至女氏門，姊夫在前，妹夫在後，亦相亞而相倚，共成其禮也。」「亞」字訓次，與「相倚」之義相因，故《釋名》云「相亞而相倚」也〔註13〕。《玉篇》：「亞，於訝切，次也，就也。」《廣韻》：「亞，衣嫁切，次也，就也。」即挨近、靠近之義，此義至唐宋時猶然〔註14〕。

《慧琳音義》卷49同《玄應》卷10，所列「倚偃」詞條爲《大莊嚴論經》卷2《音義》，檢經文作「執杖倚亞者，其影則修長」。《玄應音義》卷19：「偃偃：《字書》：『偃，倚也。』偃，息也。」（《慧琳音義》卷56同）所列「偃偃」詞條爲《佛本行集經》卷24《音義》，檢經文作「偃亞而坐。」聖本「亞」作「偃」。《慧琳音義》卷40「偃身」條、卷74「傾偃」條引《字書》並同。《續高僧傳》卷22：「晝夜恒坐，曾不偃亞。」「亞」同「偃」。《玉篇》：「偃，烏訝切，偃倚也。」《廣韻》：「偃，倚偃。」可知「亞」、「偃」爲「倚靠」義。「惡臥」、「偃臥」即「偃息」，亦即「倚臥」，釋典中「倚臥」用例甚多，並此義〔註15〕。

「惡臥」或作「惡睡」。唐·鄭谷《贈劉神童》：「燈前猶惡睡，寢語讀書聲。」《太平廣記》卷175引《鄭谷詩集》作「惡臥」，此例正言倚臥於燈前也。宋·蘇軾《紙帳》：「但恐嬌兒還惡睡，夜深踏裂不成眠。」《古今事文類聚》續集卷11引作「惡臥」。蘇詩演化自杜詩。

《玄應音義》卷14：「偃臥，《韻集》曰：『倚，偃也。』今言『偃息』、『卻偃』並是也。」（《慧琳音義》卷59同）〔註16〕《法苑珠林》卷12《菩

〔註12〕 吳仁傑《兩漢刊誤補遺》，收入《叢書集成新編》第113冊，新文豐出版公司1985年版，第71～72頁。

〔註13〕 專字作「婭」，《廣韻》：「婭，《爾雅》曰：『兩壻相謂爲婭。』或作亞。」《後漢書·酷吏列傳》李賢注、《御覽》卷519引《爾雅》亦作「婭」。

〔註14〕 參見張相《詩詞曲語辭匯釋》卷5：「亞，猶並也、傍也、挨也。」中華書局1979年版，第653～654頁。又王鍈《唐宋筆記語辭匯釋》有補證，中華書局2001年版，第195～196頁。

〔註15〕 「倚臥」也作「猗臥」，《佛說觀佛三昧海經》卷7：「倚臥台側。」宋本作「猗臥」。

〔註16〕 卻，止息也。

薩處胎經》：「時身疲極，方欲伛臥，頭未至枕，頃於其中間。」《音釋》：「伛，衣嫁切，倚伛也。」

「伛臥」或作「亞臥」。《四分律》卷 11：「若亞臥，隨脅著地波逸提。」宋、元、明、宮本作「敧臥」。「敧」即「倚」，義同「伛」、「亞」。《四分律行事鈔資持記》卷 2：「言亞臥者，謂身斜倚，但令著處即同臥相。律作敧臥，去寄切，不正也。」《四分律》卷 52：「時六群比丘亞臥，枕於案上食。」《四分律刪繁補闕行事鈔》卷 2：「若亞臥，隨脅轉側一一波逸提。」《祖庭事苑》卷 6：「身體疲極，亞臥之次，頭未至枕，得證阿羅漢果。」尋《摩訶僧祇律》卷 32：「心不舍定，傾身欲臥，頭未至枕，得盡有漏。」《善見律毘婆沙》卷 1：「欲少時消息，倚身欲臥，腳已離地，頭未至枕。」可知「亞臥」即「傾身欲臥」、「倚身欲臥」也。宋・陳淳《和丁祖舜綠筍之韻》：「鑽泥苯蓴伸蟄龍，軋石朧腫亞臥獅。」也可分言，《四分律比丘含注戒本》卷 2：「若亞若臥，隨脅著地隨轉側並犯也。」

字或作「瘂臥」，《四分律》卷 54：「坐已，方欲亞臥。」宋、元、明、宮本作「伛臥」，聖、聖乙本作「瘂臥」。

「伛臥」當爲晉、唐間俗語詞，《玄應音義》、《慧琳音義》皆云「今言伛息、伛臥」，即據時俗言之也。

附記：清・吳景旭《歷代詩話》卷 68：「《滇南志》載梁王《郡主阿禓詩》：『蘋花歷亂蒼山秋，悞我一生踏裏彩。』踏裏彩，錦被名也。杜子美詩：『布衾多年冷如鐵，嬌兒惡臥踏裏裂。』當亦指此。謝世修注以爲『嬌兒踏破其裏，全不暖也』，恐非。東坡《紙帳詩》：『但恐嬌兒還惡睡，夜深踏裏不成眠。』洪武中高季迪《兜羅被歌》云：『今朝得此何奇絕，展覆不憂兒踏裂。』亦皆承此訛耳。」〔註 17〕吳說可存。宋・釋道潛《次韻黃子理宣德田居四時》：「布被擁嬌兒，從渠踏裏裂。」宋・劉學箕《賀新郎》：「布衾歲久寒如鐵，兒惡臥，踏裏裂。」金・李俊民《再和秦彥容韻》：「布衾多年踏裏裂。夜半寒窻灑風雪。」皆可印證謝注。

〔註17〕 吳景旭《歷代詩話》，收入景印文淵閣《四庫全書》第 1483 冊，臺灣商務印書館 1986 年初版，第 700 頁。

「擋」、「嗛」二字音義考

一、「擋」字音義考

文獻中「擋」字惟見於《淮南子・兵略篇》：「因其勞倦怠亂，饑渴凍喝，推其擋擋，擠其揭揭，此謂因勢。」

擋擋，日本古鈔本正文作「搖搖」，注文作「揙揙」；莊本作「旛旛」，注「臥」作「仆」。「擋」字有以下諸說：

（1）許慎注：擠，排也。擋擋，欲臥也。揭揭，欲拔也〔註1〕。

（2）方以智曰：旛旛，厭厭也。揭揭，偈偈也。愔愔，有慘慘、抑抑之聲義……旛音諳，欲臥也。旛字諸韻書不收，蓋旌旗偃臥之意，當是从字加音耳，从音偃……《韓詩》引《詩》：「愔愔夜飲。」《列女傳》引《詩》：「愔愔良人。」則愔有慘音。而升庵乃以旛為愔，讀作《祈招》『愔愔』之音。智按：意音抑，愔亦音抑，轉為平聲入詩歌之調耳。以古人簪鐔淊黔之音考之，愔可讀慘，可讀諳，可讀音，可讀抑，無礙也。《世說》：「謝車騎見王文度，雖瀟灑相遇，共復愔愔竟夕。」此是悶坐淹抑之意。唐昭宗謂杜讓能曰：「朕不甘心為屍儒之主，愔愔度日。」此二「愔愔」，豈當讀如《祈招》之「愔愔」乎〔註2〕？

（3）王念孫曰：《說文》、《玉篇》、《廣韻》、《集韻》皆無「擋」字。擋當為搯，字之誤也（注同）。搯，古搖字也。注「欲臥」，當為「欲

〔註1〕 張雙棣《淮南子校釋》，北京大學出版社 1997 年版，第 1589 頁。
〔註2〕 方以智《通雅》卷 9，收入《方以智全書》第 1 冊，上海古籍出版社 1988 年版，第 349～350 頁。

仆」。搖搖者，動而欲仆也。因其欲仆而推之，故曰「推其搖搖」。《御覽》引此正作「推其搖搖」……而楊愼《古音餘》，乃於《侵韻》收入「撐」字，引《淮南子》，不知其字，而以意爲之，斯爲謬矣〔註3〕。

（4）《康熙字典》：撐，楊愼《字說》：「同『愔』，于金切。」〔註4〕

（5）朱起鳳曰：愔愔，安舒貌。撐從音聲，與『愔』字音義同〔註5〕。

按：《康熙字典》採用楊愼《字說》說，謂「撐」同「愔」，《中華大字典》、《大漢和辭典》同〔註6〕。楊愼《古音叢目》「撐」字亦收於《侵韻》〔註7〕。王念孫謂「撐」爲「撻（搖）」字之誤，王叔岷、王利器並從其說，舉日本古鈔本作「搖搖」以證之〔註8〕。《聯綿字典》、新舊二版《辭源》、新舊二版《漢語大字典》、《漢語大詞典》、《中華字海》、《王力古漢語字典》、《漢語重言詞詞典》並取王念孫說，以「撐」爲「撻（搖）」之訛字；新舊二版《辭源》、《漢語大詞典》、《王力古漢語字典》注音爲「yáo」〔註9〕；《中文大辭典》許注、王說並存〔註10〕。斯皆失考矣。王念孫謂「注『欲臥』當爲『欲仆』」，除莊本作

〔註3〕 王念孫《讀書雜志》卷14，中國書店1985年版，第66頁。又略見王氏《讀淮南雜志敘》，收入《王石臞先生遺文》卷3，《續修四庫全書》1466冊，上海古籍出版社2002年版，第47頁。

〔註4〕 《康熙字典》，國際文化出版公司1996年版，第426頁。

〔註5〕 朱起鳳《辭通》，上海古籍出版社1982年版，第1085頁。

〔註6〕 《中華大字典》，中華書局1978年版，第677頁。諸橋轍次《大漢和辭典》（修訂本），大修館書店昭和61年版，第5013頁。

〔註7〕 楊愼《古音叢目》卷2，又見楊愼《古音餘》卷2，並收入景印文淵閣《四庫全書》第239冊，臺灣商務印書館1986年初版，第254、305頁。

〔註8〕 王叔岷《淮南子斠證》，收入《諸子斠證》，中華書局2007年版，第429頁。王利器《日本古寫本〈淮南鴻烈兵略閒詁〉第二十校證》，《古籍整理與研究》第5期，中華書局1990年版，第56頁。

〔註9〕 符定一《聯綿字典》卯集，中華書局1954年版，第339頁。《辭源》（縮印本），商務印書館1988年版，第707頁。《辭源》（修訂本），商務印書館2009年版，第1429頁。《漢語大字典》（縮印本），湖北辭書出版社、四川辭書出版社1992年版，第818頁。《漢語大字典》（第二版），崇文書局、四川辭書出版社2010年版，第2062頁。《漢語大詞典》（縮印本），漢語大詞典出版社1997年版，第3737頁。冷玉龍等《中華字海》，中國友誼出版公司2000年第2版，第359頁。王力等《王力古漢語字典》，中華書局2000年版，第390～391頁。汪維懋《漢語重言詞詞典》，軍事誼文出版社1999年版，第190頁。

〔註10〕 《中文大辭典》，華岡出版有限公司出版1979年版，第5961頁。

「欲仆」外，其餘各本並作「欲臥」，日本古鈔本亦作「欲臥」。莊氏妄改，不可爲據。傅山曰：「注：『搢搢，欲臥也。音安。』搢當音諳，而音安，輕重又乖也。然搖字旁有作奢者，奢亦近奢，即作『搖搖』亦通，而搢字注『欲臥』，斷非『搢搢』矣。」〔註11〕傅氏注意到許注解爲「欲臥」，指出原文斷非「搖搖」，是也。日本古鈔本正文作「搖搖」，注文作「揞揞」；《御覽》卷271引亦作「推其搖搖」。「搖搖」當爲「搢搢」之形誤，「搢搢」又爲「揞揞」之訛誤。古鈔本注文作「揞揞」不誤，至可寶貴。莊本作「旛旛」亦誤，符定一曰：「莊校《淮南》本作『旛旛』，緣『搢』而訛。」〔註12〕符說是也。

方以智謂「旛字蓋旌旗偃臥之意」，揣測之詞，無有所據。解爲「懨懨」、「悶坐淹抑」是對的。

揞揞，當讀爲「愔愔」，困倦貌，昏昏沉沉貌，故許注云「欲臥也」。漢蔡琰《胡笳十八拍》：「雁飛高兮邈難尋，空腸斷兮思愔愔。」字或作「厭厭」，俗作「懕懕」、「懨懨」〔註13〕。《漢書·李尋傳》：「列星皆失色，厭厭如滅。」字或作「黭黭」，《金樓子·立言篇上》：「曹據、李志雖久（見）在世，黭黭如九泉下人。」《世說新語·品藻》作「厭厭」。字或作「黶黶」，唐·溫庭筠《曉仙謠》：「銀河欲轉星黶黶，碧浪疊山埋早紅。」字或作「奄奄」〔註14〕，

〔註11〕傅山《讀子二·淮南存雋》，收入《霜紅龕集》卷33，《續修四庫全書》1395冊，上海古籍出版社2002年版，第670頁。

〔註12〕符定一《聯綿字典》卯集，中華書局1954年版，第339頁。古字「扌」旁「方」旁相混例可參看曾良《俗字及古籍文字通例研究》，百花洲文藝出版社2006年版，第73～75頁。

〔註13〕《詩·湛露》：「厭厭夜飲，不醉無歸。」《釋文》、《文選·魏都賦》李善注引《韓詩》並作「愔愔」。《說文》引作「懕懕」。又《小戎》：「厭厭良人，秩秩德音。」《列女傳》卷2引作「愔愔」。又《載芟》：「厭厭其苗。」鄭箋：「厭厭，眾齊等也。」《玉篇》：「稽，稽稽，苗美也。」《集韻》：「稽，稽稽，苗齊等也。」「厭厭」同「稽稽」。《左傳·哀公二十年》：「史黶。」《戰國策·東周策》、《說苑·尊賢》作「史壓」，《戰國策·魏策一》、《史記·周本紀》作「史厭」。《左傳·哀公十五年》：「孟黶。」《史記·仲尼弟子傳》：「壺黶。」《元和姓纂》卷3、《通志》卷27作「壺黶」，《御覽》卷366引《論語隱義》作「孤（狐）黶」。《金樓子·立言篇》：「黭黭如九泉下人。」《世說新語·品藻》作「厭厭」。並其證。

〔註14〕《集韻》：「稴，稴稴，禾苗美也。」「稴稴」同「稽稽」。《集韻》：「黶、黭，深黑色，或從音。」又「晻，或作隌、暗。」並其證。從音從奄古通，另參見張儒、劉毓慶《漢字通用聲素研究》，山西古籍出版社2002年版，第1023頁。

《新唐書‧杜讓能傳》：「朕顧奄奄度日，坐觀此邪？」

「揭揭」同「偈偈」，疾馳也，指敵軍欲拔營行軍之時。《漢書‧王吉傳》顏注：「揭揭，疾驅貌。」本字為趨，《說文》：「趨，趎趨。趎，趎趨，怒走。」

考《六韜‧龍韜‧奇兵》：「因其勞倦暮舍者，所以十擊百也。」又《犬韜‧戰車》：「遠行而暮舍，三軍恐懼，即陷之。」推其愔愔，擊其暮舍也，即《通典》卷158、《御覽》卷313引《衛公兵法》所謂「前營未舍，後軍半濟」之時也。「愔愔」即指敵軍欲臥而未舍之時也。推、擠同義對舉，亦排擠之義。《說文》：「推，排也。」《廣雅》：「擠，推也。」「推其揞揞，擠其揭揭」二句言在敵軍欲宿營或欲開拔之時，利用它的勞倦和準備不足而攻擊之，故謂之「因勢」也。

王念孫氏過信類書《御覽》而誤校，此亦一例。陳本《書鈔》卷113引作「因其勞倦，乘其饑渴，此之謂因勢」，蓋未知「揞揞」之義，而妄刪之（孔本文字略異，然亦刪「揞揞」二字）。

如上所述，「揞」字可注釋為「揞，『揞』字訛誤，烏感切（ǎn）。揞揞，同『愔愔』、『厭厭』，困倦欲臥貌。黃錫禧《淮南鴻烈解》校本注語末有「揞音安」三字〔註15〕，與傅山所見本同，注音是對的。

二、元曲、《西遊記》中的「嗛」字音義考

1. 元曲「嗛」字或作「嗽」，例證如下：

（1）鴉嗛肝肺扎煞尾，狗咽骷髏抖搜毛。（《元曲選》元康進之《李逵負荊》第2折）

（2）遮莫便狼拖狗拽，鴉嗽鵲啄，休想我繫一條麻布孝腰裙。（（《元曲選》元賈仲名《對玉梳》第1折）

（3）刺不就啄穀穗，鵪鶉嘴細嗛。（《盛世新聲》丑集元曾瑞卿《醉花陰‧懷離》）

關於元曲中「嗛」、「嗽」的音義，明臧晉叔《音釋》：「嗛，與『唧』同。咽，坤上聲。」又「嗽，闞平聲。」〔註16〕徐嘉瑞曰：「嗽，音康，啄也。（對）

〔註15〕黃錫禧校本《淮南鴻烈解》，收入《叢書集成新編》第20冊，新文豐出版公司1985年印行，第687頁。

〔註16〕臧晉叔《元曲選》，中華書局1989年版，第1525、1413頁。

鴉嗛鵲啄。」〔註17〕顧學頡、王學奇曰：「《集韻》：『嗛，或作咁。』按：嗽即咁的訛寫。由此可知嗽與嗛，是同字異體。意謂用嘴含或用嘴叼。音義同銜、唧。」〔註18〕許少峰引例（1）釋為「叼，用嘴銜」，引例（3）釋為「啄」，並音「xián」〔註19〕。

2. 《西遊記》中的「嗛」字〔註20〕，例證如下：

（4）二郎見了，急抖翎毛，搖身一變，變作一隻大海鶴，鑽上雲霄來嗛。（第6回，137頁）

（5）（二郎）趕上來，刷的啄一嘴。那大聖就攛出水中，一變，變作一條水蛇，遊近岸，鑽入草中。二郎因嗛他不著，他見水响中，見一條蛇攛出去，認浔（得）是大聖。急轉身，又變著一隻朱綉頂的灰鶴，伸著一個長嘴，與一把尖頭鐵鉗子相似，徑來吃這水蛇。（第6回，138頁）

（6）這大聖收了金箍棒，捻訣念咒，搖身一變，變作一个海東青。搜的一翅，鑽在雲眼裡，倒飛下来，落在天鵝身上，抱住頸項嗛眼。那牛王也知是孫行者變化，急忙抖抖翅，變作一隻黃鷹，返来嗛海〔東〕青。（第61回，1555頁）

（7）鷹最能嗛虫，一嘴一个，爪打翅敲，須臾，打浔（得）罄盡，滿空無迹，地積尺餘。（第72回，1850頁）

（8）米山邊有一隻拳大之鷄，在那裏緊一嘴，慢一嘴，嗛那米吃。（第87回，2226頁）

（9）天師道：「那廝觸犯了上天，玉帝立此三事，只等鷄嗛了米盡，狗餂浔（得）麵盡，燈燎斷鎖梃，那方纔該下雨哩。」（第87回，2226頁）

其中（8）、（9）二例各重複一見，共8見。

關於《西遊記》中「嗛」字的音義，蔣禮鴻有過討論，蔣先生引用第6回中二個例子，云：「吳承恩用嗛字，義即為啄。……然字書嗛曾無啄義，則

〔註17〕 徐嘉瑞《金元戲曲方言考》，商務印書館1948年版，第42頁。
〔註18〕 顧學頡、王學奇《元曲釋詞（四）》，中國社會科學出版社1990年版，第48頁。
〔註19〕 許少峰《近代漢語大詞典》，中華書局2008年版，第2012頁。
〔註20〕 據明世德堂本《西遊記》，收入《古本小說集成》第4輯第67～70冊，上海古籍出版社1992年版。

亦未爲本字也。今謂櫼，子廉切，《說文》云：『楔也。』段玉裁注：『木工於鑿枘相入處有不固，則斫木札楔入固之，謂之櫼。』櫼與嗛疊韻音近。櫼爲楔入，鳥嘴啄物似之，因名爲櫼。此與椓杙入地與啄義相似，一也。《爾雅‧釋山》郭注『鐵嶘』，邢昺疏：『銳則鐵也。』鐵亦子廉切，即今尖字。是則鐵、櫼皆有銳義，鳥嘴亦尖銳，故啄物爲櫼耳。」〔註21〕《漢語大詞典》引例（6）釋爲「指以喙啄物」，音「xián」〔註22〕。曾上炎引例（4）、（7）釋云：「嗛，口銜。嗛，通『銜』。」〔註23〕

3. 例（2）、（3）「嗛」、「噈」與「啄」同義對舉。臧晉叔謂「嗛」與「唧」同，非也。徐嘉瑞謂噈訓啄，是也；但音康，則誤。舊版《漢語大字典》、《中華字海》「噈」字從徐嘉瑞說音 kāng，非是；新版《漢語大字典》據臧晉叔《音釋》「噈，闞平聲」，改讀 kān〔註24〕，則是也。許少峰釋義得失各半，讀音非也。蔣禮鴻謂「嗛字義即爲啄」，是對的。第 6 回上文云「刷的啄一嘴」，下文云「嗛他不著」，尤其明證，此異字同義者也。但蔣先生考其本字爲「櫼」，以爲與「鐵」同源，則非是。《集韻》：「嗛，乎監切，《說文》：『口有所銜也。』或作咁。」顧學頡、王學奇、曾上炎釋爲用嘴含或用嘴叼、口銜，則讀爲乎監切（xián），音、義皆未得。

4. 元曲、《西遊記》「嗛」字當從《玉篇》讀苦簟切，《集韻》讀苦蒹切，「噈」是俗寫，都是「鶼」的假借字。馬臻榮、周志鋒皆指出「嗛」通「鶼」，鳥啄物，非口銜〔註25〕，是對的，而猶未盡。《檮杌閑評》第 3 回：「我們逐年打雁，今年倒被小雁兒嗛的眼睛。」此是古代諺語，世德堂本《西遊記》第 61 回：「逐年家打鴈，今却被小鷹兒鶼了眼睛。」萬曆楊閩齋本《西遊記》亦作「鶼」，《李卓吾先生批評西遊記》、乾隆其有堂本《新說西遊記》作「鶼」〔註26〕。「鶼」

〔註21〕 蔣禮鴻《義府續貂》，收入《蔣禮鴻集》卷 2，浙江教育出版社 2001 年版，第 125 頁。
〔註22〕 《漢語大詞典》（縮印本），漢語大詞典出版社 1997 年版，第 1641 頁。
〔註23〕 曾上炎《西遊記辭典》，河南人民出版社 1994 年版，第 258 頁。
〔註24〕 《漢語大字典》（縮印本），湖北辭書出版社、四川辭書出版社 1992 年版，第 287 頁。《漢語大字典》（第二版），崇文書局、四川辭書出版社 2010 年版，第 737 頁。冷玉龍等《中華字海》，中國友誼出版公司 2000 年第 2 版，第 416 頁。
〔註25〕 馬臻榮《〈西遊記辭典〉尋疵》，《運城學院學報》1999 年第 4 期，第 17 頁。周志鋒《〈西遊記辭典〉訂正》，《辭書研究》2008 年第 2 期，第 104 頁。
〔註26〕 《西遊記》世德堂本，收入《古本小說集成》第 4 輯第 69 冊，上海古籍出版社 1992 年版，第 1543 頁。萬曆楊閩齋本《西遊記》，收入《古本小說集成》

同「鵮」〔註27〕。亦可證「嗛」即「鵮」也。《玉篇》:「鵮,知咸、口咸二切,鳥啄食。」《廣韻》:「鵮,竹咸切,鳥啄物也。又苦咸切。」《六書故》:「鵮,知咸切,長喙啄也。」《說文》:「啄,鳥食也。」《法苑珠林》卷 51 引《佛本行經》:「爾時彼鳥從樹飛下,在彼婦女頭上而立,啄鵮其鼻。」「啄鵮」同義連文,此為正字。宋、元、明、宮本「鵮」作「囕」,《佛本行集經》卷 52 亦作「啄囕」,以同義字易之也。《福蓋正行所集經》卷 10:「諸惡飛禽,競集其上;利喙堅爪,或鵮或躩。」《樂邦文類》卷 5 智覺禪師延壽《神棲安養賦》:「眼開舌固而立驗,牛觸雞鵮而忽止。」《明覺禪師語錄》卷 2:「雪峯敲觀和尚門。觀云:『誰?』峯云:『鳳凰兒。』觀云:『作什麼?』峯云:『鵮老觀。』觀便開門。」《嘉泰普燈錄》卷 1:「問:『寶劍未磨時如何?』曰:『烏龜鵮黑豆。』」今冀魯官話稱「啄木鳥」為「嗛得木」、「鵮得木」、「鵮拔木」,中原官話稱「啄木鳥」為「鵮刀木」、「鵮鵮木」、「鵮樹蟲」等〔註28〕,即取此義。

字或作鶼,《玉篇》:「鶼,求炎切,鳥啄食。」

字或作啗,敦煌寫卷 P.3906《碎金》:「啗啄:知減反,下卓。」S.619《碎金》:「啗啄:之咸反,下卓。」「啗」為「啗」俗字,「啗啄」即「鵮啄」,同義連文。朱鳳玉曰:「啗,同『啗』。《玉篇》:『徒濫切,食也。』《韓非子·說難》:『以其半啗君。』陳奇猷《集釋》:『啗,啗之俗字。』」〔註29〕黃征《敦煌俗字典》「啗」徑錄作「啗」,云:「《漢語大字典》收錄此字,唯有『啖』音,意義亦不相屬,故據此處『知減反』之音切擬音 zhǎn。」〔註30〕二氏引證、擬音皆未當。張鉉指出「啗似應為鵮之俗體」〔註31〕,是也。《地藏菩薩本願經》卷 1:「復有鐵鷹,啗罪人目。」《拈八方珠玉集》卷 3:「直饒釘觜鐵舌,也無啗啄處。」《聯燈會要》卷 17:「若是大鵬金翅……不取次啗啄,

第 4 輯第 72 冊,第 704 頁。張書紳《新說西遊記》,乾隆其有堂本,收入《古本小說集成》第 1 輯第 114 冊,第 1935 頁。《李卓吾先生批評西遊記》,收入《明清善本小說叢刊初編》第 5 輯,(臺灣)天一出版社 1985 年印行,無頁碼。

〔註27〕「鵮」同「鵮」,《龍龕手鑑》:「鵮、鵮,二或作。鵮,正。苦咸、竹咸二反,鳥啄物曰鵮也。」

〔註28〕參見許寶華、宮田一郎《漢語方言大詞典》,中華書局 1999 年版,第 6517、6648 頁。

〔註29〕朱鳳玉《敦煌寫本〈碎金〉研究》,文津出版有限公司 1997 年版,第 211 頁。

〔註30〕黃征《敦煌俗字典》,上海教育出版社 2005 年版,第 541 頁。

〔註31〕張鉉《〈字寶〉校注》,山東大學 2005 年碩士學位論文。

不隨處埋身。」

字或作敁、籹。《玄應音義》卷 12：「籹食：口咸反。謂籹啄而食也。經文作貪，或作龕，皆非也。」《慧琳音義》卷 52「籹」並作「鴿」。《廣韻》：「鴿，苦咸切，鳥鴿物也。敁，上同。」《集韻》：「鴿，丘咸切，鳥啄物也。或作敁、籹。」《類篇》：「敁，鳥啄物也，或作籹。」《五音集韻》：「鴿、敁、籹，苦咸切，鳥鴿物也。」宋・馮椅《厚齋易學》卷 45：「尺蠖……江東俗呼爲桑籹蟲。」

字或作䭵，《廣韻》：「䭵，士咸切，鳥䭵物也。又士銜切。」《正字通》：「䭵，音讒，鳥䭵物。敁，音謙，義同䭵。鴿，音義與敁同。」

字或作咭，《希麟音義》卷 9：「鴿啄：上苦咸反，《說文》云：『鳥鴿物也。』又作籹，律文作咭。下竹角反，《切韻》云：『鳥啄物也。』」此條爲《根本破僧事》卷 19《音義》，檢經文作：「有一鵝王……時諸鵝等每來諮白鵝王：『汝子咭啄打我。』」「咭啄」即「鴿啄」。「咭」即《玉篇》「知咸切」、《廣韻》「竹咸切」之「鴿」的借字。

字或作鵊，《類篇》：「鵊，丘咸切，鳥啄物。鴿，丘咸切，鳥啄物也。」

字或作噉、啖，《慧琳音義》卷 1：「啄噉：上音卓，《說文》：『鳥食也。』下唐濫反，《廣雅》：『噉，食也。』《說文》作啗，或作啖，並通。」又卷 67：「啄啖：上陟角反，《說文》：『鳥食也。』下談敢反，論文作噉，俗用字也，《廣雅》云：『噉，食也。』」「啄噉」、「啄啖」即「啄鴿」，慧琳謂「啄噉」之「噉」同「啗」，誤。《慧琳音義》卷 76：「啜噉：下音淡，俗字也，正作啗。」《可洪音義》卷 1：「喙（啄）噉：上音卓。正作啄也。鳥鴿啄也。字從豖。」《大樓炭經》卷 2：「飛鳥共來，啄噉人肉。」倒言則作「噉啄」，《沙彌律儀毗尼日用合參》卷 3：「州云：『會即會，噉啄作麼？』」

字或作嚛，胡適藏敦煌寫卷《降魔變文》：「其鳥乃先啅眼睛，後嚛四竪。」「啅」即「啄」。

字或作喊，敦煌寫卷 S.617《俗務要名林》：「喊啅，鳥食物也，上苦咸反，下丁角反。」P.2609 同。「啅」即「啄」借字，《慧琳音義》卷 76：「啄心：丁角反，頌中從卓作啅，非也。」「喊啅」即「鴿啄」〔註32〕。

字或作籤，《老殘遊記》第 15 回：「像雞子籤米似的，連連磕頭。」「籤」

〔註32〕 以上考「鴿」字及其異體字、假借字，皆見蕭旭《敦煌寫卷〈碎金〉補箋》，收入《群書校補》，廣陵書社 2011 年版，第 1315～1316 頁。這裏有所補充。

即《集韻》、《類篇》「丘咸切」之「鵮」的借字。

5. 「鵮」字有口咸反、苦咸反、丘咸切、知咸切、之咸反、竹咸切、知減反數音，前三個音相同，後四個音相同，蓋爲南北方言之異。今吳方言尚謂雞、鳥喫食爲鵮，正音口咸反（kān），如「雞子鵮米」、「鳥兒鵮人」。

6. 至其語源，胡吉宣曰：「本書：『鵁，鳥啄食。』鵁之言戜，鵮之言陷。鳥之銳觜啄食，如戜刺陷也。」〔註33〕胡氏謂「鵁之言戜」是也，而謂「鵮之言陷」則未得。鵮之言戜，《說文》：「戜，刺也。」「戜」、「戠」古通用，《書・西伯戡黎》序：「西伯戡黎。」《釋文》：「戡，音堪，《說文》作戜，云『殺也』，以此。戜訓刺，音竹甚反。」清華簡《耆夜》：「武王八年，延（征）伐䣄（耆），大戜之。」〔註34〕亦作「戜」字。《爾雅》「堪，勝也」郭璞注引《書》作「堪黎」。《左傳・昭公二十一年》：「王心弗堪。」《漢書・五行志》作「戜」，孟康曰：「戜，古堪字。」《玉篇》「鵁」、「鵮」爲一字之異體，鳥之觜銳尖，取刺爲義，故義符易戈作鳥也。銀雀山漢簡《孫臏兵法・勢備》：「陷齒戴角。」整理者注：「陷，借爲含。」〔註35〕《淮南子・兵略篇》：「含牙帶（戴）角。」此亦從臽從今相通之證。胡吉宣「鵁」字條則謂訓鳥啄食「疑有誤」〔註36〕，亦未得。《說文》：「雒，鳥也。」《爾雅》《釋文》引《字林》：「鵁，句（勾）喙鳥。」「雒」同「鵁」，其爲鳥名，亦取勾喙戜刺食物之義也。

（此文刊於《中國文字研究》第 16 輯，2012 年 8 月出版，此次有所增訂）

〔註33〕胡吉宣《玉篇校釋》，上海古籍出版社 1989 年版，第 4789 頁。
〔註34〕《清華大學藏戰國竹簡（壹）》，中西書局 2010 年版，第 150 頁。
〔註35〕銀雀山漢墓竹簡《孫臏兵法》，文物出版社 1975 年版，第 65 頁。
〔註36〕胡吉宣《玉篇校釋》，上海古籍出版社 1989 年版，第 4782 頁。

「扰屚」考

0. 吳語謂用力將楔子打進去爲「扰」，謂打進去的楔子爲「扰屚」，俗作「殷屚」、「殷鼢」〔註1〕，音針殺。

1. 《說文》：「扰，深擊也。從手尤聲，讀若告言不正曰扰。竹甚切。」〔註2〕《玉篇》：「扰，擊也。」《廣雅》：「扰，刺也。」

1.1. 字或作斀，《集韻》：「扰，陟甚切，《說文》：『扰，深擊也。』一說楚謂搏曰扰。或作斀。」音轉則爲丁感切，《玉篇》：「扰，丁感切，擊也。」

1.2. 字或作敁，《集韻》：「扰、敁：都感切，刺也，擊也。或從攴。」都感切亦音之轉耳。朱珔曰：「扰、敁，此異體通借字。」〔註3〕

〔註1〕 參見許寶華、宮田一郎《漢語方言大詞典》，中華書局 1999 年版，第 5324 頁。蘇增耀主編《靖江方言詞典》，我爲編者之一，該書謂「鎭」爲「殷」本字，非也，亟當訂正，江蘇人民出版社 2009 年版，第 259 頁。

〔註2〕 「讀若告言不正曰扰」之「扰」字誤。鈕樹玉曰：「宋本無『告』字，按讀若不應仍作本字，疑有誤。」嚴可均、姚文田曰：「疑當作『讀若言不正曰占說』，扰、占同聲也。」嚴章福曰：「此當言『讀若言不正曰說』。」苗夔曰：「『扰』疑當作誕、耽、妖，從尤與誕同母。」段玉裁曰：「扰，未知何字之誤。」王筠曰：「『扰』是俗語也，以俗語定讀……勿疑其不易字也。」朱駿聲曰：「按讀若譜也。」王筠說爲臆測，無有證據。嚴章福改作「說」，音不同；苗夔改作「誕、耽、妖」，義不同，並非是。諸說中，朱駿聲說可備一通，嚴可均、姚文田說亦近之。《集韻》引《埤倉》：「詀說，言不正。」疑當作「讀若言不正曰詀」，又疑當作「讀若言不正曰諢」，《玉篇》：「諢，他干切，諢誕，言不正。」《玉篇》「扰」音丁感切，《集韻》「扰」音都感切，與「他干切」音近。鈕樹玉《說文解字校錄》，嚴可均、姚文田《說文校議》，嚴章福《說文校議議》，苗夔《說文繫傳校勘記》，王筠《說文解字句讀》，朱駿聲《說文通訓定聲》，並收入丁福保《說文解字詁林》，中華書局 1988 年版，第 11962～11963 頁。

〔註3〕 朱珔《說文假借義證》，收入丁福保《說文解字詁林》，中華書局 1988 年版，

1.3. 字或作㩆，《說文》：「㩆，下擊上也。知朕切。」敦煌寫卷 P.2011 王仁昫《刊謬補缺切韻》：「㩆，竹甚反，擊。又渠今反。」《廣韻》：「㩆，張甚切，深擊，《說文》：『下擊上也。』」《正字通》：「扷，攴部作㩆，義同。」王筠曰：「……此謂㩆、扷一字，是也。」〔註4〕黃侃曰：「砧，本作㩆。」黃焯案云：「《說文》：『㩆，下擊上也。』與扷同。扷訓深擊，蓋指其物則爲砧，言其用則爲㩆與扷。古人虛實統言，止作㩆也。《爾雅·釋宮》：『椹謂之榩。』郭注：『斫木櫍也。』《釋文》：『椹，本又作砧。』是砧即椹字。椹字不見《說文》，蓋即扷之變，猶娗又作妡、諶又作訦、黮又作黕也。」〔註5〕黃侃又曰：「㩆同扷。」又「䥯同㩆、扷。」又「擉同築，同㩆、扷。」又「扷同㩆。」〔註6〕黃氏謂「扷同㩆」是也，而謂「同䥯、擉、築」，則姑存不論。《玄應音義》卷4：「砧，又作椹、㪷二形，同。經文作碪、鈂二形，非體也。」〔註7〕《慧琳音義》卷80：「碪，《蒼頡篇》作椹，字書亦從攴作㪷。」砧、椹、㪷、碪、鈂並同字也。徐灝曰：「㩆，按凡從尤之字，其義多爲下垂，此云『下擊上』，疑有誤。」〔註8〕其說非也。敦煌寫卷Φ101：「聞千家碪搗之時，聽萬戶管弦之處。」

1.4. 字或作揨，《廣雅》：「掁、揨，刺也。」王念孫曰：「《說文》：『杙，撞也。』杙，與『掁』同……揨亦掁也，方言俗語有輕重耳。」〔註9〕「揨」當即「扷」之借字，王說猶隔。前蜀·貫休《長持經僧》：「摋金揨玉，吐宮嚥徵。」揨玉，擊玉也。《漢宮秋》楔子：「揨下這等基業。」《西遊記》第69回：「那呆子左揨右揨，揨不得脫手。」「揨」字讀去聲，取「用力」之義，即「扷」的記音俗字。「揨扎」、「揨氣」、「揨錢」之「揨」字亦取此義。

1.5. 字或作揕、揂、椹，《廣韻》：「揕，知鴆切，擬擊也。」敦煌寫卷

第 17823 頁。

〔註4〕 王筠《說文解字句讀》，中華書局1988年版，第105頁。

〔註5〕 黃侃《說文新附考原》，收入《說文箋識》，中華書局2006年版，第282～283頁。

〔註6〕 黃侃《說文同文》，收入《說文箋識》，中華書局2006年版，第19、70、86、87頁。

〔註7〕 《慧琳音義》卷43同。

〔註8〕 徐灝《說文解字注箋》，收入丁福保《說文解字詁林》，中華書局1988年版，第3560～3561頁。

〔註9〕 王念孫《廣雅疏證》，收入徐復主編《廣雅詁林》，江蘇古籍出版社1992年版，第49頁。

P.3694《箋注本切韻》:「椹,儗(擬)擊,陟鳩反。」《集韻》:「戡、揕:陟甚切,刺也。或從手。」又「揕,知林切,斫木聲。」《史記·刺客列傳》:「左手把其袖,右手揕其匈。」〔註10〕《戰國策·燕策三》作「右手揕抗其胸」,姚宏注:「一無抗字,曾、錢作揕抗。」《史記》《集解》引徐廣曰:「揕,音張鳩切,一作抗。」《索隱》:「揕,謂以劍刺其胷也。抗音古浪反,言抗拒也,其義非。」黃丕烈曰:「《史記》字作揕,《戰國策》字作扰,故徐廣曰『一作扰』。扰、揕同字。作抗,是形近之譌。」〔註11〕段玉裁曰:「扰、深疊韻字。揕即扰字。按,抗乃扰之譌耳。」〔註12〕王念孫曰:「《說文》:『扰,深擊也。』《廣雅》曰:『扰,刺也。』《集韻》扰、揕竝陟甚切,揕之爲扰,猶湛之爲沈也。《燕策》作『右手揕抗其胸』,抗亦扰字之譌。且亦是一本作揕,一本作抗,而後人誤合之耳。姚宏校本云『一無抗字』是其證矣。《列子·黃帝篇》:『攦拟挨扰。』《釋文》云:『扰,《方言》:「擊背也。」』」又曰:「《說文》:『戡,刺也。』戡、揕竝從其(甚)聲,義亦同也。」〔註13〕朱珔曰:「本部無揕,蓋即借扰字爲之。」〔註14〕

1.6. 字或作㩎、鈂、鈂,《廣雅》:「㩎,耕也。」《原本玉篇殘卷》:「㩎,《埤蒼》:『堀(掘)地也。』《字書》:『或鈂字也。』鈂,臿屬也,在金部。」〔註15〕《玄應音義》卷7引《蒼頡篇》:「鈂,臿屬也。」「臿」即「插」字之省,《說文》:「插,刺內也。」「刺內」猶言刺入。鈂訓臿屬,蓋指鐵㦬之類。《六書故》:「鈂,鐵籤。」「籤」同「㦬」,《說文》㦬、楔互訓,與「屑」同義。是其證也。《廣韻》:「鈂,錭屬。」則誤以「臿」爲「錭」也。王念孫曰:「㩎之言扰也,卷一云:『扰,刺也。』《玉篇》:『㩎,掘地也,臿屬也,亦作鈂。』《說文》:『鈂,臿屬也,讀若沈。』」〔註16〕敦煌寫卷 P.2011 王仁昫

〔註10〕《意林》卷2引《燕丹子》、《御覽》卷371引《春秋後語》同。

〔註11〕黃丕烈《戰國策札記》卷下,收入《叢書集成新編》第109冊,新文豐出版公司1985年印行,第786頁。

〔註12〕段玉裁《說文解字注》,上海古籍出版社1981年版,第609頁。

〔註13〕王念孫《史記雜志》,收入《讀書雜志》卷3,中國書店1985年版,第8頁。王念孫《廣雅疏證》,收入徐復主編《廣雅詁林》,江蘇古籍出版社1992年版,第49頁。

〔註14〕朱珔《說文假借義證》,收入丁福保《說文解字詁林》,中華書局1988年版,第17823頁。

〔註15〕今本《玉篇》「堀」作「掘」。

〔註16〕王念孫《廣雅疏證》,收入徐復主編《廣雅詁林》,江蘇古籍出版社1992年版,

《刊謬補缺切韻》：「鈂，土鈂。」〔註17〕蔣斧印本《唐韻殘卷》：「鈂，掘地鈂。」〔註18〕《集韻》：「鈂、鈂：才淫切，《廣雅》：『耕也。』一曰臿屬。或作鈂。」又「鈂、釿：時任切，臿屬，或從金。」鈂、鈂、釿皆取義於用力深插也。

1.7. 字或作𢶍、磌、𢾭，《玉篇》：「𢶍，竹甚切，用力也。」又「磌，竹甚切，用石力。」《集韻》：「𢶍，陟甚切，用力也。」又「磌，陟甚切，用石拯也。」磌謂以石用力拯擊也。《集韻》：「𢾭，諸仍切，擊也。」〔註19〕《字彙》：「𢾭，煮仍切，音征，擊也。」《直音篇》：「𢾭，音蒸，擊也。」「𢶍」字今吳語讀去聲。

1.8. 字或作𢽉、啟、摃，《玉篇》：「啟，擊聲。」《廣韻》：「𢽉，側鄰切，擊也，又音辰。」又「摃，擊也。」《集韻》：「𢽉、啟，丞眞切，一曰擊也。或從攴。」又「𢽉，之人切，擊也。」又「啟，止忍切，一曰擊也。」范寅《越諺》卷下：「𢽉：『眞』。擊也。榫卯寬宕，削竹木小橛𢽉之，曰『𢽉』。『銃𢽉』、『鐵積𢽉』。從《集韻》。」〔註20〕今吳語謂敲擊爲𢽉，如云「拿小釘子𢽉進去」、「凳子榫頭鬆脫勒，要𢽉𢽉緊」；又謂楔子爲「𢽉屇」〔註21〕，又有「𢽉釘耙」之語〔註22〕。吳語、江淮官話謂加楔子、裝配爲槙，如云「槙鋤頭」、「槙下牢」〔註23〕，「槙」即「𢽉」的記音字。

2. 吳語、江淮官話、中原官話謂楔子爲「屇」、「屇子」〔註24〕。

2.1. 《說文》：「屇，從後相臿也。」又「屍，屇屍也。」「臿」爲「插」字之省。《玄應音義》卷9：「今江南言櫼，中國言屇。楔，通語也。屇音側

第773頁。

〔註17〕 敦煌寫卷P.3694《箋注本切韻》同。

〔註18〕 蔣斧印本《唐韻殘卷》，收入周祖謨《唐五代韻書集存》，中華書局1983年版，第681頁。《鉅宋廣韻》「地」脫誤作「也」，趙少咸《廣韻疏證》已訂正，巴蜀書社2010年版，第3086頁。

〔註19〕 《類篇》同。

〔註20〕 范寅《越諺》（侯友蘭等點注），人民出版社2006年版，第304頁。點注本誤以「眞擊也」爲句，不知范氏以「眞」字擬其音，以「擊也」訓其義。

〔註21〕 許寶華、宮田一郎《漢語方言大詞典》，中華書局1999年版，第5324頁。

〔註22〕 蘇增耀主編《靖江方言詞典》，江蘇人民出版社2009年版，第259頁。

〔註23〕 許寶華、宮田一郎《漢語方言大詞典》，中華書局1999年版，第6752頁。許書引《集韻》「槙，艸木根相迫迣也」，非其誼。「槙下牢」未聞，「槙槙牢」、「槙槙緊」之語則有。

〔註24〕 許寶華、宮田一郎《漢語方言大詞典》，中華書局1999年版，第6352頁。

洽反。」〔註 25〕蔣斧印本《唐韻殘卷》:「屟,屟屟,初戢反。」又「屟,屟屟,前後相次。屟字初立反。出《蒼頡篇》。」〔註 26〕初戢反、初立反亦音之轉耳。敦煌寫卷 P.3906、P.2717、S.6204《碎金》並云:「屟塞:之甲反。」《廣韻》:「屟,側洽切,薄屟。」又「屟,初戢切,屟屟。」又「屟,直立切,屟屟,前後相次也。屟,初立切。」敦煌寫卷 P.2011 王仁昫《刊謬補缺切韻》、蔣斧印本《唐韻殘卷》、《廣韻》並云:「屟,薄楔。」〔註 27〕《集韻》:「屟,側洽切,楔也。」《玉篇》:「屟,楚立、所甲二切,從後相躡也。」又「屟,直立切,屟屟也。」《集韻》:「屟,色輒切,從後躡也。」《玉篇》、《集韻》改作「從後相躡」,則專指足跶履而言,亦取「從後相插」之義也。專字作跶,《說文》:「跶,進足有所擷取也。」指足插進去穿拖鞋,用爲名詞則指拖鞋,名、動相因也。俗字作靸、撒、扱,唐·杜荀鶴《山寺老僧》:「草靸無塵心地閒,靜隨猿鳥過寒暄。」此名詞例。宋·吳文英《八聲甘州》:「時靸雙鴛響,廊葉秋聲。」此動詞例。世德堂本《西遊記》第 39 回:「褪下無憂履,與他一雙舊僧鞋撒了。」〔註 28〕《西遊眞詮》、《西遊證道書》、《通易西遊正旨》「撒」作「換」〔註 29〕,乃不得其義而妄改。《老殘遊記》第 11 回:「著一雙靈芝頭扱鞋,愈顯得聰明俊俏。」字亦作沙,馬王堆漢墓帛書《戰國縱橫家書·謂燕王章》:「燕、趙之棄齊,說(脫)沙也。」整理者注:「沙字與躧字音同通用。躧,拖鞋。《蘇秦列傳》作『如脫躧矣』,《燕策》作『猶釋弊躧』。」〔註 30〕「躧」同「屣」,《廣韻》音所蟹切,與「靸」一音之轉也。段玉裁據《玉篇》,改《說文》作「從後相躡」〔註 31〕,非也。

〔註 25〕《慧琳音義》卷 46 同。
〔註 26〕蔣斧印本《唐韻殘卷》,收入周祖謨《唐五代韻書集存》,中華書局 1983 年版,第 721 頁。
〔註 27〕蔣斧印本《唐韻殘卷》,收入周祖謨《唐五代韻書集存》,中華書局 1983 年版,第 717 頁。
〔註 28〕世德堂本《西遊記》,收入《古本小說集成》第 4 輯第 68 冊,上海古籍出版社 1992 年版,第 975 頁。
〔註 29〕《西遊眞詮》,收入《古本小說集成》第 2 輯第 111 冊,上海古籍出版社 1992 年版,第 859 頁。《西遊證道書》,收入《古本小說集成》第 3 輯第 118 冊,上海古籍出版社 1993 年版,第 755 頁。《通易西遊正旨》,收入《明清善本小說叢刊》初編第 5 輯,天一出版社 1985 年版,影本未標頁碼。
〔註 30〕《戰國縱橫家書》,收入《馬王堆漢墓帛書〔參〕》,文物出版社 1983 年版,第 66 頁。
〔註 31〕段玉裁《說文解字注》,上海古籍出版社 1981 年版,第 400 頁。

章太炎《新方言》卷 2：「《說文》：『屔，屔屔也。屔，從後相舌也。』屔音楚洽切，屔音直立切，今浙江謂交會爲屔。」〔註 32〕交會爲屔，亦取「從後相插」爲義也。《廣雅》：「屔屔，少也。」王念孫《疏證》無說，錢大昭《疏義》引《說文》、《廣韻》「從後相躡」、「前後相次」以說之〔註 33〕，其義不了。「少」即指小步而言，穿著拖鞋，步履不快，故爲小步也。《集韻》：「屔，屔屔，從後躡，一曰小步。」《五音集韻》：「屔，屔屔，履躡，一曰小步。」是其明證。

2.2. 吳語、江淮官話又謂加楔子爲「屔」，「屔」用爲動詞，如云「車輪要滾動，屔塊磚頭來底落」（來底落：在底下）。「屔」與「插」同源，即「插入」義。刹車的刹，本字也是「屔」，指在車輪下插入東西止住車子，故引申有制止義。

2.3. 字或作搋、櫼，章太炎《新方言》卷 6：「《考工記》：『牙得則無槷而固。』鄭司農云：『槷，搋也。蜀人言搋曰槷。』此即楔也，今人謂以木銜瓶曰煞子，支牀几之跗曰煞腳，即此搋字。或言當作塞，非也。填其內曰塞，外內相銜曰搋，所以搋謂之櫼。《說文》：『櫼，楔也，子林切（此《說文》舊音，見《一切經音義》引）。』」〔註 34〕「煞子」即「屔子」，也作「敥子」、「撒子」，「煞腳」即「敥腳」（皆見下文），今吳語猶有此言。章氏據鄭司農爲說，亦未及探本。《集韻》：「櫼，一曰楔。」《類篇》：「櫼，櫼也。」

2.4. 字或作薛，《淮南子·要略》：「《氾論》者，所以箴縷綜緒之間，攗摋呢齲之郤也。」許慎注：「攗，薜也。摋，塞也。呢齲，錯梧也。」吳承仕曰：「『薜』當據景宋本作『薛』。薛即櫼字之假。」〔註 35〕

2.5. 字或作扱、敥，《廣雅》：「扱，插也。」《集韻》：「扱，摺也，或作插。」以足插爲跣，以手插爲扱，其源一也，各製專字以別之。《廣韻》：「敥，私盍切，敥竛，起也，出《新字林》。」《集韻》：「敥，悉盍切，起也。」《詩·芣苢》毛傳：「扱衽曰襭。」孔疏引李巡曰：「扱衣上衽於帶。」翟灝《通俗

〔註 32〕章太炎《新方言》，收入《章太炎全集（7）》，上海人民出版社 1999 年版，第 81 頁。

〔註 33〕王念孫《廣雅疏證》，錢大昭《廣雅疏義》，並收入徐復主編《廣雅詁林》，江蘇古籍出版社 1992 年版，第 264 頁。

〔註 34〕章太炎《新方言》，收入《章太炎全集（7）》，上海人民出版社 1999 年版，第 102 頁。

〔註 35〕吳承仕《淮南舊注校理》，北京師範大學出版社 1985 年版，第 118 頁。

編》卷 36：「《中州集》周馳詠鼗子云：『勿以微才棄，安危任不輕。誰憐一片小，能使四方平。』鼗，私合切，支物小木也。《集韻》：『鼗，起也。』王銍《續雜纂》：『奴婢相，扱卓高。』只作扱字。然扱乃舉衣上插，與鼗義卻不相通。」〔註36〕翟氏謂「扱、鼗義不相通」，非也。扱卓高謂桌子下墊木片使之高也。金・元好問《中州集》卷 7 有注：「鼗，私盍反，支起也。」梁同書《直語補證》：「鼗，攱起也，才盍切，出《新字林》，《廣韻》引之，即今以木支物字也。」〔註37〕范寅《越諺》卷下：「鼗，『殺』。支不穩也。周馳有《鼗子詠》。俗有『鼗桌腳』語。《中州集》。」〔註38〕《清稗類鈔・物品類》：「鼗子，幾案四足有不平者，以小木墊之，謂之鼗子。《中州集》有《鼗子》五律云：『几案由吾正，盤盂免爾傾。』」字亦譌作鍬，《崇明縣志》卷 4：「鼗，音煞，俗以木削楔寬樺曰鼗鉆。鉆音音針。」〔註39〕「鼗鉆」即「扰鼗」之倒言。元・陳椿《熬波圖》卷下：「以曲頭搭兩旁大鐵塊上，以凹身閣小片湊補成圓墥鼗（原注：墥字疑撘字之訛。鼗，《廣韻》私盍切，音僵，攱起也。），平正。」

2.6. 字或作接，《漢書・蒯通傳》：「然則慈父孝子將爭接刃於公之腹，以復其怨而成其名。」王念孫曰：「接讀爲插。《說文》：『插，刺內也。』內與入同。謂以刃刺入公腹。作接者，借字耳……上文云『事刃於公之腹』，李奇曰：『東方人以物舌地中爲事。』（舌與插同），此云『接刃於公之腹』，是事與插同義，插與接同字。《史記》『接刃』作『傳刃』，是其明證也（傳與事同）。而『接』字師古無音，則是誤讀爲交接之接矣。」〔註40〕

2.7. 字或作捷，《集韻》：「捷，插也。」《儀禮・士冠禮》：「捷栖。」鄭注：「捷栖，扱栖於醴中。」《釋文》：「捷，初洽反，本又作插，亦作扱。」

2.8. 字或作睫、毦、睞，《釋名》：「睫，插〔也〕，接也，插於眼眶而相接也。」〔註41〕是「睫」之得名取義於「插入」也。《玄應音義》卷 9：「眼睞：

〔註36〕翟灝《通俗編》，收入《續修四庫全書》第 194 冊，上海古籍出版社 2002 年版，第 632 頁。

〔註37〕梁同書《頻羅庵遺集》卷14《直語補證》，收入《續修四庫全書》第 194 冊，上海古籍出版社 2002 年版，第 153 頁。

〔註38〕范寅《越諺》（侯友蘭等點注），人民出版社 2006 年版，第 297 頁。范氏以「殺」字擬其音。

〔註39〕《崇明縣志》，成文出版社影民國十九年刊本。原文衍一「音」字。

〔註40〕王念孫《漢書雜志》，收入《讀書雜志》卷 5，中國書店 1985 年版，第 60 頁。

〔註41〕「也」字據畢沅校本補。

又作睫，《釋名》作䀹，同。」《慧琳音義》卷 6、70、73 引《釋名》並作「䀹」。《慧琳音義》卷 6 指出「睫」字「《通俗文》從妾作睞」。

2.9. 字或作鍤、鏅、舌，《爾雅》：「剌謂之鏅。」郭注：「皆古鍫、插字。」《釋文》：「鏅，郭云：『古鍤字。』」《方言》卷 5：「舌，燕之東北朝鮮洌水之閒謂之剌，宋魏之閒謂之鏵。」《淮南子・精神篇》許愼注：「舌，鏵也，青州謂之鏵，有刃也。」《廣韻》：「舌，或作鏅。」是「鍤（鏅、舌）」之得名亦取義於「插入」也。

2.10. 字或作鈒，《宋史・儀衛志》：「鈒，插也，制本插車旁。」

2.11. 字或作搔、捼，《外科證治全書》卷 2：「先用珍珠散吹牙齦，外用黃熟香附削釘，漸漸搔進，牙門漸開，即將珍珠散吹患處。」〔註42〕范寅《越諺》卷下：「搔，『殺』。衣褲間夾物。又『搔褲腰』。《集韻》。」〔註43〕《順天府志》卷 50：「彈花弓：按彈棉花有弓，弓上有弦，又有搥，又有捼子，以捼棉條。」〔註44〕今吳語、江淮官話尙有「把襯衫搔勒褲腰裏」、「把皮帶搔搔緊」、「把被子搔緊點」之語，與范氏所記「搔褲腰」正合。「搔」亦取插入義。

2.12. 字或作樿，明・潘季馴《河防一覽》卷 4：「故建壩必擇要害卑窪去處，堅實地基，先下地釘椿，鋸平，下龍骨木，仍用石楂樿、鐵樿〔樿〕縫，方鋪底石，壘砌。」〔註45〕明・陳子龍《皇明經世文編》卷 378：「方下地釘椿，椿頭鋸平，樿縫上用龍骨木。」「石楂樿」、「鐵樿」的「樿」是名詞，「樿縫」的「樿」是動詞。

2.13. 俗字又借用撒，宋・無名氏《小孫屠》第 11 齣：「公吏人排列兩邊，不由我心驚膽戰。怎推這鐵鎖沉枷，麻槌撒子。」元・沙克什《河防通議》卷上：「於籤椿上安跨塌木板六片，每留三片，每片鑿孔兩箇，中間撒子木六條，於撒子木上用稈草一束勻鋪。」「撒子」即「蔌子」。清・李漁《閒情偶寄・器玩・制度》：「從來几案與地不能兩平，挪移之時，必相高低長短，而爲桌撒。」又「有一種倔彊花枝，不肯聽人指使。我欲置左，彼偏向右；我

〔註42〕《外科證治全書》，同治六年刻本。
〔註43〕范寅《越諺》（侯友蘭等點注），人民出版社 2006 年版，第 307 頁。范氏以「殺」字擬其音。
〔註44〕《順天府志》，清光緒刻本。
〔註45〕「樿」字據清・薛鳳祚《兩河清彙》卷 8 同文補，收入景印文淵閣《四庫全書》第 579 冊，臺灣商務印書館 1986 年初版，第 475 頁。

欲使仰，彼偏好垂，須用一物制之。所謂撒也，以堅木爲之，大小其形，勿
拘一格，其中則或匾或方，或爲三角，但須圓其外，以便合瓶。」世德堂本
《西遊記》第 32 回：「那獸子就撒起衣裙，挺著釘鈀，雄糾糾，徑入深山；
氣昂昂，奔上大路！」《通易西遊正旨》「撒」作「捲」，乃不得其義而妄改。
世德堂本《西遊記》第 35 回：「那大聖早已跳出門前，將扇子撒在腰間，雙
手輪開鉄棒，與那魔抵敵。」〔註46〕《通易西遊正旨》「撒」作「插」，易以
同源字。劉懷玉指出淮安方言中「撒」是插義〔註47〕，尚未知「撒」即《詩》
毛傳「扱衽」的「扱」字，亦即《越諺》卷下的「搔」字，實即「屚」的俗
字，未能得其源也。

〔註46〕 上二例世德堂本《西遊記》，收入《古本小說集成》第 4 輯第 68 冊，上海古
籍出版社 1992 年版，第 791、875 頁。《通易西遊正旨》，收入《明清善本小
說叢刊》初編第 5 輯，天一出版社 1985 年版，影本未標頁碼。《西遊記》用
例及其別本異文，均錄自陳敏《〈西遊記〉俗語詞俗字研究》，廈門大學 2012
年博士學位論文。陳君謂「撒當是塞之音借」，非也。
〔註47〕 劉懷玉《〈西遊記〉中的淮安方言》，《明清小說研究》1986 年第 1 期，第 172
頁。